山东文物保护修复与鉴定系列丛书

首届全省文物保护修复优秀案例荟萃

山东省文物保护修复与鉴定中心
山东省文物保护技术协会 编

王斌 主编

齐鲁书社
·济南·

图书在版编目（CIP）数据

首届全省文物保护修复优秀案例荟萃 / 山东省文物
保护修复与鉴定中心, 山东省文物保护技术协会编 ; 王
斌主编. -- 济南 : 齐鲁书社, 2025.1. -- (山东文物
保护修复与鉴定系列丛书). -- ISBN 978-7-5333-5069
-7

Ⅰ. K872.52；G264.3

中国国家版本馆CIP数据核字第2024S41S01号

责任编辑　马安钰　张敏敏
装帧设计　刘羽珂

山东文物保护修复与鉴定系列丛书

首届全省文物保护修复优秀案例荟萃

SHOUJIE QUANSHENG WENWU BAOHU XIUFU YOUXIU ANLI HUICUI

山东省文物保护修复与鉴定中心　山东省文物保护技术协会　编
王斌　主编

主管单位　山东出版传媒股份有限公司
出版发行　齊魯書社
社　　址　济南市市中区舜耕路517号
邮　　编　250003
网　　址　www.qlss.com.cn
电子邮箱　qilupress@126.com
营销中心　（0531）82098521　82098519　82098517
印　　刷　山东华立印务有限公司
开　　本　889mm×1194mm　1/16
印　　张　18.5
插　　页　2
字　　数　266千
版　　次　2025年1月第1版
印　　次　2025年1月第1次印刷
标准书号　ISBN 978-7-5333-5069-7
定　　价　128.00元

编辑委员会

序　言

山东是中华文明重要发祥地、儒家文化发源地、沂蒙精神诞生地，拥有丰富的文化文物资源和深厚的历史文化底蕴。后李文化、北辛文化、大汶口文化、龙山文化、岳石文化，以及夏、商、周三代以降文化，构成史前文化谱系完整、从未缺环，文脉传承、光辉灿烂、高潮迭起的发展链条，使山东成为百万年人类史、一万年文化史、五千年中华文明史的实证地，文化史环环相扣，绵延至今。

经过几代考古工作者的不懈努力，山东的文化脉络日渐清晰，文化面貌逐渐显现，大批珍贵历史文物也随着考古发掘工作的不断开展相继与世人见面，收藏单位的文物数量也逐年增加。截至目前，全省设立备案各级各类博物馆812家，其中国家一、二、三级博物馆189家，博物馆总数量、一二三级馆数量、革命类博物馆数量、非国有博物馆数量六个主要指标稳居全国第一位。可移动文物558万余件，居全国第三位。

近十年来，在国家文物局、山东省委、省政府的大力支持下，在山东省文化和旅游厅正确领导下，全省立足国家标准、山东优势，锐意进取，不断创新，使得山东可移动文物保护修复工作质量有了整体提高，网络体系建设成效显著。

1. 可移动文物保护"两大基础体系"框架已经构建

（1）通过制定《可移动文物保护修复项目申报手册》《可移动文物保护修复项目技术规范》《可移动文物保护修复项目管理办法》等制度规范，形成全省统一的可移动文物保护管理体系，科学有效地把控项目立项至验收全过程。

（2）统筹组织全省可移动文物保护修复工作，聚合文物修复力量，协调优化区域发展。坚持以项目实施为载体，加快全省文物保护修复硬件建设，加快文物保护修复人才培养，加快文物保护修复技术推广交流。目前已在山东省内的文博单位和高校院所建立起5个区域中心，15个工作站，1个基地。初步形成"以山东省文物保护修复与鉴定中心为核心，地方重点博物馆为骨干，社会力量为补充的可移动文物修复网络体系"，呈现出"一体两翼、多级联动"的格局。

2. 可移动文物保护项目量质齐升

（1）近十年来，山东共实施近700个文物保护项目，包括文物本体修复、文物预防性保护、文物数字化保护。其中文物本体修复项目近350个，涉及近3万件馆藏文物，大部分项目是由可移动文物修复网络体系成员单位承担。全省可移动文物保护修复项目和文物数量有了明显增加。

（2）近年来，山东各级文物保护修复机构实施了一批具有示范引领作用的项目。其中，由山东省文物保护修复与鉴定中心负责实施的"山东沂南河阳社区墓地出土丝织品保护修复项目"和"山东长清灵岩寺千佛殿彩塑罗汉像保护修复项目（一期）"分别荣获2021、2022全国十佳文物藏品修复项目。由孔子博物馆联合中国丝绸博物馆共同实施的山东曲阜孔府文物档案馆藏明代服装保护修复项目荣获2021年全国优秀文物藏品修复项目。这些成绩表明全省可移动文物保护修复的质量有了较大提升。

为科学管理可移动文物保护项目，进一步提升文物修复水平，2023年9月，山东省文化和旅游厅开展了首届全省文物保护修复优秀案例遴选推介工作，该活动得到全省各级各类文博单位和文保企业的积极响应。经严格筛选，从28项参评项目中评选出济南刘家庄遗址出土青铜器保护修复项目等十个优秀案例，涵盖金属器、陶瓷器、书画、石刻等多个门类文物保护。首届文物保护修复优秀案例评选在我省文物保护史上具有里程碑意义，也是新时代文物保护工作云程发轫的见证。《首届全省文物保护修复优秀案例荟萃》的结集出版，既是对优秀项目的集中展示，也将对今后的文物保护修复工作起到引领示范作用。

展望未来，文物保护工作任重道远，需要营造全社会共同参与的浓厚氛围。当前和今后一个时期，做好文物保护工作，要以习近平新时代中国特色社会主义思想为指导，贯彻落实习近平总书记关于文物工作的重要论述，坚持"保护第一、加强管理、挖掘价值、有效利用、让文物活起来"的新时代文物工作要求，锚定"走在前、挑大梁"，发扬"择一事终一生"的精神，加强基础理论研究，不断推进科技创新，以深厚的文化情怀、坚定的文化自信、高度的文化自觉，全力推进全省文物保护工作再登新台阶，为全国文物事业高质量发展贡献山东力量。

刘少华

2024年11月

目 录

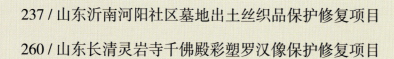

"十三五"时期全省可移动文物保护状况及"十四五"时期发展构想

王　斌

为进一步贯彻落实习近平总书记关于文物保护利用的重要指示批示精神，以及国务院《关于进一步加强文物工作的指导意见》、山东省文化和旅游厅《山东省文物事业发展"十四五"规划》文件精神，在"十四五"之初，以山东省文物保护修复与鉴定中心（原山东省文物保护修复中心）为主导，开展了一次全省可移动文物保护状况专项调查，主要是对"十三五"时期全省可移动文物保存状况进行梳理分析，为"十四五"时期更好地开展文物保护工作提供借鉴。

此次专项调查工作成果为全省"十四五"时期加强可移动文物保护工作，构建更加科学、完善的可移动文物保护体系，培养可移动文物保护专业队伍，整体提升全省可移动文物保护、修复、管理和利用水平奠定了基础。

一、"十三五"时期全省可移动文物保护状况调研总体情况

按照山东省文化和旅游厅关于《山东省可移动文物保护状况专项调查工作方案》（鲁文旅博〔2021〕9号）批复，以及《关于协助开展全省可移动文物保护状况专项调查的通知》要求，省直文博单位及各市文广新局、文物局积极配合，及时上报了各单位情况。据统计，参加调研数据填报的单位共有188个，其中国有文博单位176个，包括省直单位4个，济南市属单位12个，青岛市属单位12个，淄博市属单位13个，枣庄市属单位9个，东营市属单位3个，烟台市属单位16个，潍坊市属单位15个，济宁市属单位15个，泰安市属单位11个，威海市属单位7个，日照市属单位4个，滨州市属单位8个，德州市属单位6个，聊城市属单位12个，临沂市属单位13个，菏泽市属单位16个。另有高校机构5个，社会力量7个。

1.1 可移动文物保存总体状况分析

本次调查，共统计全省馆藏可移动文物4313499件，其中"状态稳定，不需修复"者有3463449件，约占总数的80.29%；"部分损腐，需要修复"者有772334件，约占总数的17.91%；"腐蚀损毁严重，急需修复"者有77716件，约占总数的1.80%。不同类别可移动文物所占比例分别为：金属文物66.05%，陶瓷文物5.59%，纸质文物21.21%，石质文物3.10%，牙骨角器文物1.23%，漆木器文物0.67%，织绣文物0.53%，标本化石文物0.20%，其他类文物1.43%。

1.2 不同类别可移动文物保存状况分析

金属文物共计2848925件，其中"状态稳定，不需修复"的有2385620件，约占83.74%；"部分损腐，需要修复"的有441992件，约占15.51%；"腐蚀损毁严重，急需修复"的有21313件，约占0.75%。

陶瓷文物共计241058件，其中"状态稳定，不需修复"的189191件，约占78.48%；"部分损腐，需要修复"的有47863件，约占19.86%；"腐蚀损毁严重，急需修复"的有4004件，约占1.66%。

纸质文物共计914782件，其中"状态稳定，不需修复"的有655141件，约占71.62%；"部分损腐，需要修复"的有210807件，约占23.04%；"腐蚀损毁严重，急需修复"的有48834件，约占5.34%。

石质文物共计133817件，其中"状态稳定，不需修复"的有110306件，约占82.43%；"部分损腐，需要修复"的有22243件，约占16.62%；"腐蚀损毁严重，急需修复"的有1268件，约占0.95%。

牙骨角器文物共计52963件，其中"状态稳定，不需修复"的有42655件，约占80.54%；"部分损腐，需要修复"的有9939件，约占18.77%；"腐蚀损毁严重，急需修复"的有369件，约占0.70%。

漆木器文物共计29063件，其中"状态稳定，不需修复"的有19909件，约占68.50%；"部分损腐，需要修复"的有8312件，约占28.60%；"腐蚀损毁严重，急需修复"的有842件，约占2.90%。

织绣文物共计22741件，其中"状态稳定，不需修复"的有18812件，约占82.72%；"部分损腐，需要修复"的有3766件，约占16.56%；"腐蚀损毁严重，急需修复"的有163件，约占0.72%。

标本化石文物共计8504件，其中"状态稳定，不需修复"的有2596件，约占30.53%；"部分损腐，需要修复"的有5149件，约占60.55%；"腐蚀损毁严重，急需修复"的有759件，约占8.93%。

其他类文物共计61646件，其中"状态稳定，不需修复"的有39219件，约占63.62%；"部分损腐，需要修复"的有22263件，约占36.11%；"腐蚀损毁严重，急需修复"的有164件，约占0.27%。

1.3 可移动文物库房情况分析

参与调研的单位库房总数量为436个，库房面积共计99452.09m²。与"十二五"时期末的调研数据相比，参与调研的单位库房总数由341个增加至436个，增长率为27.86%；总面积由58807m²增长至99452.09m²，增长率为69.12%。

参与调研的单位按属性可分为以下五类：省直文博单位、地市文博单位、区县文博单位、高校及社会力量。在库房数量和库房面积方面，省直文博单位共计4家，库房总数72个，总面积11750.04m²；地市文博单位共计39家，库房总数130个，总面积20004.73m²；区县文博单位共计118家，库房总数228个，库房总面积66192.32m²；5所高校，库房总数为2个，库房总面积160.00m²；7家社会力量中设有库房的公司仅3家，库房总数4个，库房总面积为1345.00 m²。

除上述国有省直文博单位、高校和社会力量外，其余172家国有文博单位可按行政区域划分为：鲁北（包括聊城、德州、滨州、东营）、鲁中（包括济南、泰安、淄博、潍坊）、鲁南（包括菏泽、济宁、枣庄、临沂、日照）、胶东（包括青岛、烟台、威海）4个地区。其中，鲁北地区文博单位共计29家，库房总数47个，总面积6854.56m²；鲁中地区文博单位共计51家，库房总数92个，总面积47856.46m²；鲁南地区文博单位共计57家，库房总数128个，总面积18340.20m²；胶东地区文博单位共计35家，库房总数91个，库房总面积为13145.83m²。

1.3.1 库房数量与面积情况

根据《博物馆藏品管理办法》（文化部1986年颁布）第三章第一条和《博物馆建筑设计规范》等相关要求规定，藏品应有固定、专门的库房进行分类保管，同时，每间库房的面积不宜小于50m²；文物类、现代艺术类藏品库房面积宜为80—150m²。

从库房平均面积方面来看，以每间库房面积不小于50m²为最低标准，参与调研的单位中，除23家未设有库房的单位外，另有37家文博单位未达到最低库房面积要求，约占有库房单位总数的22.46%。而库房平均面积大于150m²的单位有63家，约占有库房单位总数的38.18%。库房面积过小或过大都不利于藏品的分类保管，同时为库房温湿度监控、环境调节等工作带来难度。

从库房面积与藏品数量方面来看，各地市库房面积与存放文物数量出现分布不均的现象。其中，省直文博单位、济宁市、临沂市的库房面积远不能满足文物数量的需求。同时，济南市地区出现库房面积远超过文物数量的现象。在全省16个地市中，仅青岛市、枣庄市、潍坊市、泰安市、日照市、德州市、聊城市、菏泽市8个地市的库房面积与文物数量基本吻合。

1.3.2 库房温湿度与保存环境情况

库房环境调节情况主要从环境监测设备、恒温恒湿机、温湿度控制设备及污染物控制设备四个方面进行调研。经调研发现，除省直文博单位同时配备四种环境调节设备外，其余博物馆及文博单位均存在欠缺。具体来看，全省共有环境监测设备667台，该设备主要针对空气成分、温湿度、光照度等情况进行实时记录与分析。其中，济南市、潍坊市、济宁市三个地区的文博单位的库房所配备的环境监测设备比例较高。但处于胶东沿海地区的青岛、烟台、威海三个地区，受海洋性气候影响明显，环境湿度大，且水汽中盐分含量较高，对文物保存环境影响明显。经调研发现，上述三个地区的环境监测设备占比较小，除威海市配有47台环境监测设备，略高于全省平均数量以外，其余两地则明显低于全省平均数。

将本次调研情况与"十二五"时期末的调研情况进行比较可以看出，文物库房增加了大量环境监测设备和恒温恒湿机组，说明"十三五"时期对馆藏文物的预防性保护工作有了较明显的进步。

在库房温湿度调控方面，受场地面积和建筑结构的影响，除部分省直文博单位和各地市新建的博物馆库房能够满足专业温湿度调控设备的安装和运营外，其余文博单位的库房仍以普通空调调节或人工调控为主。济南市属文博单位的恒温恒湿机和温湿度控制设备数量在全省占有绝对优势，约占33.2%。并且，各地市恒温恒湿机和温湿度控制设备数量整体呈反比态势，这说明多数文博单位库房在恒温恒湿机和温湿度控制设备上存在二选一的情况。以山东博物馆为例，文物库房数量为43间，温湿度控制器43个，恒温恒湿机0台。通过以上数据可以看出，山东博物馆每间库房内均设有温湿度控制器，因此并未再加装恒温恒湿机。

在污染物控制设备方面，经调查发现，全省共有30家文博单位安装了污染物控制设备，共计86台。其中，孔子博物馆21间库房中有20间安装了污染物控制设备，济南市博物馆11间库房内均安装了污染物控制设备，为全省安装污染物控制设备数量最多的两家单位。污染物控制设备主要是针对颗粒污染物和气态污染物的监测及调控装置，纺织品、书画及木质文物对污染物浓度尤为敏感，因此库房藏品的类型是影响博物馆安装污染物控制设备的主要原因之一。

1.4 可移动文物展厅情况分析

参与调研的单位中，有166家文博单位设有展厅，展厅数量共计644间，总面积451582.48m²，比"十二五"时期末调研的展厅数量和面积都有所增长。

1.4.1 展厅数量及面积情况

从参与调研单位的属性来看，有展厅的省直文博单位共计3家，总面积44509.50m²；地市级文博单位共计33家，总面积118017.60m²；区县级文博单位共计128家，总面积285455.40m²；仅1所高校配有展厅，总面积3500.00m²；仅1家社会力量单位设有1间展厅，面积为100.00m²。由此可以看出，地市级文博单位为我省文物展示的主要力量。

除上述国有省直文博单位、高校和社会力量外，其余172家国有文博单位可按行政区域划分为：鲁北（包括聊城、德州、滨州、东营）、鲁中（包括济南、泰安、淄博、潍坊）、鲁南（包括菏泽、济宁、枣庄、临沂、日照）、胶东（包括青岛、烟台、威海）4个地区。其中，鲁北地区展厅总面积49849.10m²；鲁中地区展厅总面积103888.90m²；鲁南地区展厅总面积154885.00m²；胶东地区展厅总面积94849.98m²。

1.4.2 展厅环境情况

与库房的相对闭塞、独立不同，展厅环境控制难度更大，除一般的恒温恒湿设备和温湿度控制设备如中央空调外，更应该注重对智能展柜的利用。

由调查结果可以看出，全省共有46家文博单位展厅配有环境监测设备，占全省有展厅文博单位总数的27.71%；52家展厅配有恒温恒湿机，占全省有展厅文博单位总数的31.32%；32家博物馆展厅配有净化器，占全省有展厅文博单位总数的19.27%；83家展厅配有温湿度控制器，占全省有展厅文博单位总数的50.00%；全省仅13家展厅配有污染物控制系统，占全省有展厅文博单位总数的7.80%。由调研结果可以看出，全省文博单位的展厅在污染物控制设备方面的安装率最低，应结合展厅实际，适当增加对展厅污染物的调控设备数量，在做到环境监测的同时调控污染物浓度，使展厅保持"洁净、稳定"的环境。

1.5 文物保护修复场地、设备情况分析

参与调研的单位共建立了81个文物保护修复实验室，截至2021年底，山东地区文物保护修复实验室总面积达到了23202.60m²，设备投入总金额共计5551.10万元。

1.5.1 可移动文物保护场地情况

调研结果显示，81个文物保护修复实验室中，面积在1500m²以上的场地有1个，面积在800—1499m²之间的场地有4个，面积在200—799m²之间的场地有16个，其余均在200m²以下。

"十三五"期间，全省综合类实验室明显增多，此类实验室可从事多种文物的保护修复工作。81个文物保护修复实验室中，可开展陶瓷器保护修复的有11个，可开展金属器保护修复的有4个，可开展纸质文物保护修复的有1个，可开展纺织品保护修复的有1个，可开展出水文物保护修复的有1个，可开展革命文物保护修复的有1个；可同时开展金属、陶瓷文物保护修复的有10个，可同时开展陶瓷、纸质文物保护修复的有5个，可同时开展青铜、纸质文物保护修复的有1个，可同时开展金属、陶瓷、纸质文物保护的有11个，可同时开展青铜、陶瓷、石质文物保护修复的有1个。另有综合类实验室22个。

为加强全省文物保护修复力量，统筹管理全省可移动文物保护项目，提高项目管理水平，提升软硬件能力，加强交流合作，按照省文化和旅游厅（省文物局）"逐步建立以省文物保护修复中心为核心，地方重点博物馆为骨干，社会力量为补充的可移动文物保护网络体系"要求，"十三五"期间，山东已初步形成了"一体两翼、多级联动"的可移动文物保护新格局。"一体"是指以山东省文物保护修复与鉴定中心为核心的综合技术中心，以及曲阜、鲁中、鲁西、鲁东南四个区域中心和沂源、定陶、莱州、临沂、诸城、平度、黄岛7个工作站共同组成的主体框架，"两翼"是指建立起金属器、漆木器、陶质彩绘文物等国家文物局文物保护重点科研基地山东工作站，成立"山东省可移动文物保护半岛科研基地"。

1.5.2 可移动文物保护设备情况

绝大多数文物保护修复实验室仅配备了基础设备或简单的文物保护修复设备。81个文物保护实验室中，仅有6个实验室配备了分析检测设备，其中仅有山东省文物保护修复与鉴定中心、山东博物馆、山东艺术学院艺术管理学院3家单位配备了大型

文物分析检测设备，其余3家（山东潍博文物修复有限公司、山东履道文物保护工程有限公司、山东文保文物修复技术有限责任公司）仅有小型手持式分析仪。

1.6 文物保护修复人员情况分析

调研结果显示，截至2021年底，我省共有301名文物保护修复从业人员。所调研的单位按性质可分为事业单位、高校、国有企业和私有企业四类，文物保护修复人员在四类单位中的分布为：事业单位183人，高校23人，国有企业13人，私有企业82人。事业单位如省文物保护修复与鉴定中心、山东博物馆等，私有企业指从事文物保护修复相关技术服务的公司，这两类单位承接了大多数的文物保护修复从业者。

可移动文物按质地可分为无机和有机文物两大类。统计结果显示，其中181人具有无机类文物保护修复专长，120人具有有机类文物保护修复专长。

从业时间是衡量文物保护修复人员对本行业熟悉程度的一个重要指标。统计结果显示，从事文物保护修复行业30年及以上的有17人，20—29年的有36人，10—19年的有53人，6—9年的有60人，0—5年的有135人。尤其是"十三五"时期吸引了109人加入全省文物保护行业，可见本行业正处于蓬勃发展时期。

1.7 "十三五"期间项目情况分析

"十三五"期间，全省申请国家文物局重点文物保护专项资金到位经费约3.26亿元，共有246个可移动文物保护修复项目获得实施，包括141个本体修复项目、65个预防性保护项目、40个数字化保护项目。本体保护修复文物数量约4万件，数字化保护文物数量约18万件。其中"已经完成"的项目共有134个，"正在开展"的项目共有78个，"尚未开展"的项目共有34个，开工率为86.18%，完成率为54.47%，相比于"十二五"时期末项目的开工率和完成率均有较大提升。

综合来看，不同性质的单位在项目参与过程中所处的位置各有不同，国有文博单位有着丰厚的文物资源，省内的各家文保公司在方案编制及项目实施方面都有所贡献，同时，各文博单位在方案编制和项目实施过程中也会经常与外省的文物保护力量合作。跨区域合作可以更好地整合能力资源，使省内外文物保护单位互相借鉴学习，取长补短，为项目的圆满完成提供更好的技术保障。此外，随着文物保护专业在高校不断发展，北京大学文博学院、西北大学文化遗产研究院、山东大学文化遗产研究院等高校文博科研机构，同样为山东文物保护事业做出了贡献。随着教育力度的加持和宣传的普及，相信会有越来越多的新生代投入文物保护事业中。

二、"十三五"期间的主要成绩

在省委、省政府的支持下，在山东省文化和旅游厅的领导下，"十三五"期间我省可移动保护修复工作主要取得以下成绩。

2.1 构建可移动文物保护"两大基础体系"

2.1.1 可移动文物保护修复管理体系的构建

为整合全省保护修复力量，统筹开展工作，以山东省文物保护修复与鉴定中心为引领，创建了全省可移动文物保护修复管理体系。一方面，在总结经验的基础上，制定《可移动文物保护修复项目申报手册》《可移动文物保护修复项目技术规范》《可移动文物保护修复项目管理办法》等制度规范，统一规划、监督、实施全省可移动文物保护项目的方案编制、评审、申报、管理及验收工作，科学有效地把控项目立项至验收全过程。另一方面，注重对社会力量的指导和管理。"十三五"期间，我省社会力量已发展成为可移动文物保护修复的主要力量之一，据不完全统计，这些社会力量已承担起全省60%的本体保护修复项目的实施工作。目前，省文物保护修复与鉴定中心已对具有修复资质的7家企业进行统一管理和指导，有序有效引导社会力量参与到全省文物保护修复工作当中。

2.1.2 可移动文物保护修复网络体系的构建

为均衡全省文物保护修复力量，协调区域发展，全省已初步建立起"以山东省文物保护修复与鉴定中心为核心，地方重点博物馆为骨干，社会力量为补充"的可移动文物保护网络体系，构成我省"一体两翼、多级联动"文物保护新格局。经过近几年发展，这个网络体系建设已取得一定成果。

山东省可移动文物综合技术中心初具雏形。以山东省文物保护修复与鉴定中心为依托的全省可移动文物综合技术中心，按功能分为文物保护修复室、分析检测实验室和全省可移动文物保存环境监测平台三部分，可有效整合全省保护力量，利用设备和技术优势，提供科技支撑，进一步提升全省可移动文物保护修复项目的实施质量和水平。现已建设完成陶瓷、金属、古籍书画、纺织品等文物类别的保护修复室，配备相应的修复工器具，可以开展相关的无机类和有机类可移动文物修复工作。建立的文物分析检测室，主要从事文物材料及工艺的分析研究，为建设我省文物保护修复综合技术中心奠定了基础。该分析检测室现已采购显微激光拉曼光谱仪、超景深视频显微镜、傅里叶红外光谱仪、台式X射线衍射仪等价值近2000万元的科研设备，可进行包括材料形貌分析、成分分析、物相分析、电化学分析、力学性能测试及保存环境检测等诸多检测工作。分析检测实验室建成后，已经对省内外30多家文博单位的数千件文物开展万余项分析检测工作，并与半岛科研基地等多家科研机构展开合作研究，在文物制造工艺、腐蚀机理等方面取得了一定成果。初步建立起的全省可移动文物保存环境监测网络平台，现在已经实现对全省10家一级博物馆和地市级重要博物馆馆藏文物保存环境的实时监测、主动调控。后期，该平台将形成全省馆藏文物保存环境监测评估长效机制，从而全面提高山东馆藏珍贵文物的预防性保护工作水平。

2.2 促进可移动文物保护"四个提升"

2.2.1 可移动文物保护修复项目数量和质量提升

"十二五"时期末，以山东省文物保护修复与鉴定中心为主要调查单位，开展了全省可移动文物保护现状专题调研，为开展全省可移动文物保护修复工作摸清了家底，找准了方向。根据调研结果编制了"十三五"时期全省可移动文物保护修复规划，建立山东可移动文物保护修复项目库。按照轻重缓急的原则，"十三五"期间，共组织全省文博单位编制可移动文物本体保护、预防性保护、数字化保护方案360余项，获批项目310余项。相比于"十二五"期间的共计98项可移动文物保护修复项目，翻了三倍多。获批补助资金4.95亿元，涉及文物30000件（套）。

"十三五"期间，以山东省文物保护修复与鉴定中心为引领的文物保护修复机构，实施了一批具有示范引领作用的项目。其中，由山东省文物保护修复与鉴定中心负责实施的"山东沂南河阳社区墓地出土丝织品保护修复项目"荣获2021全国十佳文物藏品修复项目。由孔子博物馆联合中国丝绸博物馆共同实施的"山东曲阜孔府文物档案馆藏明代服装保护修复项目"荣获2021全国优秀文物藏品修复项目。由山东省文物保护修复与鉴定中心负责实施的"山东长清灵岩寺千佛殿罗汉像保护修复项目（一期）"荣获2022全国十佳文物藏品修复项目。说明山东省的可移动文物保护修复工作已取得突破性进展，部分文物本体保护项目成果已经走在全国前列。

"十二五"期间，全省虽然申请到可移动文物保护项目98项，但项目完成率不足21%。主要是因为部分地市级文物行政部门受人员编制的限制，长期没有专门机构或专人负责此项工作，管理跟不上，执行力度不够。"十三五"期间，全省获批可移动文物保护项目310余项，这些项目通过文物持有单位独立执行、与国内或省内文博单位合作、社会力量招标等方式，完成率达到了55.3%，开工率达到了83.6%，有效提升了可移动文物保护工作效率。一系列举措不仅使文物本体得到有效修复，也使得文物的保存环境基本达标，数字化展示利用效率明显提升，实现了可移动文物由抢救性保护向预防性和数字化保护的转变。

2.2.2 可移动文物保护修复能力提升

"十三五"期间，在山东省文化和旅游厅的全力支持下，在山东省文物保护修复与鉴定中心的统筹管理下，可移动文物保护实施能力显著加强。至"十二五"时期末，全省具有可移动文物修复资质的单位仅有8家。至"十三五"时期末，省内具有可移动文物修复资质的单位已增至28家，总数翻了三倍多。这说明在"十三五"时期，符合《可移动文物修复管理办法》要求的资质单位在快速发展，它们在场地、设备、人员等方面都取得了长足发展，从而带动了全省可移动文物保护实施能力的明显提升。

2015年2月，为加强对可移动文物保护机构的保障和技术支持，省委、省政府决定成立山东省文物保护修复中心。中心为省文化和旅游厅直属处级公益一类事业单位，主要职能是承担可移动文物的调查、保护修复等有关工作，承担全省可移动文物保护项目（含预防性保护和数字化保护）验收的具体工作，承担文物修复的研究、技术推广、学术交流工作，培养文物保护修复人才。在"十三五"期间，中心独立编制可移动文物保护方案近60项，实施项目近30个，结项率达到80%，涵盖青铜器、铁器、陶瓷器、书画、纺织品、漆木器和石质文物等，涉及文物3000余件（套），已成为山东省可移动文物综合技术中心。山东省可移动文物保护半岛科研基地依托山东大学的人才和科研优势，通过与省文物保护修复与鉴定中心合作实施灵岩寺罗汉像保护修复项目、与湖北省文物考古研究所合作开展湖北苏家垄墓葬实验室科技考古科研项目，在科学研究、资源共享、项目实施等诸多领域开展交流合作；山东省可移动文物保护鲁中区域中心依托潍坊市博物馆，建立起2000 m² 的实验室和修复展区，以青铜器、书画、瓷器、紫砂为重点，实施了馆藏金属、书画、馆碑廊等7个项目，带动了鲁中地区修复能力提升、人才培养、科研提升和成果转化；山东省可移动文物保护曲阜区域中心以石刻文物保护为重点，实施了博兴丈八佛及馆藏石刻、青州石刻、灵岩寺石刻等项目，在全省开展石窟寺保护调查；山东省可移动文物保护沂源工作站对基础设施进行改造提升，现已具备14种类别的文物保护修复资质，先后开展了7个本体保护和1个预防性保护项目，培养保护修复技术人才

20余人；青州市博物馆联合浙江大学，先后实施了龙兴寺佛教造像精品陈列数字化保护、青州历史陈列数字化保护、青州市博物馆数字化保护与利用项目，摸索出一套高效的全息数据记录模式，为山东数字化保护工作进行了有益探索。

2.2.3 可移动文物保护修复人才数量提升

"十三五"期间，山东省文物局聘请李化元等10位全国文物科技保护权威专家为"山东省文物保护修复咨询专家"，分两批聘任全省173位修复人员为"山东省文物修复师"，这在山东乃至全国都是首次，足显对文物保护修复人才的重视程度。

同期，为加强高素质专业技术人才队伍建设，助推文物事业发展，促进我省保护修复人才的培养和提升，山东省文物保护修复与鉴定中心有计划地实施了"人才培养提升计划"。2018年，由山东省文物保护修复与鉴定中心承办的全省"2018年文物保护与合理利用高级研修班"，入选"山东省专业技术人才知识更新工程2018年高级研修项目计划"。全省文博单位近50人参加了集中培训，通过专家学者的讲授，参会人员从理论层面加深了对文物保护的认识。2019年，山东省文物保护修复与鉴定中心推出"山东文物保护技术讲堂"，邀请山东大学文化遗产研究院教授马清林为全省文物修复师进行专题授课。下一步，中心将把"山东文物保护技术讲堂"打造成山东特色业务品牌，持续做好人才培养和技术支持。

"十三五"期间，全省文博单位依托项目实施和网络体系建设，通过业务培训、高校深造、师带徒、项目实习、交流合作等形式，培养锻炼了一支涵盖文物保护技术、文物修复、考古、物理、美术、材料学等多学科、多领域的文物保护修复人才队伍。截至2021年底，全省可移动文物保护修复人员由"十二五"时期的192人增加至301人，在保证人员队伍结构基本稳定的同时，人员数量有了明显提升。

2.2.4 可移动文物保护交流合作与科研能力提升

"十三五"期间，为贯彻落实习近平新时代中国特色社会主义思想及习近平总书记关于文物保护的重要论述精神，推进文物保护利用和文化遗产保护传承，加强全省文物保护修复人才队伍建设，为文物工作者提供学术交流平台，2018年以山东省文物保护修复与鉴定中心为主要发起单位，成立了山东省博物馆学会文物保护技术专业委员会。随后于2021年成立了山东省文物保护技术协会，这些行业平台将团结引领全省从事文物保护及相关工作的单位和个人，为全省文物保护工作提供技术支撑。

2019年9月，由中国文物保护技术协会、山东省博物馆学会文物保护技术专业委员会联合主办，山东省文物保护修复与鉴定中心、潍坊市博物馆协办的"馆藏文物保护修复项目工作经验交流研讨会"在潍坊召开。这是山东首次承办全国性的可移动文物保护高端研讨会。会议期间，山东省文物保护修复与鉴定中心、淄博市博物馆等省内文博单位进行主旨发言，将山东近几年关于馆藏文物保护修复项目的工作经验进行了推广交流，获得了良好的评价。

为加强文博单位与高校、科研院所的合作，提升科研水平，"十三五"期间，山东省文物局与山东工艺美院合作成立"山东省文物保护修复教育科研基地"；山东省文物保护修复与鉴定中心与莱芜职业学院签订《文物修复与保护专业教学资源库参与建设单位承诺书》，参与文物修复与保护专业教学资源库建设；山东省文物保护修复与鉴定中心与曲阜师范大学、山东艺术学院、莱芜职业学院、南京非物质遗产学院达成战略合作，成立"教学实习基地"，在文物保护修复技术、新材料新工艺、人才培养、科研等方面开展合作研究。

随着可移动文物保护水平的提高，科研成果也不断涌现。"十三五"期间，在全省文物行业相继出版了《煌煌锦绣——沂南河阳墓地出土丝织品保护修复与研究》《济宁地区石刻调查与研究》《曲阜片区石刻文物数字化保护与研究》《古铜今识——青岛市黄岛区博物馆藏青铜文物保护修复与研究》《寿柏巧榡——沂南河阳清代棺木保护修复与研究》《山东可移动文物保护修复与研究》《沉船遗珍——菏泽元代古船出土文物保护修复与研究》等可移动文物保护系列书籍，表明全省可移动文物科研能力已有明显提升。

三、"十四五"时期全省可移动文物保护工作构想

"十四五"时期，面对文物保护工作的新形势、新发展、新问题，全省文物行业将严格按照"中国特色、中国风格、中国气派"的要求，科学规划、合理布局，推动形成山东文物保护事业改革发展新局面。

3.1 规范管理，优化全省可移动文物保护修复网络体系布局

现有的全省可移动文物保护修复网络布局，布点有待于进一步完善提升，内部结构有待于更加科学化。目前已有的区域中心、工作站，需要利用场地、设备、人员等优势发挥自身的作用，持续带动周边地区博物馆等文博单位做好文物保护工

作。"十四五"期间，加强网络体系管理，制定考核机制，实行优胜劣汰。对于考核优秀单位，在项目、资金、设备等方面予以倾斜；对于考核不合格者，提出整改意见，并督促整改。"十四五"时期末，争取全省可移动文物保护区域中心和工作站在数量和质量上都有明显提升，使得全省可移动文物保护修复网络更加紧密、科学、有效。加大对社会力量的统筹管理，从项目申报、实施、验收和资质业务管理等方面对具有修复资质的社会力量进行统一监管，发挥好社会力量参与文物保护的积极性和能力。

3.2 加强基础建设，不断健全体制机制

一是成立山东省文物保护标准化技术委员会，根据文物行业的国家标准和行业标准要求，结合山东文物特点，制定具有地方特色的可移动文物保护地方标准规范。从管理和技术两个层面对全省可移动文物保护修复工作进行更加细微的规范化、标准化，从而促进全省文物保护工作更加精准化、精细化。

二是健全制度规范，在项目进度、资金使用、修复技术、工作流程、档案管理等方面制定适合山东的项目管理体制机制，进一步规范文物本体、预防性、数字化保护工作。严格管理可移动文物修复资质，建立定期审核制度，形成资质动态管理机制。坚决杜绝超资质范围开展业务工作，对于长期不开展相关业务工作的资质单位，及时对资质进行清退。

3.3 实施"四个工程"，打造精品项目

一是建设可移动文物保护修复项目库工程。建立2021—2025年全省可移动文物保护修复项目库，遵循先急后缓的原则，有计划、有重点地组织实施一批有代表性的文物保护项目，抢救保护一批濒危文物，着重加强对可移动革命文物的保护力度，实施一批馆藏革命文物保护修复项目。其中，一级文物和石刻、壁画、纺织品、竹木漆器等类别文物因实施难度大、技术要求高，由山东省文物保护修复与鉴定中心直接负责，预防性保护项目、数字化保护项目原则上由专业团队负责，以确保实施质量。

二是实施全省博物馆预防性保护全覆盖工程。加大区县级文博单位预防性保护工作，为馆藏文物提供良好的保存环境，强化预防性保护，充分运用科学研究成果和环境监测数据，改善博物馆藏品保存环境，推动多元化、低成本、高效能的藏品保存设备体系建设。以保存环境对文物破坏机理研究为基础，建成并运行全省文

博系统文物保存环境监测平台及健康评测体系，提升全省可移动文物预防性保护水平。

三是实施全省珍贵文物数字化保护工程。加快推进博物馆藏品数字化，完善藏品数据库，加大基础信息开放力度。从全省第一次可移动文物普查成果中，选择尚未开展数字化保护，尤其是保存在区县级文物收藏单位的珍贵文物，有计划、有步骤地开展数字化保护工作。建立文物数字化标准规范体系，健全数据管理和开放共享机制，加大文物数据保护力度。

四是实施全省濒危文物集中抢救性保护工程。实施馆藏珍贵濒危文物、材质脆弱文物保护修复计划，寓科学研究于保护修复全过程，提高馆藏文物保护修复水平。针对因收藏单位某类质地文物少，难以独立申报而导致部分区县文博单位濒危文物得不到有效保护的情况，由山东省文物保护修复与鉴定中心牵头，以地市为单位，按文物质地组织申报可移动文物保护修复项目，并依托全省可移动文物保护网络体系开展项目。

3.4 多措并举，加强人才队伍建设

坚持文物保护只能加强、不能削弱的原则，综合施策推动构建与文物资源规模、文物保护利用任务相匹配的管理机构和专业队伍，不断健全文物保护人才培养体系，创新人才机制，让文物保护事业后继有人、人才辈出。

一是构建多层次文物保护人才培养体系。培育一批以领军人才和中青年骨干创新人才为重点的高层次文物保护人才，加强科技创新、文物保护、文物修复等急需领域人才培养，形成一批战略型、复合型、管理型人才队伍梯队。加快建设一支门类齐全、技艺精湛的文物技能人才队伍，稳步造就一支科技研发能力和技术应用能力过硬的文物科技人才队伍，锤炼一支熟悉专业、素质优良的文物管理人才队伍。加强全省可移动文物保护人才培养。

二是实施人才统筹服务计划。利用山东省文物保护技术协会这个平台，整合全省文物保护力量，集中应对大型、重点项目，通过项目实施增加实战经验，提高队伍素质。着力打造"山东文物保护技术讲堂"特色品牌，做好人才培养长效机制，通过专家授课，加强专业理论学习。

三是激发文物保护人才创新活力。关心爱护文物保护工作者，完善人才激励机制，支持与鼓励更多优秀专业人才和青年人才从事文物保护研究。建立健全管理规范、评价科学、激励有效的文物保护人才体系。实行更加积极开放的人才政策，多

渠道招聘引进高层次人才，创新文物技能型人才聘用方式。推动文博单位建立体现创新要素价值的收益分配机制。按照国家有关规定，对有杰出贡献的文物保护工作者予以表彰奖励。

3.5 加强交流合作，促进科研提升

加强全省可移动文物保护网络体系之间的合作，通过项目实施，优势互补、形成合力，主推科研提升。与省内外高校和文博单位在可移动文物修复研究、材料工艺、人才培养、项目实施等方面开展合作，实现协同进步。加强与国家文物局重点科研基地合作，积极参与课题研究，培养独立申报省部级、国家级课题的能力。引导文博单位深度参与职业教育，鼓励校企共建实习实训基地，支持文物保护领域名师、工匠进校园参与教育教学活动。

山东省滕州市大韩东周墓出土 青铜器保护修复项目

山东省文物考古研究院

一、项目概况

大韩东周墓地位于山东省滕州市官桥镇大韩村村东，地处泗河中游的薛河与小魏河之间、鲁中南山地向平原过渡地带，地势较平坦，西北2公里处为东北—西南走向的罗汉山。山东省文物考古研究院、滕州市文物局经报请国家文物局批准，于2017—2019年分三个年度对该墓地进行了全面揭露。该墓地是近年来鲁南地区东周时期考古的重要发现，为苏鲁豫皖交界地区东周时期的文化谱系、墓葬制度、文化交流融合、泗上十二诸侯国及其与周边古国的关系等研究提供了重要的资料[①]。

该墓地出土青铜器数量多且重要，但保存状况差，修复难度大。有鉴于此，项目组决定分批对其进行保护修复。2018年6月，山东省文物考古研究院组织人员将2017年度发掘出土的青铜器整理成一期项目，编制保护修复方案并报请立项批准。此次保护修复项目获得国家文物保护专项资金支持，由山东省文物考古研究院负责实施，于2021年6月通过结项验收。

二、文物基本情况

这批青铜器年代均为东周时期，数量较多，种类丰富，规格较高，共计284件（组），分别为鼎13件，甗6件，簠2件，瓿1件，鉴盂2件，壶1件，铊1件，盘7件，匜7件，豆9件，敦6件，舟8件，钮钟2套（18件），兵器、车马器及其他类器203件。这批器物基本涵盖了东周青铜器的各个器类，且年代跨度长，来源广泛，制作工艺十分多样，各文化背景的青铜器常同出一墓，为综合比较器物时代、风格和技术特征提供了难得的条件，为系统考察铸铜技术及金属资源流通、研究东周青铜铸造及装饰技术演变、构建东周不同区域青铜技术与资源利用补充了关键材料。与此同时，器物表面存在的大量使用痕迹，又能够帮助我们更好地理解墓地葬俗葬制、礼仪制度与物质文化。因此，保护好、研究好这批青铜器将有助于研究东周青铜时代社会。

三、科学分析与遗存信息提取

文物保护与修复的目的是保护文物固有价值免遭损害。除使价值载体——文物本体能长久保存外，更要最大限度认知遗存价值，发现文物的历史、科技、艺术及其他隐含价值信息，并最大限度加以揭示、保存，保护其完整性与真实性。因此，对出土青铜器材质特征及埋藏环境的科学分析，可探讨锈蚀机理、判明锈蚀状况，以更好地保护器物本体。而基于文化传统差异、金属资源限制、工匠对冶炼技术的掌握及合金性能认识的不同，青铜器制作材料和工艺在时代和地域上的差异成为研究古代社会的重要材料。另外，青铜器在使用过程中产生的遗存痕迹也反映着古代的物质文化与礼仪，因此器物的制作材料与工艺、表面遗存等是保护修复中需要提取的遗存信息。本文将以青铜器制作材料与工艺、腐蚀状况、表面遗存分析为例，说明保护修复出土青铜器时应关注的遗存信息提取与科学分析（限于篇幅，本文仅对科学分析做示例性介绍或概述性总结）。

3.1 制作材料

本文所指制作材料主要为器物本体合金材质及铸接材料，对铸造时的泥芯材料不作介绍。使用TM3030超景深电子显微镜搭配能谱仪，对选取的青铜样品进行扫描电镜及能谱分析，样品实验结果见表1。

以较具代表性的春秋晚期M43与战国时期M39两个墓葬为例并结合该墓地第一次发掘出土青铜器的科学分析[②]，可得出以下几点认识。

该墓地出土的兵器及工具兼有铅锡青铜及锡青铜两类材质，但兵器以高锡低铅的铜–锡–铅三元合金为主，比较符合兵器类坚硬的机械性能要求。所测车马器成分含量虽也是高锡低铅的三元铜合金，但相比于兵器，平均含铅量略有上升。青铜容器以铅锡青铜为主要材质，成分特征显示为高铅高锡，与兵器相比，铅含量明显上升，符合礼器铸造所需合金有较高流动性、充型能力好的要求，而其中三件薄壁刻纹容器的铅含量在0.6%至1.1%之间，明显较低，这种成分适合于后期的热锻工艺，可见器物的铅锡等合金含量不但和器物用途、器物类型有直接联系，也与加工方法有密切关系，说明该批青铜器制作时对合金材料的使用已比较规范。部分青铜器具有较高的铁含量，如M43所出14件容器，有7件含铁量在1%以上，占比50%，M43:22鼎两份样品的含铁量甚至超过2%。年代偏晚的M39、M37所出青铜器仍然有类似现象，M39所测19件容器中有5件含铁量高于1%。青铜器基体中较高含量的硫、铁应来自硫化矿冶炼出的粗铜，说明在铸造前可能未对铜料进行反复精炼。部分青铜器具有较高的砷含量。如M43的一对罍（浴缶）及M39的铸制盘匜，含砷量均高至1%左右。青铜器中的砷主要由铜料引入，也有少量来自其他矿料。而通过对裸露的铸接材料即焊料的成分分析发现（表2），春秋晚期焊料多为高铅或近纯铅，战国后铅－锡合金比例迅速升高直至铅－锡合金成为主要类别，可见工匠对焊料成分的变化规律和合金性能认识的深入。

通过对该墓地青铜器合金材质和矿料来源的分析[③]，发现青铜容器的锡含量随时代有序变化，春秋时期较为稳定，进入战国后迅速升高，越式青铜鼎高锡特征最为显著；对于其所使用的矿料特征及来源，利用目前较流行的铅同位素比值分析探讨，发现其来源具有主次分明、类别多样的特征，主要的铅料类别与中原及北方地区较一致，其余多类铅料可能来自长江中下游地区。这些发现不仅为器物的保护修复工作奠定了对本体材料特征的认识基础，也为该墓地的考古学研究提供了多元视角。

表1 M39与M43出土青铜器样品成分表

实验室编号	标本号	器名	取样部位	元素含量（质量分数）/%										材质
				O	S	Fe	Cu	Sn	Pb	As	Ag	Si	其他	
277705-1	M39:6	簠	矩足残片	0.8	0.5	0.4	78.9	14.7	4.1			0.6		Cu–Sn–Pb
277706	M39:8	提链壶	残链段	11.5	0.5		53.8	28.3	5.3			0.5		Cu–Sn–Pb
277707	M39:9	簠	直壁残片	0.6	0.6	2.4	78.5	14.5	3.3					Cu–Sn–Pb
277708	M39:10	匜	腹近口沿处	0.5	1.0	1.7	79.1	12.0	4.5	1.0		0.3		Cu–Sn–Pb
277709	M39:11	盘	腹耳间残处	0.7	1.6	2.1	77.0	11.3	5.9	0.9		0.6		Cu–Sn–Pb
277710	M39:12	鼎	足断处	1.4	0.8	0.4	80.8	12.2	3.4	1.0				Cu–Sn–Pb
277712-1	M39:13	鼎	盖残片	1.9	1.7	0.8	76.2	8.4	11.1					Cu–Sn–Pb
277712-2		鼎	底铸缝	1.4	1.4	0.8	74.1	14.6	7.5			0.2		Cu–Sn–Pb
277713	M39:16	鼎	足残处	3.5	1.3	0.1	67.0	12.6	15.5					Cu–Sn–Pb
277714	M39:17	盖豆	捉手残片	0.6	1.1	0.3	80.4	12.7	4.7			0.2		Cu–Sn–Pb
277715	M39:22	盖豆	盖裂隙	1.7	0.4	0.3	80.7	14.7	2.2					Cu–Sn–Pb
277716-1	M39:26	盖豆	柄上沿	0.5	0.5		80.6	15.1	3.1			0.2		Cu–Sn–Pb
277716-2		盖豆	器折沿	0.7	0.4		83.2	13.7	2.0					Cu–Sn–Pb
277717	M39:27	盖豆	腹残片	0.8	0.6	0.3	82.9	13.0	2.5					Cu–Sn–Pb
277718-1	M39:28	鉴	口沿残处	0.6	0.5	0.2	85.3	11.0	2.5					Cu–Sn–Pb
277718-2		鉴	兽首背面	0.5	0.5		81.6	12.4	4.3			0.7		Cu–Sn–Pb
277719-2	M39:36	三足舟	器底残洞	0.9	0.4	0.1	80.6	13.4	4.6					Cu–Sn–Pb

实验室编号	标本号	器名	取样部位	元素含量（质量分数）/%										材质
				O	S	Fe	Cu	Sn	Pb	As	Ag	Si	其他	
277720-1	M39:39	鉴	口沿残片	0.5	0.6	0.4	84.0	10.1	4.3					Cu-Sn-Pb
277720-2			腹残片	0.7	0.6		83.7	11.8	3.0			0.3		Cu-Sn-Pb
277720-3			衔环残片处	0.4	0.4	0.2	83.0	11.3	4.7					Cu-Sn-Pb
277721	M39:40	罍	腹残处	0.5	0.9	2.4	79.6	11.5	4.6					Cu-Sn-Pb
277722	M39:41	罍	腹变形处	0.7	0.9	1.7	79.3	13.2	4.3	0.5				Cu-Sn-Pb
277723	M39:53	盘	腹片	0.6		0.2	84.9	13.7	0.6					Cu-Sn
277724	M39:54	匜	后腹部	9.7	1.1		75.1	9.0	5.1					Cu-Sn-Pb
277735		罍	腹残片	0.8	0.7	1.1	76.1	14.4	5.9	1.1				Cu-Sn-Pb
277736-1	M43:20	捉手盖鼎	腹残片	1.2	1.1	1.0	77.6	14.8	4.3					Cu-Sn-Pb
277736-2			盖残片	0.6	1.3	1.3	79.0	12.8	5.1					Cu-Sn-Pb
277737-1	M43:21	鼎	耳残处	0.4	1.2	2.7	86.8	6.0	2.9					Cu-Sn-Pb
277737-2	M43:22		足残断处	1.0	1.6	2.3	80.8	5.6	8.6					Cu-Sn-Pb
277738-1	M43:23	甗	甑耳下残处	0.6	0.7	0.9	75.7	14.5	6.1	0.8		0.8		Cu-Sn-Pb
277738-2			鬲腹部	0.6	0.8	1.9	78.3	13.5	5.0					Cu-Sn-Pb
277739	M43:24	环纽盖鼎	盖残处	1.0	0.3	1.0	83.6	11.4	3.7					Cu-Sn-Pb
277740-1	M43:25	罍	耳下腹部	0.5	0.4	1.0	79.8	14.3	3.3	0.8				Cu-Sn-Pb
277740-2			腹片	0.6	0.6	0.7	77.6	14.6	4.4	1.1				Cu-Sn-Pb

实验室编号	标本号	器名	取样部位	元素含量（质量分数）/%										材质
				O	S	Fe	Cu	Sn	Pb	As	Ag	Si	其他	
277741-2	M43:26	盖豆	腹残处	0.9	0.9	1.0	81.6	12.1	3.6					Cu-Sn-Pb
277742	M43:27	盖豆	柄残断处	0.9	0.5	0.8	81.4	10.9	5.5					Cu-Sn-Pb
277743	M43:28	盖豆	底腹残片	0.5	0.3	0.3	79.2	12.9	6.2					Cu-Sn-Pb
277744	M43:29	盖豆	座残处	1.2	1.4	1.0	74.0	11.4	10.4	0.6				Cu-Sn-Pb
277745	M43:30	匜	腹部裂隙	0.7	0.2		81.5	14.5	3.1					Cu-Sn-Pb
277746	M43:31	三足舟	腹变形处	0.7	0.5	0.2	80.5	13.5	4.7					Cu-Sn-Pb
277747	M43:33	盘	底残处	0.7	0.5	0.2	75.1	18.6	4.6			0.2		Cu-Sn-Pb
277748	M43:34	刻纹盘	残片	1.1			83.5	14.3	1.1					Cu-Sn
277876	M43:38	戈	阑	11.4	0.0	0.1	54.6	33.7	0.2					Cu-Sn
277877	M43:41	镞	铤	22.3	0.2	0.4	32.9	38.7	3.5	1.3		0.7		Cu-Sn-Pb
277878	M43:42	镞	铤	0.2	0.0	0.1	75.4	23.5	0.8					Cu-Sn
277879	M43:45	钜	柄残处	0.2	0.3	0.1	81.8	14.9	2.8					Cu-Sn-Pb
277880	M43:49	镞	残铤	13.0	0.4	0.3	55.2	15.1	13.4	2.3		0.4		Cu-Sn-Pb
277881	M43:75	削	带刃残块	0.4	0.0	0.1	85.4	13.9	0.2					Cu-Sn
277774	M43:77	扁茎剑	刃断处	15.3			38.9	43.9	1.2			0.6		Cu-Sn
277882			外裹金箔	1.8							6.7		Au91.5	Au-Ag

表2 器物分铸铸接材料分析表

时代	器物号	器名	分析部位	含量/%		材质		
				Sn	Pb	铅-锡合金	近纯铅	近纯锡
春秋晚期	M26:8	敦	耳焊料	69	12	√高锡		
	M43:25	浴缶	耳焊料	0	99		√	
	M43:26	盖豆	柄焊料	0	97		√	
	M48:6	匜	足焊料	10	86	√高铅		
	M64:78	盖豆	耳焊料	1	99		√	
春秋战国之际	M39:16	鼎	足焊料	0	99		√	
	M39:27	盖豆	柄焊料	4	93		√	
	M39:28	鉴	耳焊料	0	100		√	
战国早期	M42	残片	附着焊料	0	57		√含铜	
	M135:14	盖豆	柄焊料	56	41	√		
	M135:15	盖豆	柄焊料	66	33	√		
	M135:16	盖豆	柄焊料	8	82		√	
	M199盗洞	簠	耳焊料	1	97		√	
	M199:21	盖豆	柄焊料	1	87		√	
	M199:42	匜	錾焊料	89	10	√高锡		
	M200:57	盖豆	柄焊料	19	81	√高铅		
	M200:58	盖豆	柄焊料	40	60	√		
	M200:71	鼎	足焊料	34	65	√		
战国中、晚期	M204:4	盖豆	柄焊料	67	30	√		
	M204:5	盖豆	柄焊料	91	5			√
	M126:64	盖豆	柄焊料	69	28	√		

3.2制作工艺

3.2.1 成型工艺与表面装饰

在成型工艺上，这批青铜器中除薄壁刻划纹饰器物采用锻造成型外，其余均为铸造成型。一次铸造而成的器物以兵器、车马器及越式鼎为最多，其余器物则分别采用不同方式多次铸造而成。如盖豆盘与柄都是分铸后再铸接在一起，M44:25、M43:20与M43:25几件罍器身与錾、耳等附件连接处有明显低温合金铸接痕迹（图1）。对锻打工艺的识别，以金相观察为主，通过X射线成像也未发现铸造垫片，因而该批青铜器中的薄壁盘匜均为锻制而成，例如M39:53盘与M43:34刻纹盘。M39:53盘金相呈α固溶体再结晶晶粒和少量孪晶状，边缘晶内集中分布有滑移带，可见铅颗粒和硫化物夹杂，呈现热锻、冷加工组织结构。M43:34刻纹盘金相呈α固溶体再结晶晶粒和少量孪晶状，可见铅颗粒和硫化物夹杂，铅颗粒有沿同一方向拉长的迹象，应为热锻组织（图2）。

成型工艺以外，错嵌（镶嵌）、包（贴）金、铸镶、菱形暗纹、刻划等表面装饰工艺在这批青铜器上也多有应用。如大部分铜剑、个别铜戈及部分铜壶表面均有错嵌工艺，M40:46剑的剑格处错金铭文、剑茎处双箍错嵌绿松石，M41:7戈内部镶嵌细小绿松石等（图3），表明错嵌细小绿松石的技术传统在战国时较为流行。少量车马器有包（贴）金，少量盖豆、罍、壶有铸镶红铜。菱形暗纹装饰工艺也在部分铜剑上有所体现。在表面刻划纹饰是这批薄壁铜器的普遍特征，如M39:54薄壁锻制刻纹匜（图4）。从中可观察到制作这件铜匜时工匠刻纹工具的不同、运力顿挫及方向、刻划的先后顺序等，从而可了解工匠制作器物时的技术思想。

M44:25罍　　　　　　　　　　　　　　M43:20罍

图1 器身与附件连接处焊接痕迹

M39:53盘　　　　　　　　　　　　　　M43:34刻纹盘

图2 器物金相组织

图3 M40:46剑箍与M41:7戈内部错嵌绿松石

图4 M39:54薄壁锻制刻纹匜

3.2.2 铸造缺陷、补铸与明器特征的思考

项目组在保护修复时，发现大部分豆、盘圈足及部分鼎耳、鼎足等都有范土暴露在外（图5），并且有些器物壁较薄、纹饰不清，铸造工艺较为粗糙，不太符合日用器特征或礼器的尊贵特征。这一现象在春秋晚期较少见，至战国时期明显多见。战国时期，青铜明器增多的同时，仿铜陶礼器也逐渐盛行。该墓地出土铜器中出现这种现象，可能是其专为随葬而制作的明器特征的表现。

另外，铸造缺陷与补铸现象在这批铜器中也有存在，除X射线成像有所体现外，肉眼观察也能看到。如M37:4矛、M41:1戟刺、M41:2戟刺在器物两翼位置均有或大或小略呈椭圆的残缺，孔洞壁较圆滑，不应为打击或锈蚀所致，疑为器物铸造时铜液未完全流淌到位，或模具未完全干燥产生气泡所致（图6）。另外，在M39:41罍（浴缶）肩部偏下位置、M43:25罍盖捉手、M39:13鼎耳、M39:11盘足位置均发现有非常明显的补铸痕迹（图7）。存在补铸痕迹的这些器物，补铸方式及原因不一，可能是铸造时有缺陷产生，经及时修补而形成，或者是在使用过程中器物被破坏，为继续使用，对其进行修复而形成。

图5 M39:17盖豆底部范土与M39:9簠范土

图6 M41:2戟刺铸造缺陷现象

图7 M39:41罍肩部补铸与M39:13鼎耳补铸

在保护修复时，应重视保存和保护上述这些制作工艺遗存。可通过肉眼观察、X射线成像、金相观察等了解并提取信息。例如，通过X射线成像观察被锈蚀、覆盖或包裹的器物的制作工艺、保存状况等，指导修复工作——M39:11盘被土锈及铜锈覆盖，不宜辨识细小裂隙，通过对比X射线影像，可知左侧盘耳及足部周围腐蚀，且腐蚀程度不同，上部已严重腐蚀，腐蚀部分存在几处裂隙；盘腹部应由4块范合铸而成，范痕明显，盘底部可见垫片，且盘底与腹部结合处局部有大量缩孔，推测是盘腹与底合铸时，局部冷凝过快出现的缩孔（图8）。针对局部腐蚀严重情况，在保护处理过程中，应注意控制除锈、矫形等强度，防止对器物造成二次伤害。

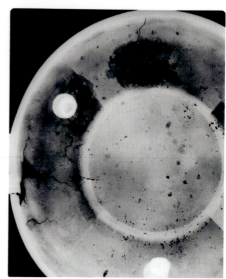

图8 利用X射线成像观察制作工艺

3.3 腐蚀状况

腐蚀状况分析主要包含对青铜器腐蚀产物及埋葬土壤环境的科学分析。

3.3.1 腐蚀产物分析

为了解青铜器本体腐蚀特征，项目组有重点地对不同颜色、状态的锈蚀物进行取样，并在修复时尽可能留取锈蚀产物作为样品以备腐蚀机理研究。使用超景深显微镜观察样品断面形貌和层次结构，利用扫描电镜-能谱仪（SEM-EDS）对不同颜色的锈层进行元素组成分析，使用X射线衍射仪、显微激光拉曼光谱仪（Raman）对不同颜色的锈蚀进行物相分析。

通过显微形貌观察，可见器物的锈蚀颜色和结构层次十分多样。锈层结构有的为一层，有的多达数层（图9、表4），许多样品尽管矿化严重，但仍保留了树枝晶的铸造组织形貌，完整地保留了器物的制作工艺信息。扫面电镜-能谱分析表明腐蚀产物主要元素有铜、锡、铅、氧，另有少量的氯、硫、铁、磷、砷元素。砷元素含量较高的样品，锈蚀颜色发黄，可能是受到砷元素影响。铜元素主要存在于金属基体及红褐色、绿色、蓝色、翠绿色物相中，锡元素主要存在于金属基体及白色物相中，铅元素主要存在于金属基体及白色、橘红色物相中，氯元素主要存在于白色、浅绿色、墨绿色、淡蓝色物相中，磷元素主要分布在橄榄绿物相中，硫元素主要分布在蓝色物相中。从这些微观形貌和能谱分析结果中可了解青铜器矿化程度。

图谱编号	锈层/本体	O	Cu	Sn	Pb	S	As	Fe	Cl	Si
1	蓝绿色	39.39	55.88	0.25	1.19	–	–	–	0.03	3.26
2	紫红色	23.02	62.83	–	11.78	0.34	–	–	0.79	1.24
3	浅绿色	36.29	16.14	36.98	7.24	–	–	0.19	1.00	1.16
4	浅蓝色	36.65	17.46	35.89	7.82	–	–	0.17	1.25	1.76
5	土黄色	27.97	33.48	20.16	15.04	1.95	0.74	0.14	0.22	0.30

图9 M26:8铜盆断面形貌（200×）及元素组成

表4 锈层分布情况表示例

序号	样品名称	腐蚀产物锈层分布情况
1	M26:8铜盆	蓝铜矿、羟氯铜矿混合–铅矾、白铅矿混合–赤铜矿–孔雀石
2	M37:46铜镳	锡铅青铜本体–黑铜矿–赤铜矿、副氯铜矿–孔雀石
3	M39:16铜鼎	赤铜矿–水白铅矿、副氯铜矿、孔雀石
4	M39:53铜盘	锡石–赤铜矿–孔雀石
5	M42:55铜匜	锡铅青铜本体–赤铜矿–水白铅矿、孔雀石
6	M50:61铜矛	赤铜矿–蓝铜矿、孔雀石

从拉曼光谱和X射线衍射分析结果看，铜的腐蚀产物包括黑铜矿、赤铜矿、孔雀石、蓝铜矿、氯化亚铜、副氯铜矿、羟氯铜矿、磷铜矿、水胆矾、胆矾；锡的腐蚀产物主要是锡石；铅的腐蚀产物包括铅黄、白铅矿、水白铅矿、铅矾、磷氯铅矿。其中，铜的腐蚀产物种类及数量最多，铅次之，锡最少。粉末状锈蚀产物中，孔雀石、白铅矿的检出率较高，说明铜和铅容易发生腐蚀且不断外迁。即铜、铅腐蚀产物丰富，是通过对应元素氧化和外迁沉积形成的，其物相成分取决于埋藏环境的

pH值、离子种类及浓度等条件，而锡主要是以氧化物的形式原位富集。这些腐蚀产物又可分为氧化物（赤铜矿、黑铜矿、锡石、铅黄）、碳酸盐（孔雀石、蓝铜矿、白铅矿、水白铅矿）、氯化物（氯化亚铜、副氯铜矿、羟氯铜矿）、硫酸盐（水胆矾、胆矾、铅矾）和磷酸盐（磷铜矿、磷氯铅矿）五大类，多个样品腐蚀产物的形态是混合存在的，在有些器物的裂隙处及一些点状的翠绿色、白色锈蚀物中，氯元素含量较高，表明腐蚀最开始可能并不是整体的面腐蚀，而是由某个点或裂隙开始逐步过渡，也说明有害锈并不是只有单一颜色，这与氯铜矿有多种同分异构体有关。判别有害锈并不能仅仅依靠"粉状""绿色"外观，而对现场每件器物都进行仪器分析又较困难，故针对修复时疑似有"粉状有害锈"器物的快速识别，现场最简便的方法是采用硝酸银定性检验法确认锈蚀物是否含氯（图10），例如对M37:3铜矛粉末状锈蚀物定性检验时发现有白色絮状沉淀物，说明锈蚀物中含有氯，则据此采取针对性措施。

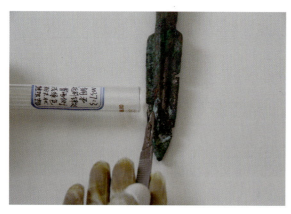

图10　M37:3铜矛浅绿色锈蚀物氯离子定性检验

3.3.2 土壤环境分析

为了解青铜器锈蚀产物与埋藏环境之间的关系，项目组选取埋藏土样，通过对土样中阴阳离子、酸碱度、土壤元素、土壤物相等进行XRD、离子色谱、pH值测试等科学分析，获取土壤环境特征。

通过对土壤颗粒的微观形貌分析，发现土壤颗粒分布不均、排列较为松散、颗粒表面孔隙结构丰富，人类活动产生的水分、二氧化碳、氧气等物质可以相对容易渗入孔隙结构中，加剧土壤腐蚀环境的复杂性。通过阴阳离子分析，发现墓土与青铜器包裹土中，阴离子有SO_4^{2-}、NO_3^-、Cl^-，多个样品Cl^-浓度较高。Cl^-浓度较高的墓葬，部分出土器物裂隙处氯含量也较高。阳离子有Ca^{2+}、Na^+、K^+、Mg^{2+}，Ca^{2+}的浓度明显高于其他三者，说明土壤中的CO_3^{2-}含量较高，与X射线衍射分析结果中的$Cu_2(OH)_2CO_3$、$Cu_3(CO_3)_2(OH)_2$、$PbCO_3$等物相吻合。通常来说，阴离子中的硫酸根离子、硝酸根离子所属的铜盐具有可溶性，作为土壤腐蚀中的阴极反应会加速金属的腐蚀速度；氯离子不仅能够促进腐蚀过程的阳极反应，还由于其离子半径小、渗透性较强，可以到达金属的氧化膜和不溶性的腐蚀产物中，产生有害锈蚀。Na^+、K^+、Mg^{2+}在土壤中主要是以盐溶液的形式存在，此次土壤样品的pH值数值差距较小，青铜器包裹土和墓土以弱碱性土壤为主（$7.5<pH<8.5$），另有2个土样为中性土壤（$6.5<pH<7.5$），pH最大值为8.16，最小值为7.48。由于土壤为碱性土壤，土壤中的金属元素会自然发生氧化还原反应，生成盐类或沉淀附着在青铜器表面，也可以经过吸附、络合和土壤中的有机物、黏土矿物相互作用，生成络合物或螯合物，溶解后会再次释放金属，形成反应循环，持续对青铜器的稳定性造成危害。项目组经能谱分析，发现埋藏土壤中有较高的铁、铜元素，以及土壤中常有的钙、镁、钾、钠等物质组成元素。这些因素会导致器物表面较坚硬的硬结物增多，是本项目青铜器锈蚀较难去除的主要原因。通过X射线衍射分析，发现埋藏土壤的物相以石英(SiO_2)、斜长石（$Na[AlSi_3O_8]–Ca[Al_2Si_2O_8]$）、方解石($CaCO_3$)、钾长石($K_2O \cdot Al_2O_3 \cdot 6SiO_2$)为主，黏土矿物含量在14.9%至31.3%之间，占比相对较小。

3.4 表面遗存信息提取

考古出土青铜器除上述制作材料与工艺等遗存信息外，其表面有大量诸如烟炱、织物、木竹席材、动物骨骼或其他混合及复合类材质等器物使用时的表面遗存。其中部分遗存肉眼可见，如M44、M50两鼎内盛放的动物骨骼，M44:25罍底部、M26:1铜舟腹部及底部呈碎片状零星分布有清晰的织物痕迹，M37:116铜剑的剑鞘及剑茎有缠缑痕迹等。更多有机质类或复合材质类遗存由于不易保存，也不易识别，我们在考古发掘时稍不留意就会遗失信息。有些因有机或无机类物质存在而导致的器物表面特殊的锈蚀现象也需注意，如《仪礼·公食大夫礼》曾载"羹定，甸人陈鼎七，当门，南面西上，设扃鼏，鼏若束若编"，在M44:11与M44:27两鼎中都发现有锈蚀严重的"扃鼏"现象，这样的锈蚀物痕迹是重要的遗存信息或者本身对器物有保护及历史美感的作用，不可过多去除。对于不能去除的表面遗存，可通过X射线成像的方式来提取器物纹饰信息（图11）。

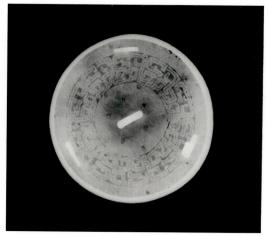

图11 M44:27鼎"扁鼎"现象及器盖纹饰

此外，还有一些肉眼不可见的残留物信息。例如，项目组选取了部分保存较完整的器物进行脂质残留物分析，以讨论残留物保存及其对器物功能的指示意义。结果显示，溶剂萃取方法对大韩墓地样品的提取效率最高，而通过比较不同采样位置也发现，青铜器内部附着的锈蚀层中化合物成分和含量与环境背景存在明显差异，锈蚀层可能保存了器物的原始使用信息。盛放动物、植物和酒类制品的不同器物功能与其残留物成分分析结果相匹配，说明锈蚀层残留物可以反映祭祀活动中青铜器的使用功能④。

在保护修复过程中发现的这些表面遗存，均指向当时整个丧葬仪式十分隆重，墓葬的随葬品也应当十分丰富。对这些现象进行记录，提取信息并做科学分析研究，是文物保护修复揭示文物隐含价值及考古学研究必须要做的工作。

四、典型病害

受墓葬坍塌及埋葬土壤环境影响，该批青铜器出土时大多堆积在一起甚至锈蚀粘连，多数器物制作工艺较差，普遍壁薄、矿化严重，大多呈断裂、变形、残缺、裂隙状态，几乎涵盖了青铜器所有病害类型。根据器物完残程度统计，这批器物中，基本完整的有32件，微残者有164件，残缺者有63件，严重残损者有25件（图12）。病害种类多，部分器物病害情况严重，其中典型病害主要有以下几种。

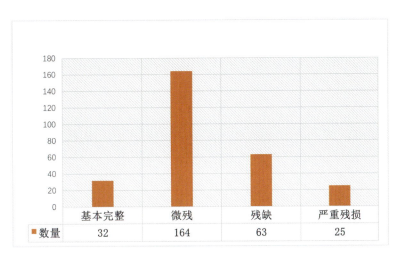

图12 项目中青铜器残损程度统计

	基本完整	微残	残缺	严重残损
■数量	32	164	63	25

4.1 残缺

残缺指因物理和化学作用而导致基体缺失的现象。此种病害在该批器物中较为明显，部分器物破碎、缺失特别严重，仅剩余部分基体，少数器物破碎呈碎片状（图13）。

M39:13鼎

M39:53盘

图13 残缺病害示例

4.2 断裂

断裂是指由于应力作用或人为损伤，使器物丧失其连续性和完整性的现象。这也是这批青铜器中的常见病害，尤其严重的是刻纹铜盘、匜等，因器壁极薄，基本通体矿化呈碎片状。此外，采用分铸焊接工艺制作的器物，因焊料年久矿化膨胀导致焊接附件大都脱落，部分已不存在；采用其他分铸方式制作的器物耳、足等附件，也有不同程度的断裂、脱落（图14）。

M37:116剑   M43:25罍

图14 断裂病害示例

4.3 裂隙

裂隙是指器物表面或内部开裂形成的缝隙。裂隙病害在这批青铜器中较为普遍，一方面，部分青铜器因外力挤压，局部断裂出现裂隙，且裂隙宽度不一；另一方面，器物铸造时器壁较薄，加之部分器物含高锡或高铅的特征，使合金基体受力易断裂、易引起暗纹及裂隙，也加快了该墓地出土青铜器的锈蚀速度（图15）。

M39:40罍   M43:20罍

图15 裂隙病害示例

4.4 变形

变形指因受外力作用挤压、开裂或局部出现扭曲、断裂，使形状发生改变的现象，这种危害在青铜容器中最为明显（图16）。

M39:9簠   M39:39鉴盂

图16 变形病害示例

4.5 层状堆积

指青铜器因发生层状腐蚀而导致其腐蚀产物堆积的现象。器物表面往往腐蚀层较厚，锈蚀层中有夹杂物、石块或颜料等杂物，局部锈蚀出现分层现象（图17）。

M50:9钮钟   M48:2车軎

图17 层状堆积病害示例

4.6 矿化

指青铜器保留原有表面，整体酥粉脆弱，失去金属刚性的腐蚀现象。这批青铜器均存在不同程度的矿化，严重者已通体矿化（图18）。

M37:23鼎   M41:3戈

图18 层状堆积病害示例

4.7 表面硬结物

大部分铜器表面及内部覆盖硬质土锈或钙化物，局部锈蚀较厚，少数器物纹饰或铭文被硬质覆盖层遮盖。该批青铜器均出自墓葬环境，多被土壤包裹、粘附，表面硬结物较多，这虽然能对矿化及破碎严重的器物有保持形状的作用，但土壤有害离子及土壤干裂也会对青铜器造成腐蚀及破坏，同时会掩盖和破坏纹饰。这些硬结物与土锈之下多有不同程度的锈蚀、矿化，有些坚硬难去除，容易伤及器物本体（图19）。

M43：24鼎

M39：28鉴盂

图19 表面硬结物病害示例

五、保护修复

项目组在保护修复期间，对全过程进行详细拍照、取样与记录，综合科学分析结果绘制病害图，参照《馆藏金属文物保护修复档案记录规范》（WW/T 0010–2008），形成涵盖器物出土环境、保存环境、保存现状、保护修复记录及保护修复后状况的保护修复档案。

5.1 技术处理

该项目采取的主要技术处理如下。

5.1.1 表面清理

考古出土器物往往携带着众多古代遗存信息，对其修复仍是田野发掘工作的延续，所以表面清理工作就要将田野发掘时未来得及提取的信息做好记录，在不影响器物保存的前提下尽可能加以保留。该操作主要采用物理方法对伴随于器物之上的有害泥土、污垢及其他附着物等，进行仔细观察与适当清除，利用竹签、手术刀轻轻剔除，或使用蒸馏水采取轻轻刷洗或缓缓冲洗的方式进行清除，较难清理部位可使用干式洁牙机或湿式洁牙机、刻字笔等进行清理。若遇到器物表面重要的信息，例如器内有动物骨骼、残留物、织物、颜料、漆膜、木材痕迹等残留物时，可先拍照（必要时进行显微观察）再取样，需加固保留时则选择2%至5%浓度的B72丙酮溶液或其他合适的加固剂边加固边清理。

在发掘现场，曾将部分重要遗存现象整体提取至室内精细发掘，如M37整体套箱提取随葬兵器一组，M39分层叠压堆放的水器等（图20）。再如M50:4鼎内清理时发现动物骨骼并及时拍照提取（图21），锈蚀及其他包裹物较厚时借助X射线成像及时发现、保留相关信息并对器物进行加固处理（图22）。在完成文物档案记录、表面观察清理及相关取样工作后，方可对器物进行初次清洗。在修复过程中也要随时观察，发现器物本体制作工艺信息及携带的遗存现象也要及时记录，做好遗存信息提取。

图20 对M37整体提取兵器与M39分层放置器物的室内清理

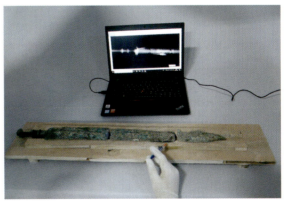

图21 M50:4鼎内动物骨骼　　　　　图22 观察X光照片发现遗存信息

5.1.2 除锈

针对青铜器表面影响外观的锈蚀物和较坚硬的钙化物、硬结物等病害，主要采用易于控制的物理方法进行清除（图23），包括手工工具法和机械工具法。手工工具法是针对表面松脆的锈蚀物，使用各种毛刷、木刀、錾刀、雕刻刀、手术刀等器械，轻轻剔除锈垢。机械工具法则是针对有一定硬度、空隙深处的锈蚀，这种情况下手工工具无法操作，便需采用洁牙机、电动刻字笔、超声波清洗机、改制高压水枪等机械工器具。在物理方法无法达到除锈要求或器物不适宜选用物理方法时，可采用化学试剂法。化学试剂法主要适用于特别易碎、已失去机械承受能力的器物；有害锈层十分薄，手工工具、机械无法完全操作的器物；在微小缝隙或细微纹饰中的锈蚀物。一般选用柠檬酸、EDTA二钠盐溶液等，操作时采用脱脂棉涂敷方式进行。所选化学试剂需局部小范围对照实验后选取效果最理想的试剂及浓度，操作时边观察边进行。如M43:33盘，内底存在铭文且锈蚀严重，仅依靠物理方法无法将铭文显现，便采用3%浓度的EDTA和3%浓度的柠檬酸在盘近底的腹部做去锈实验，对比效果良好，两者对于去除不同锈蚀物分别具有明显效果，决定采用两者结合方式去除锈蚀物（图24）。使用化学方法处理后的器物，必须仔细清洁残留的化学药品，清洗后要迅速进行深层干燥。

对于严重危害青铜器的点腐蚀、有害"粉状锈"等，需要进行更深一步的去除。本项目内青铜器有害"粉状锈"尚未全面爆发，针对局部的有害"粉状锈"，选用双氧水锌粉涂敷法：先配备1%—3%浓度的柠檬酸（或草酸）的水溶液，然后将"粉状锈"用机械工具剔除干净，使用滴管在器表滴注双氧水溶液，待产生小气泡反应后立即用配好的水溶液清洗滴定，最后将锌粉涂敷于目标部位，置于高温高湿环境（恒温恒湿箱）下，尽可能使氯离子反应完全，再去除反应产物（图25）。此方法会使处理部位颜色发生变化，适用于小面积的点状腐蚀区。

图23 手术刀、超声波洁牙机等物理方法除锈

图24 化学试剂除锈后进行对比验证实验

图25 锌粉涂敷转化法处理"粉状锈"

总之，除锈的方法有很多，在实际操作中遵守先物理方法后化学方法，尽量少用或避免使用化学方法，化学方法尽量选择破坏性小的溶液等原则。除锈具有不可逆性，因此在进行该过程时也应遵循多保留少清除的原则。

5.1.3 矫形

根据器物残损情况和已知同类器型，对变形、破碎的器物进行矫形。一般采用机械工具对变形青铜器进行整形复原。具备加压条件的变形整件或构件，可固定在矫形台，施以必要的矫形工具，缓慢给力，经过多次给力操作，使变形部位恢复原形。去掉压力后，再用捶打法解决很小的变形。若遇需矫形部位断裂拉力较大，可采用加榫焊接加固矫形。如M39:39铜鉴需整形，参考其基体合金成分分析，其腹部残片铜含量83.69%，锡含量11.8%，铅含量3.0%，局部矿化，可采用撬搬挤压方式在整形台上矫形，对口沿加以矫形连接。而变形断裂部位拉力大，则采用加榫矫形焊接方式（图26）。对于不用矫形台的器物，一般使用小工具矫形，根据变形部位及程度，使用不同的工具，采用支撑、顶压、撬搬等方法，以达到整形目的。该墓地出土青铜器矿化严重、器壁薄，对矫形的处理方式要求较高，矫形工艺的使用要慎之又慎，此过程要尽量避免造成新的损坏。矫形前首先要细致观察，分析变形原因，对于不适宜进行机械工具矫形的器物（即器械工具矫形极易使器物碎裂），为恢复器物形貌，有时不得已采取局部锯解方式，破除应力，以达到整形目的。

图26　M39:39铜鉴整形

5.1.4 补配

对有必要进行补配且有器型依据的残缺部位，可视情况选用铜材、铅锡料、速成铜或高分子合成树脂材料进行补配（图27）。若选用铜材，可用与青铜器厚度相当或略薄的铜板（铜皮），剪裁成与补配部位形状相同而略小的尺寸，而后加热并捶打出需要的弧度，利用焊接方式进行补配。若需采用铅锡料补配，则通常需翻模熔铸铅锡焊料塑形配件，如对于形体较小的器足，可将相同的足进行翻模，制作石膏范，将铅锡条融化后通过与基体设置铆钉，浇铸连接在一起。对于一些较小的残缺，可采用速成铜类的新材料进行补配。对于无法复原的残缺部分，则有选择地采用亚克力板做衬托支撑，不补配。

本项目对残缺部分的补配以铜材为主，特别是对于有造型或纹饰的部位，主要借鉴传统金属工艺尤其是蒙镶的一些方法，例如"熬胶"、錾花（錾雕）、焊接等，以不同厚度的铜材塑造补配件的形状及纹饰，完成补配。这对非物质文化遗产的传承保护，具有一定借鉴意义。

图27 铜材补配与铅锡焊料翻模补配

5.1.5 拼合连接

对器物的残断碎片和补配件进行连接是修复过程中的关键工艺之一，应根据具体状况选用焊接、粘接或两者结合的工艺。对于仍有铜基体残留的部位，一般可采用低温锡焊技术；对于全部矿化无铜基体保留的部位，常用粘接技术。选择粘接方法时要考虑其强度与器物本身的强度相匹配。针对不适宜采用粘接和焊接方式的器物，选取亚克力板进行镶嵌或衬托处理。本项目青铜器尽量选用传统方法，即低温锡焊技术进行连接。针对部分器物已破碎呈碎片状的情况，连接残片时采取附加铜条支撑的方式（图28）。

图28 M39:53盘传统低温焊锡技术与M43:21鼎附加铜条支撑

5.1.6 加固封护

对器物进行加固也是青铜器保护修复的重要步骤，对脆弱糟朽部位（孔洞、松散和粉化的区域），采用加衬、暗销等机械工艺，或使用适宜浓度的B72乙酸乙酯（丙酮）溶液等高分子材料视情况采取直接涂刷、喷涂、针管注入、浸泡等方法渗透加固。为减缓修复处理后的器物受环境因素的干扰，通常在修复工作最后进行缓蚀和封护处理。由于缓蚀剂BTA对人伤害较大，本项目不进行缓蚀处理。但考虑到多数青铜器矿化脆弱，遂进行加固封护处理，即根据每件器物具体保存情况，以不同浓度的B72乙酸乙酯溶液雾喷封护（图29）。

图29 2%浓度乙酸乙酯溶液雾喷封护与做旧

5.1.7 做旧

为了美观和展览的需要，避免修复部位与整体器物表面的色彩差异过大，应对补配、连接等修复部位进行表面修饰，使修复后的器物有良好的整体视觉效果。项目组使用虫胶调和矿物颜料或丙烯颜料，采取点涂、弹拨等方式随色做旧（图29）。做旧程度要严格控制，不宜改变器物的原有色彩，应遵守"远看一致，近看有别""内里可见，外观不见"原则，使修复部位既可辨识，又协调一致，方便后来研究者识别。

5.2 典型病害的治理

在技术处理时，器物堆积混杂、表面遗存多是考古出土文物修复经常面临的问题，薄壁器物的矫形、碎残片及足耳等附件的连接、残缺纹饰部位的补全是器型修复过程中的难点，器物矿化严重、有害锈的治理则是延缓腐蚀、延长器物保存时间的难点。

5.2.1 薄壁、矿化、断裂、残缺、裂隙、变形等多种病害综合体

器壁薄是这批器物的显著特点，且器壁各个部分的厚度有时不一致（图30），尤其是锻制薄壁器物最薄处仅0.3—0.5毫米。此外，同一器物上多可见断裂、变形、

矿化、裂隙等多种病害共存，拼对、焊接、矫形、补配难度极大。用B72乙酸乙酯（或丙酮）溶液按照浓度由低到高顺序对矿化处多次渗透加固后，在铜质较好部位点焊加固，在脆弱处临时附加支撑，残断且变形量小的器物直接拼对粘接。但应注意，所有焊接完成、浸泡除助焊剂后再粘接加固，即焊接后再粘接，粘接后不焊接，如M43:34盘的保护修复过程（图31）。在修复操作中，针对残缺纹饰部位，借鉴传统金属工艺蒙镶的工艺方法进行补配，取得了较好的效果。在现有的文物科技保护中，传统细金工艺与现代科技结合应用的著名实例，以隋炀帝萧后冠的修复研究较为著名，大韩墓地出土青铜器的残缺纹饰部位即从传统金属工艺中借鉴适宜的工艺方法进行补缺，这为传统工艺的挖掘及展示利用拓宽了视角。

图30 M42:57舟与M39:16鼎器壁较薄且厚薄不均

图31 M43:34盘保护修复过程及X射线成像观察保护修复痕迹

5.2.2 有害锈蚀埋藏深

该墓地青铜器铸造质量并不十分精良，有些器物因铸造缺陷而形成很多缩孔，也有因合金铅颗粒过大不固溶于铅锡合金导致铅腐蚀流逝后形成的孔洞，这些缩孔及孔洞易发生孔蚀现象，引发点腐蚀。有些有害锈深藏于器表下，难以剔除干净，锈蚀从器物内部生长，待器物外表发现锈蚀物时内部基体已完全矿化。另有许多有害锈以瘤状物形态存在，瘤状物内部以粉末为主，剔除瘤状物就会使器物表面坑洼不平。针对第一种情况，可利用手工方式，将表面可见有害"粉状锈"尽可能剔挖清理干净，锈蚀较轻的器物则利用双氧水锌粉涂覆法封闭处理。对于剔挖后形成的凹坑残缺，利用环氧树脂调和矿物颜料对其进行补全（图32）。针对第二种瘤状物情况，若内里"粉状锈"不爆发则不作处理，保持其稳定状态。

图32 M39:8壶与M39:42舟底部有害锈情况

5.2.3 出土器物表面清理难度大

大部分器物表面有大量泥土或者硬结物包裹，内部锈蚀情况不明，被包裹部位通常有矿化现象，极易伤及器物本体。器物表面还有许多残留物等重要信息残留，对此，修复前尽可能通过X射线成像观察锈蚀状况，并在修复时严格注意表面清理环节的信息拍照及取样。如M43:77扁茎剑，在X射线照射下发现该铜剑遍布裂隙，局部裂隙有断裂的可能，且铜剑有部分包有金片，在保护修复处理过程中应注意除锈强度，以及连接方式的选择（图33）。又如M44:37盘，通过X射线影像可见器物整体锈蚀严重，且不同部位锈蚀程度不同，盘腹部靠近盘耳部位锈蚀极为严重，盘底部存在多处裂隙，左上角裂隙已基本贯穿整个盘底部，在后期的保护修复处理中，要特别注意裂隙部位除锈和矫形的强度。另外，在出土时因为器物破碎严重、堆积混乱，器物碎片并不是完全置于一起，有的器物碎片被置于其他器物碎片中，有的器物发掘编号可以修复出两件甚至多件器物。如M37:23鼎，矿化严重，修复时发现其为两件器物矿化堆积在一起，故采取同一墓葬出土器物同时进行修复的方式，以尽可能保证器物残片的完整性（图34）。

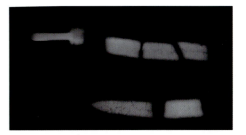

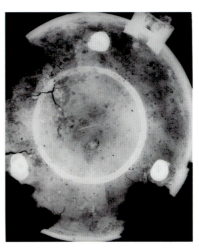

图33　通过X射线成像观察器物

图34　M37:23鼎的修复

六、结语

项目组在遵循文物保护原则与各类标准下，对青铜器蕴含的价值进行认知与阐释，以研究性保护理念揭示器物制作材料与工艺等器物制作信息遗存，也尽可能提取器物使用或随葬后遗留的遗存信息，探明锈蚀产物并结合埋藏土壤环境了解腐蚀特征等保存状况，在获取器物原真性与完整性信息基础上，从传统金属工艺中借鉴适宜的方法并选取较成熟的现代修复材料进行修复，使这批青铜器经过保护修复，尽可能去除病害隐患，满足在一般库房条件下长时间保存的需要，同时建立完善的保护修复档案。通过实施本项目，可得到的初步认识如下：

保护修复时应尽可能科学揭示青铜器制作时各类材料的使用及多元制作工艺，研究青铜器生产技术差异与变化，探讨青铜器多样的金属资源来源，从青铜冶金生产角度揭示不同文化之间的交流融合，为该墓地考古学研究提供多元视角。

青铜器在使用或随葬时造成的表面遗存现象非常重要却易被忽视，对习以为常的锈蚀物是否也隐含某些考古信息更是少有人关注。项目组在保护修复过程中对器物内外残留的动植物类遗存、表面织物、竹（木）遗存、有机残留物遗存等信息进行提取，也选取部分青铜器进行脂质残留物分析，通过不同采样位置、不同检测方法等对比实验，发现青铜器内部附着锈蚀层中化合物成分及含量与环境背景存在明显差异，即锈蚀层可能保存器物原始使用信息；而盛放动物、植物和酒类制品的不同功用器物与相应类型残留物的分析结果相符，说明锈蚀层残留物可以反映祭祀活动中青铜器的使用功能。因此，在出土青铜器的保护修复中对于锈蚀物的表面清理或去除应当慎重，并在修复过程中做好各类遗存信息的提取。

考古发掘出土青铜器往往具备研究青铜锈蚀机理的优势，通过对器物本体腐蚀状况及埋藏土壤环境的科学分析，有助于我们认知青铜器锈蚀物种类及其危害，评估器物保存状况。同时，也应认识到考古发掘出土青铜器保护修复的难度，在科学分析器物病害原因及本体合金材料特征后，对保护修复方式的选择有所取舍，尝试总结变形、断裂、残缺、薄壁、矿化脆弱严重的考古发掘出土青铜器的修复方法。

关于青铜器的保护修复，实际上目前的技术处理方法并不是尽善尽美，应认识到病害技术处理的不完美性与病害处理的长期性。

首先，有害"粉状锈"具有难根治性、反复性的特征，现有的去除有害"粉状锈"的方法以去除氯离子为主，而且大多也只是尽可能地去除，只要条件合适，仍有再次爆发的风险。另外，众所周知器物矫形是修复工作中较难处理的一项工作，但事实上很多考古发掘出土青铜器除已完全矿化外，本身制作时因壁薄及合金材料特点等影响，使用机械工具矫形极易造成器物脆裂，若不去修复形貌，日积月累地长期存放或搬运，会使本身已破碎的器物更加支离，器物修复将更加困难，甚至再无修复的可能，因此只能本着最小破坏的原则实现矫形。有时只有用"破坏性的修复"，才能起到真正的修复效果。而残缺病害在这批器物中也较为突出，但补配材料也会随时间的推移发生变化。这些都是文物保护修复中对病害技术处理的不完美表现。鉴于此，目前的文物保护修复应深刻理解"保护"与"修复"的不同层次含义，做到有目的性的修复，即所有的文物都应做"保护"，而"修复"则应根据文物最终的展览或研究用途来决定修复程度或修复效果。

其次，作为一种合金材料，青铜器制作完成后就不可避免地开始与周围环境发生作用，形成腐蚀。这些腐蚀现象的形成与青铜器自身材质、长期所处环境有着极为密切的关系。金属类文物病害类型包括稳定病害、活动病害、可诱发病害。其中活动病害和可诱发病害会持续反复地对青铜器产生影响，因此任何文物的保护修复工作都不是一劳永逸的，应该认识到病害处理的长期性。这也告诫我们，经技术修复后的青铜器，预防性保护至关重要，适宜的环境与对病害的及时监测是保护完成后需要长久做下去的工作。

总之，针对考古发掘出土文物的修复，研究意识与保护意识要贯穿始终。考古发掘出土器物往往具有出土背景明确、携带信息丰富的特点，在保护修复中应利用传统研究方法并积极借助现代科学技术，尽可能揭示文物本体与病害特征、腐蚀劣化过程及与环境因素的关系，对比验证保护修复所用材料及方法的适用性，并从考古学与文物保护学的双重视角对文物本身携带的各类本体遗存及价值遗存信息进行提取与分析，达到认识器物原真性与完整性的目的，做好考古发掘出土文物的保护与修复。

（执笔人：代全龙）

注 释

① 山东省文物考古研究院、滕州市文物局：《山东滕州市大韩东周墓地第一次发掘简报》，《考古》2021 年第 2 期。

② 代全龙、张吉、刘延常等：《山东滕州大韩东周墓地第一次发掘出土青铜器的科学分析研究》，《南方文物》2021 年第 3 期。

③ 代全龙、张吉、刘延常等：《山东滕州大韩东周墓地第一次发掘出土青铜器的科学分析研究》，《南方文物》2021 年第 3 期。

④ Yunan Zhang，Quanlong Dai，Yanchang Liu，"Lipid residue analysis of Chinese ritual bronzes:Methodological and archaeological implications",*Journal of Archaeological Science*,148（2022）.

济南刘家庄遗址出土青铜器保护修复项目

山东省文物保护修复与鉴定中心　济南市考古研究院

一、项目概况

济南刘家庄遗址是济南市区内首次发现并发掘的商代遗址，位于济南市古城区西北约3公里的城中村——刘家庄村（图1），是一处商周和唐至明清时期的遗址，多数器物纹饰、器型特征参考殷墟时期器物，其年代分布于殷墟二期早段至三期，墓葬时代为殷墟三期[①]，出土器物包括礼器、兵器、工具、车马器及杂器等。这批青铜器种类丰富而且制作精良、纹饰精美，部分青铜器上有族徽铭文。它们的发现，表明晚商时期济南刘家庄地区居住着至少一支与商都殷墟有密切关系的氏族，对于研究商晚期济南地区居住人群与中原商王朝的族属关系、文化交流、技术发展水平具有极大的学术价值。

刘家庄青铜器均系抢救性考古发掘而来，出土时文物状态不佳。加之截至保护修复项目开始前，已在缺乏有效环境控制措施的条件下保存十年有余，故而这批青铜器整体保存状况较差，部分器物呈现碎片状，有些器物"粉状锈"蔓延趋势明显，状况不容乐观，亟须采取必要的保护修复措施，以最大程度延长文物寿命。2016年12月，济南市考古研究院（原济南市考古研究所）委托山东省文物保护修复与鉴定中心开展前期研究工作，编制完成《济南市刘家庄遗址出土青铜器保护修复方案》。2017年2月，方案获得国家文物局批准，由山东省文物保护修复与鉴定中心负责项目管理与实施。2018年12月，中心联合济南市考古研究院、山东大学文化遗产研究院成立项目组，开展保护修复工作，至2020年9月项目完成并通过结项验收。

项目组遵循"将科学研究贯穿于文物保护过程的始终"的工作理念，注重对埋藏环境、器物基体、腐蚀产物等取样分析，深度挖掘这批青铜器蕴藏的历史、科学及艺术价值，有效指导保护修复实践工作。另外，针对这批青铜器后期展示与利用问题提前谋划，通过采集多方面的精美纹饰信息并绘制线图，利用三维扫描制作修复前影像资料，最大限度发挥文物的宣传及教育作用。

二、文物基本情况

本项目涉及青铜器共计162件，主要为刘家庄遗址M121、M122两墓葬出土，器物形制和纹饰均在殷墟中较为常见。参考殷墟时期器物，推断两墓葬时代为殷墟三期。该批青铜器量大而精美、种类丰富、基本涵盖了古代青铜器的各个种类，为春秋时期乐器、礼器、兵器、车马器等青铜文物的形制、功能（组合）、纹饰、铸造工艺研究提供了新的实物资料，具有十分重要的历史、科研和艺术价值，对商代历史及墓葬制度等相关研究也具有重要意义。

2.1 形制及纹饰

研究资料表明，商代墓葬中随葬青铜觚、爵组合的套数通常可直接体现墓主人身份高低。此外，鼎在商周礼器组合中占有重要地位，尤其方鼎是青铜礼器中的核心器物，有研究将通高为20—50厘米的方鼎称为中型方鼎，认为出土2件中型方鼎的墓多为方国国君，个别或为王室重臣[②]，为墓主人身份判定提供了直接佐证。

据不完全统计，殷墟自科学发掘以来，出土3套以上（含3套）觚、爵组合的墓葬仅10余座[③]，而刘家庄M121随葬有觚2件、爵3件，M122出土可辨识的觚1件、爵2件（器物残碎严重，或许数量较此多）；M121出土鼎5件，其中方鼎1件，可见墓主人有较高地位（图1）。另外，两墓中随葬兵器数量也很多，对于判断墓主人身份有一定的辅助作用。

方鼎（LJZ076）　　　　　　　　扁足鼎（LJZ074）

图1 M121出土鼎

刘家庄M109出土2套觚爵（图2），墓主人应是地位较高的贵族。

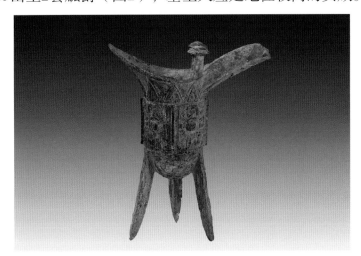

图2 M109出土爵（LJZ093）

刘家庄遗址出青铜器纹饰的时代特征鲜明，信息十分丰富，主要纹饰有夔纹、兽面纹、蕉叶纹、蝉纹、云雷纹等。特别是方鼎（LJZ076）、圆鼎（LJZ085）等几个典型器物，雕塑感极强，纹饰生动逼真，视觉效果极佳。另外，该批青铜器不仅主体工艺精湛，其附件如耳、鋬、足等亦装饰有几何纹饰。通过对器物局部锈蚀物、硬结物进行清理，无论是主体纹饰还是底纹及附件装饰等，大多清晰可辨，极大地提高了文物的艺术效果和研究价值。

2.2 族徽铭文

族徽也就是族名或者国名，它与家族称号的"氏"有密切关系。刘家庄遗址出土部分青铜器中铸有族徽铭文，同一族徽在不同器型中多次出现。考古资料显示，这些族徽铭文共发现4种15组（图3）。

爵（LJZ073）

壶（LJZ079）

器盖（LJZ071）

鋬内戈（LJZ023）

图3 刘家庄青铜器4种族徽铭文

此外，在对爵（LJZ069）鋬内侧器壁进行X射线成像拍摄时，发现一疑似"鸢"字族徽（图4）。这是刘家庄青铜器中首次发现的带有"戈"与"鸟"组合标志的族徽铭文，有效地丰富了该遗址出土青铜器的研究信息。

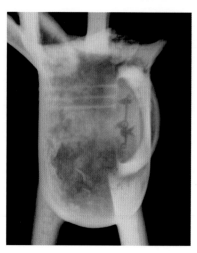

图4 "弋"与"鸟"组合族徽

根据济南刘家庄青铜器中多种、多组族徽铭文的组合关系，推测"▨"族是殷商时期居住在济南刘家庄一带，与商王族有着密切关系的氏族，同时也可能与"弋""▨""▨""子工"等族存在某种交往关系。因其为研究殷商时期海岱地区与中原文化交流以及商代族属关系提供了重要资料，故研究价值之大不言而喻。

三、检测分析

青铜文物在制作完成后就不可避免地开始与周围环境发生交互作用，形成腐蚀。这些腐蚀的形成与青铜文物自身的组成成分、合金比例、保存环境有着极为密切的关系。为制定科学合理的保护方案，项目组使用X射线衍射分析、电感耦合等离子体质谱分析等现代分析手段，对文物埋藏土壤及锈蚀物进行成分与结构分析，以确定其对器物的危害性，从而采取相应的科学保护修复措施。

3.1 样品及设备

3.1.1 样品及制备

本次检测样品均为刘家庄青铜器的包裹土、腐蚀物、附着物以及文物本体，采样过程严格按照相关要求进行，文物检测前根据标准流程进行制备，检测用水为去离子水，试剂纯度为分析纯级。

3.1.2 仪器与方法

（1）土壤pH值分析：上海般特（Bante）公司901P携带型pH/电导率测量仪；

（2）土壤电导率测试：上海雷磁公司DDS-307电导率测试仪；

（3）离子色谱分析：日本岛津公司HIC-10AsuperIC离子色谱系统；

（4）X射线衍射分析：荷兰帕纳科公司Aeris台式X射线衍射仪；

（5）拉曼光谱分析：英国雷尼绍公司in Via激光显微共聚焦拉曼光谱仪；

（6）超景深显微分析：德国徕卡公司DVM4三维视频显微镜；

（7）红外光谱分析：赛默飞Nicolet S50+ continuum傅里叶变换显微红外光谱仪；

（8）扫描电镜及能谱分析：Phenom XL扫描电子显微镜；

（9）金相分析：德国徕卡公司DM4P显微镜；

（10）铅同位素分析: VG Elemental型多接收电感耦合等离子体质谱仪（MC-ICP-MS）。

3.2 结果与讨论

3.2.1 土壤样品分析

pH值检测结果表明，青铜器表面土壤样品酸碱度介于7.17与7.60之间，为弱碱性。研究表明，青铜器中的铜元素在不同氧化—还原电位（Eh）和酸碱度条件下产生的腐蚀产物不同，刘家庄多数青铜器腐蚀产物中的孔雀石和蓝铜矿，可能与其埋藏土壤的pH值呈弱碱性有密切关系。

电导率分析结果见表1。由表可知，本次土壤样品的电导率值最大为153.4ms/m，最小为82.6ms/m，平均为109.0ms/m。土壤电导率最大值是最小值的近2倍，是空白水样的454倍，表明埋藏土中可溶性盐含量较高。

表1 刘家庄青铜器埋藏土壤电导率

序号	器物编号	墓葬编号	土样重量（g）	去离子水重量（g）	震荡时间（min）	测试结果（us/cm）	水土比5:1换算后（ms/m）
1	–	M121	1.00	100.0	30	41.3	82.6
2	–	M121	1.00	100.0	30	43.3	86.6
3	–	M121	1.00	100.0	30	46.3	92.6
4	LJZ041	M121:24	0.84	100.0	30	47.1	112.1
5	–	M121	0.67	100.0	30	51.4	153.4
6	LJZ151	M121	0.7	100.0	30	48.2	126.8

从土样的离子色谱结果（表2）看，可溶盐中阳离子Na^+和阴离子SO_4^{2-}相对高一些。特别是2号样品Cl^-、Na^+、SO_4^{2-}均是所有样品中最高的，应该引起重视。

表 2　刘家庄青铜器附着土壤样品测试结果（mg/g）

序号	墓葬编号	Cl⁻	NO₃⁻	SO₄²⁻	Na⁺	K⁺	Mg²⁺	Ca²⁺
1-1	M121	0.016	0.006	0.035	0.108	0.072	–	–
1-2	M121	0.041	0.033	0.092	0.137	0.084	–	–
2	M121	0.017	0.009	0.073	0.128	0.071	–	–
3	M121	0.017	0.015	0.061	0.119	0.071	–	–
4-1	M121	0.013	0.008	0.032	0.099	0.060	–	–
4-2	M121	0.006	0.003	0.029	0.104	0.078	–	–
5	M121	0.005	0.003	0.053	0.127	0.046	–	–
6	M121	0.008	0.004	0.029	0.069	0.041	–	–
7	M42:2	0.008	0.024	0.046	0.082	0.048	–	–
8	M42:1	0.012	0.042	0.066	0.097	0.064	–	–

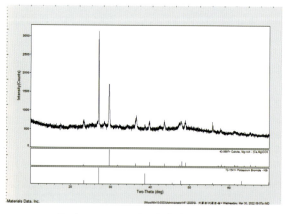
戈（M121:1-2）结晶盐XRD谱图

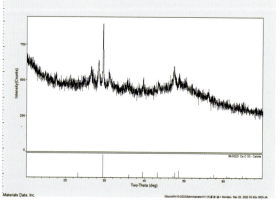
戈（M42:2）结晶盐XRD谱图

图5　土壤结晶盐样品XRD分析结果

结果表明，样品M121:1-2戈和M42:2戈的土壤结晶盐谱图峰值基本可指征碳酸盐物相种类（图5）。

3.2.2 锈蚀产物成分分析

本次实验针对济南刘家庄青铜器表面不同颜色附着物、质地疏松或疑似"有害锈"的腐蚀产物采集样品，共提取68个样品进行X射线衍射分析。结果显示，刘家庄青铜器腐蚀产物主要有赤铜矿、孔雀石、蓝铜矿、白铅矿、砷铅矿及锡石等无害锈蚀物，也有氯铜矿、副氯铜矿等有害锈蚀物，还有一些土壤中的石英等夹杂物，这些多为古代青铜器腐蚀过程中产生的次生矿物，主要为红色或橘红色的赤铜矿、绿色或蓝色的碳酸盐矿物层与黄色的砷铅矿等。

该批青铜器的瘤状物病害特征十分明显，分层结构特征也较为显著。为深入了解瘤状物内部结构及存在状态，选取存在瘤状物病害的青铜器拍摄X射线影像观察瘤状物内部结构形态（图6）。

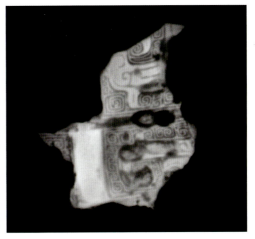

壶（LJZ109）残片　　　　　　　　壶（LJZ109）X射线成像

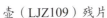

图6 实物与影像对比

由图6可知，瘤状物存在两个特点：一是瘤状物一般高于器表且多呈现凸起状，其X射线影像的灰度感比周边区域强，说明瘤状物处铜基体锈蚀疏松、膨大，腐蚀程度远高于周边铜基体区域；二是实物照片中，因锈蚀物遮盖，瘤状物根部与基体结合处过渡自然且无明显边界，而X射线影像中呈现圆形或椭圆形的瘤状物边缘灰度较高，瘤状物与基体连接处存在较为明显的边界。这表明瘤状物与器物基体连接强度大大降低，或已处于将要脱离器物基体的状态。

为进一步明确瘤状物的成分及结构特点，项目组取瘤状物样品包埋后进行扫描电镜及拉曼分析，结果见图7、图8。

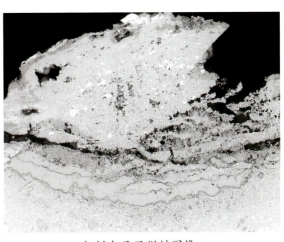

光学显微镜图像（150×）　　　　　　　扫描电子显微镜图像

图7 微观形貌图

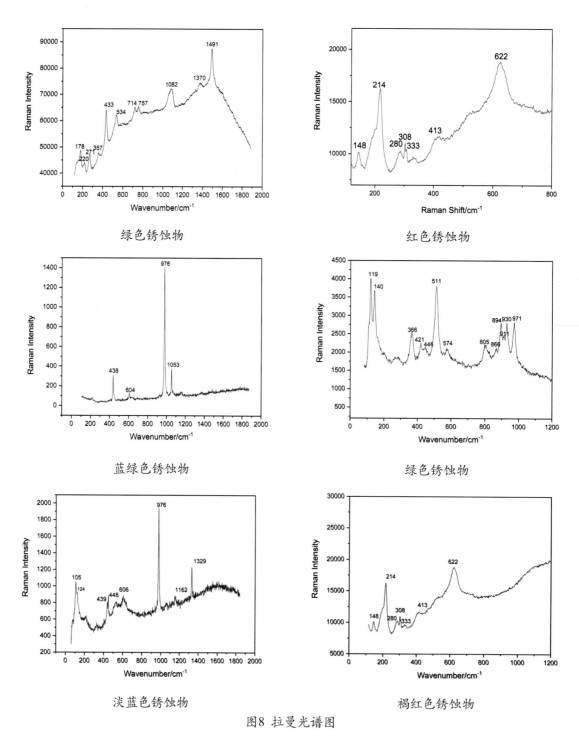

绿色锈蚀物

红色锈蚀物

蓝绿色锈蚀物

绿色锈蚀物

淡蓝色锈蚀物

褐红色锈蚀物

图8 拉曼光谱图

刘家庄青铜器残片存在的瘤状物样品剖面微观照片显示，瘤状物多呈现自下而上的上凹弧形，一般情况下锈蚀分为多层且颜色有明显区别。项目组结合拉曼光谱仪对各类锈蚀物成分分析结果，发现这批器物瘤状物中存在以下几类典型腐蚀产物：绿色锈蚀物基本为孔雀石[$CuCO_3 \cdot Cu(OH)_2$]、副氯铜矿[$Cu_2(OH)_3Cl$]、氯铜矿[$Cu_2(OH)_3Cl$]的混合物；红色锈蚀物多为氧化亚铜(Cu_2O)，而部分样品中可能包含少量黑色的硫化亚铜(Cu_2S)；蓝色锈蚀物可能为硫酸铅($PbSO_4$)或者孔雀石[$CuCO_3 \cdot Cu(OH)_2$]与含有钠离子和氧离子的水合甲酸铜[$Cu_4Na_4O(HCOO)_8(OH)_2 \cdot 4H_2O$]。此外，白色颗粒物可能为碱式碳酸铅[$2PbCO_3 \cdot Pb(OH)_2$]。

3.2.3 金相组织与腐蚀

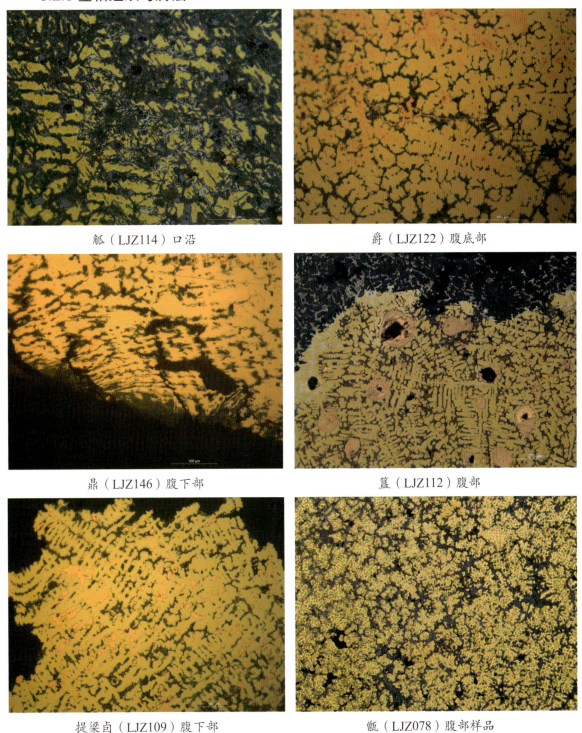

舥（LJZ114）口沿　　　　　　　　　爵（LJZ122）腹底部

鼎（LJZ146）腹下部　　　　　　　　簋（LJZ112）腹部

提梁卣（LJZ109）腹下部　　　　　　甗（LJZ078）腹部样品

图9　部分青铜器样品金相组织图

为明确该批青铜器的加工工艺及合金成分，项目组选取几件破损文物对其本体取样并进行金相分析，结果见图9。本次分析的青铜器均为铸造成型，1件瓿、1件鼎及2件戈的金相组织中均出现了滑移线，这4件器物均为铜–锡–铅三元合金。这意味着铸造成型后，匠人对这几件器物表面曾采用锻打或打磨等冷加工处理，铜–锡–铅三元合金铸造的青铜器带有明显的实用性，应为实用器。

斝（LJZ063）为纯铜器，补铸部位检测出铅、砷元素，说明商代使用铜–铅–砷三元合金来补铸器物。本次分析的部分青铜器为铜–铅（部分含砷）合金，表明冶炼时可能使用铅矿的伴生砷矿石。因铜、铅互不相溶，在铜中仅熔入金属铅对青铜器的机械性能提升不大，但可以降低熔点及铸造成本，结合此类合金中杂质较多、原料冶炼不够精细等特点，初步判断以铜–铅（部分含砷）合金铸造的青铜器应为明器。

由金相分析结果可知，这批青铜器中均存在不同程度的腐蚀现象，有金相组织残留的青铜样品中存在 α 相优先腐蚀与 δ 相优先腐蚀两种情况。总体来说，α 相优先腐蚀的情况多出现于器物表层，器物基体中常见 δ 相优先腐蚀，且腐蚀区中有时会有纯铜晶粒生成。而 α 相优先腐蚀为吸氧腐蚀，发生于土壤、海水、大气等自然环境中。δ 相优先腐蚀为闭塞电池腐蚀，发生于金属内因局部腐蚀而产生的闭塞区域中。刘家庄青铜器产生选择性腐蚀的根本原因，可能在于器物内多已形成闭塞区，闭塞区的形成又与其表面的光滑程度、环境中的氧含量及pH值有关。

3.2.4 合金成分分析

为明确刘家庄青铜器的合金成分特征，借助Image Pro Plus软件测出腐蚀后电镜背散射图像中 α 相与 δ 相或（$\alpha+\delta$）相的比值（假设为a:b）。依据相律，（$\alpha+\delta$）固溶体未腐蚀前锡元素占27%，因此将样品 α 固溶体锡元素与未腐蚀（$\alpha+\delta$）固溶体锡元素按比例相乘，计算得到基体未腐蚀前锡元素含量 $\left[\dfrac{\alpha(Sn)\times\alpha+27\times b}{100}\right]$。假设样品腐蚀前后锡、铅含量比值恒定，即可由样品背散射图像锡与铅元素含量比值计算得出未腐蚀前的铅元素含量，最终得到校正后样品数据。

使用X射线能谱仪检测青铜器样品的元素组成，并对数据进行分析，结果见表3。

表3 刘家庄青铜兵器合金成分分类统计表

器物名称	器物类别/数量（件）				
	铅–锡青铜	铅–砷青铜	铅青铜	锡青铜	纯铜
戈	6	0	1	2	2
卷首刀	0	5	0	0	0
刀	0	0	0	1	0
矛	0	1	1	0	0
合计	6	6	2	3	2

此次共分析19件器物，采集19个样品。兵器中铅–锡青铜、铅–砷青铜数量最多，分别占据兵器总数量的32%、32%，锡青铜占比为16%，铅青铜占比为10%，纯铜占比为10%。其中，戈的合金配比规律为高锡低铅，卷首刀以中铅低砷为主要合金配比特点，兵器矛则呈现低铅低砷合金配比特征（表3、图10、图11）。

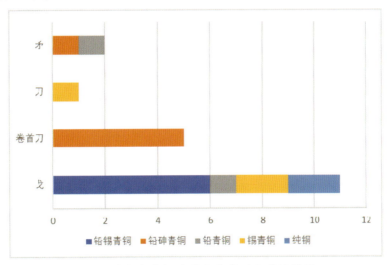

图10 刘家庄青铜兵器合金类别分类统计图

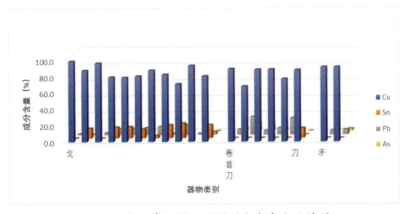

图11 刘家庄青铜器不同器型合金成分统计图

将刘家庄青铜器与其他地区商晚期青铜器对比研究发现，刘家庄青铜器与邻近同时段遗址出土的青铜器在锡、铅元素含量配比上相似，但在合金类别上略有不同，表明此时期工匠们已对青铜合金的铸造规律有所认识，但受原料来源变化影响，不同时期不同地区的青铜合金类别各有特色。与以殷墟妇好墓、花园庄M54等以锡青铜为主导的殷墟二期合金技术相比，刘家庄青铜器中铜-铅-锡三元合金所占比例增多，仅个别容器为高锡青铜。但铅、锡元素配比中，仍然以高锡元素为主导。与殷墟三期郭家庄M160出土青铜器相比，二者铜器中铅-锡青铜所占总器物的比重类似，且皆出现红铜、铅青铜。但刘家庄铅青铜器中铅元素含量少，据此推测刘家庄青铜器年代处于殷墟二期偏晚段和殷墟三期早段。

3.2.5 矿料来源分析

本次铅同位素数据测试共分析了21件器物，包括17件容器、4件兵器。刘家庄锡青铜、红铜的铅同位素比值见图12。刘家庄铅-锡青铜、铅青铜与铅-砷青铜的 $^{206}Pb/^{204}Pb$、$^{207}Pb/^{204}Pb$、$^{208}Pb/^{204}Pb$、$^{208}Pb/^{206}Pb$、$^{207}Pb/^{206}Pb$ 比值分布接近，且所含矿石皆为高放射成因铅。

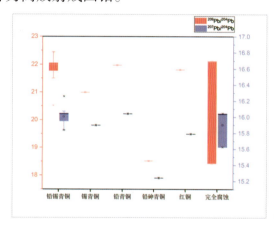
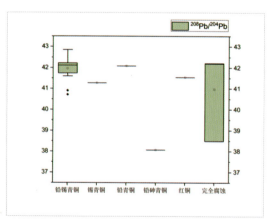
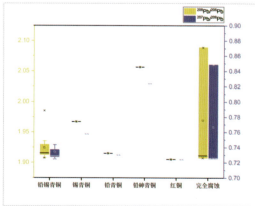
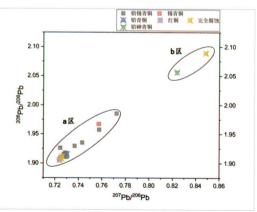

图12 刘家庄青铜器铅同位素比值及铀铅-钍铅图

为进一步确定铅同位素比值分区的内在意义，项目组绘制了刘家庄青铜器铀铅–钍铅图。由图12可知，含高放射成因铅与含普通铅的样品分布区域相距较远，基本所有含高放射成因铅的样品集中分布于a区内，而含普通铅的样品分布于b区内。

选取青铜器中含量小于1%，且与冶炼所得金属铜矿可以保持较好相关性的铜、银、硒、碲、砷、锑、铋等亲铜元素以及镍、钴等既亲铜又亲铁元素，以示踪铜矿料来源。在利用微量元素法探索铜矿料来源过程中，由于铜料在青铜合金中比重远大于锡料与铅料，因此锡料和铅料带入的微量元素相较于铜料带入的微量元素影响较小，一般可以忽略[④]。

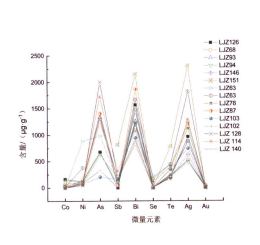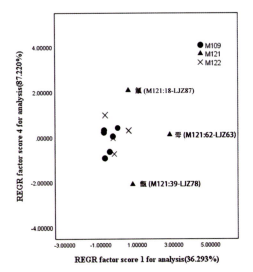

刘家庄青铜器微量元素相关图　　　　　刘家庄青铜器因子分析散点图

图13　刘家庄青铜器微量元素图器及因子分析散点图

微量元素分析结果表明（图13），刘家庄青铜器的15例数据共分布在1、2、9三个组，而且多集中在1组。1组数据表示无砷、锑、银、镍，刘家庄青铜器中属于1组的4个青铜器的铅含量大于2%。2组数据表示有砷，无锑、银、镍，刘家庄青铜器中属于2组的青铜器的铅含量均大于2%。9组数据表示有砷、银，无锑、镍，与2组数据类似，铅含量皆大于2%。与黎海超等学者分析的殷墟妇好墓、赛克勒、弗利尔铜器微量元素分组的结论有所出入，即普遍认为微量元素1组、2组指征铜料来源的可能性更大[⑤]。9组数据普遍受到铅料添加的影响，刘家庄青铜器微量元素第9组应无争议。关于刘家庄1组、2组青铜器微量元素，可能因样品数量较少，较难呈现相应规律。但较无异议的是，1、2、9组指示铜料或铅料是商文化区域内的共同特征，刘家庄青铜器的来源与中心都邑资源的流通与分配关联密切。

微量元素方面，刘家庄青铜器均具有高含量的铋、砷与银，但这三种元素变化范围较大。而锑、碲、镍、金、锡、钴等元素含量基本较低。异常数据方面，斝（LJZ063）分裆处本体与分裆处补铸部位样品中镍元素均异常，含量相对较高，可能与铜斝合金组成相关，其分裆处本体为纯铜质地，分裆处补铸部位为铅－砷－铜三元合金。

结合铅同位素比值示踪与微量元素分析，刘家庄青铜器与殷墟二期及三期青铜器铅同位素比值线性拟合关系相似，分布范围相近，表明刘家庄青铜器与殷墟高放射成因铅青铜器矿料来源具有较高的一致性。此外，刘家庄青铜器与安阳殷墟青铜器相近的特征微量元素，多元统计分析呈现二者样品相对集中于一处区域，分布模式较接近。而刘家庄遗址出土青铜器及其铭文，表明刘家庄遗址区域至少存在一支与商都殷墟有密切关系的氏族⑥。

与目前已知的含高放射成因铅矿石的古矿冶遗址比较，刘家庄青铜器矿料来源与穆家庄黄铜矿似乎存在关联，但可分析数据较少，尚需进一步讨论。与商晚期其他遗址相比，济南刘家庄遗址与正阳闰楼同属晚商文化的势力范围内，二者铅同位素比值拟合性良好，应指征同一矿料来源。汉中地区、宁乡炭河里和金沙遗址，均有部分青铜器数据分布在刘家庄青铜器铅同位素比值的斜率和分布范围中。鉴于这几个地区主体年代早晚不一，似乎反映了在商晚期有两处或多处矿料交替使用，但也不能排除矿源内在变化的可能性。三星堆、新干大洋洲的中原式铜器、本土化铜器以及长江流域式铜器铅同位素比值的斜率和分布范围与刘家庄青铜器不一致，应与刘家庄青铜器矿料来源的指示意义不同。

项目组将刘家庄青铜器与滕州前掌大墓地出土青铜器的微量元素进行比较分析，发现二者在特征微量元素上具有相似性，并且因子分析聚合度较高。刘家庄遗址与滕州前掌大可能有一定关联，但二者之间的关系尚待进一步研究。综上，高放射成因铅矿料来源是否多元，金属原料流通的单向或多向性，铸铜技术的交流情况，需结合更多研究资料以及等待新的更多发现来解答。

四、主要病害类型

青铜器病害是指因物理、化学或生物因素导致的青铜器基体的损害。青铜器大多埋藏于地下，病害类型多样，其中基体腐蚀是最常见的病害类型之一。腐蚀主要是指基体材质与外界环境介质发生物理或化学作用而遭受的损坏现象，其腐蚀产物就是铜基体遭受腐蚀后生成的新物质——"粉状锈"。需要指出的是，有学者将"粉状锈"比作青铜器的"癌症"，认为它是青铜器上含氯腐蚀产物在一定条件下与器物基体发生的循环腐蚀，可导致青铜器金属材质逐渐锈蚀、粉化与损坏。

根据现行国家标准，青铜器病害类型包含全面腐蚀、点腐蚀、缝隙腐蚀、表面硬结物、层状堆积、瘤状物、通体矿化、变形、残缺、裂隙、孔洞等，以上这些病害通常会多种同时出现在青铜器之上。刘家庄青铜器病害程度及类型较为复杂，多种病害同时集于一件器物上，增加了保护修复难度（图14、图15）。同时，按照金属类文物病害活动性质划分，上述病害类型也涵盖了稳定病害、活动病害及可诱发病害三种性质的病害。由于一种病害类型可能属于多种病害性质，如表面硬结物既属于稳定病害又属于可诱发病害，在外部保存环境改变时可能导致文物病害发展，引发其他类型病害产生。这对于保护工作提出了更高的要求。

此外，通过对部分锈蚀严重青铜器进行X射线成像分析，发现刘家庄青铜器暗裂病害较为严重，包括芯撑腐蚀膨胀引起的基体暗裂、铸造气孔周边的暗裂、埋藏环境中外界应力导致的暗裂等。

鼎（LJZ146）

爵（LJZ122）

图14 部分青铜器破损状况

病害等级评估饼状图

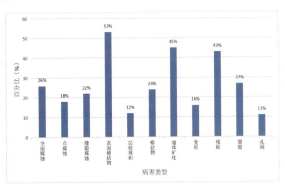

病害类型统计饼状图

图15 刘家庄青铜器病害评估与统计

五、文物保护修复

5.1 技术路线

刘家庄青铜器病害种类及保存状况不尽相同，因此应针对每件器物采取不同的保护修复方法。项目组参照《博物馆青铜文物保护技术手册》制定这批青铜器保护修复整体技术路线图（图16）。

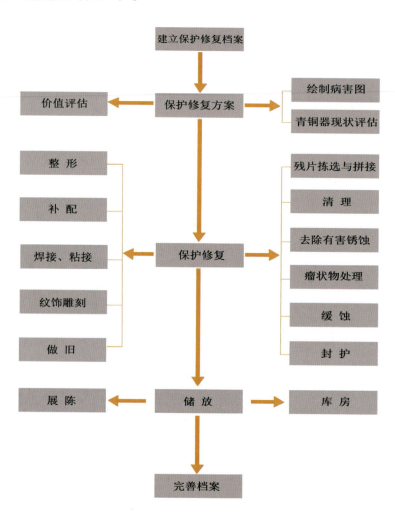

图16 刘家庄青铜器保护修复技术路线图

5.2 主要保护修复步骤

5.2.1 除锈

青铜器锈蚀物主要分为两类。一类是无害锈，指在青铜器表面上的古斑、皮壳等，其特点是锈层坚硬、结构致密，主要成分有碱式碳酸铜、氧化铜、氧化亚铜等。

另一类是有害锈，形同粉末，通常被称为"粉状锈"，主要成分有碱式氯化铜、氯化亚铜等。瘤状物是青铜器锈蚀中较为典型的一种腐蚀形态，其形貌多表现为表面凸起、互不相连或孤立的状态，似自然界中沉积的岩石。刘家庄青铜器中此种病害特征比较显著。

（1）物理除锈

除锈主要是对青铜器表面影响其外观或遮盖纹饰、族徽铭文的锈蚀物进行清理。除锈时一般采用物理或化学方法，有时需要两者相结合。物理方法是指使用机械、电动器材或五金工具，或在低倍显微镜下，通过打磨、敲打等手段将锈蚀及矿化物摩擦、震落下来，从而达到除锈的目的。从刘家庄青铜器保存状况来看，大部分器物可采用物理方法除锈，除锈后的器物能够达到辨别、释读青铜器携带的纹饰、族徽铭文信息等目的（图17）。

锈蚀清理前　　　　　　　　　　　　　锈蚀清理后

图17 物理除锈前后对比

（2）化学除锈

对于物理方法难以去除，或不宜使用物理方法除锈的青铜器，可采取化学方法如柠檬酸、六偏磷酸钠、EDTA、酒石酸钾钠碱性溶液、过氧化氢等化学试剂去锈。这些化学试剂酸碱性有差别，在除锈过程中针对不同锈蚀产物有着不同的作用。

针对刘家庄青铜器的锈蚀状况，项目组先从腐蚀性小且比较成熟的化学试剂入手，在器物局部做实验，取得一定效果后再大面积使用。如采用脱脂棉蘸取EDTA溶液涂敷纹饰或铭文处去除锈蚀物，以凸显出青铜器精细、流畅的纹饰之美。青铜器在化学方法除锈过程中，容易出现颜色改变现象，应注意控制化学试剂浓度与时间。待除锈完成后，再将器物浸泡于去离子水中，清洗残留的化学试剂。

标本瓿（LJZ129）腹部表面纹饰十分精细繁缛，多数纹饰被绿色锈蚀物覆盖，若隐若现，难以清晰辨识。将脱脂棉裁剪成需要除锈部分的大小尺寸，厚度约为5毫米。用胶头滴管将3%浓度的EDTA溶液滴加于脱脂棉之上，在脱脂棉完全浸湿且未出现流淌情况下将其涂敷在锈蚀处。大约1小时后脱脂棉变色明显，取下脱脂棉并用去离子水清洗器物，观察表面锈蚀物去除效果。如效果不明显，可采用同样方法反复多次涂敷（图18）。

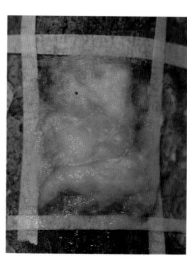

| 除锈前 | EDTA脱脂棉涂敷 | 除锈后 |

图18 化学除锈前后对比

（3）激光清洗除锈

青铜器比较精细的纹饰有时被锈蚀物完全覆盖，如采用机械方法直接清理锈蚀，往往在剔除过程中容易伤及纹饰，而激光清洗除锈则可以兼顾除锈及纹饰安全。激光清洗是指利用高能量、高亮度的激光束照射待清洗物体的表面，使物体表面附着物瞬间剥离或者蒸发，从而达到除锈目的而不损伤物体本身。作为新发展起来的清洗技术，激光清洗能在对基底伤害极小的基础上，满足对青铜器表面各种污物的清洗需要，且对环境污染较小，已成为传统清洗方法的补充和延伸。利用激光清洗的技术优势，对表面有精美纹饰的青铜器清洗除锈，能使其纹饰轮廓清晰可见，为青铜器纹饰纹样研究、铸造工艺展示奠定基础。

项目组选取鼎（LJZ146）残片作为清洗样品，使用美工纸将样品分为四部分，拍摄激光清洗前照片。采用意大利艾伦集团（EL.En.SpA）研制的EOSQSNd：YAG激光器，清洗去除青铜器纹饰部位的锈蚀物。该激光器有LQS和SFR两种清洗模式，适用于陶质、石质、金属及壁画类文物清洗。激光以脉冲模式发射，激光波长1064nm，光斑直径1.5—6mm，发散度80—30mrad，脉冲频率为1—10Hz（阶梯

1Hz）、15Hz、20Hz。在LQS模式中，能量为每脉冲10mJ—120mJ，阶梯10mJ。在SFR模式中能量为每脉冲50mJ—500mJ，阶梯50mJ；600mJ—1000mJ，阶梯100mJ。

激光清洗青铜器锈蚀主要是依赖激光脉冲的机械损伤，而热损伤会使器物表面发生"烧灼"现象。LQS模式清洗时以机械损伤为主，对于需要去除的锈层，使用LQS模式从150mJ能量开始进行清洗较为合适[7]；SFR模式清洗时以热损伤为主，对于含有保护层或不需要去除的锈层，使用SFR模式从100mJ能量开始进行清洗比较合适。清洗过程中通过调整模式（LQS和SFR）、激光脉冲频率、能量值，可对比在不同模式及能量值下的清洗效果。在两种激光清洗模式下首先选择低能量值低频率方式，观察清洗效果，再逐渐加大能量和频率。通过对比发现，在LQS模式下，鼎（LJZ146）残片经过激光清洗后，局部纹饰轮廓清晰，纹饰凹槽及缝隙间清洗效果明显，展现出此器物以精细云雷纹为地的装饰工艺（图19）。

鼎（LJZ146）样品分区　　　　激光除锈前　　　　激光除锈后

图19 激光除锈前后对比

值得注意的是，鼎残片锈蚀物经激光清洗后，虽然局部发生"烧灼"导致颜色略有变暗，但是腐蚀层下的纹饰清晰度有了明显提高，说明纹饰部位锈蚀对激光能量的吸收效果较好。因此，在清洗时间、清洗次数和能量设置上应合理控制，也可配合手工清理，发挥两者各自优势，耐心细致地清理精细纹饰部位的锈蚀物。

5.2.2 去除"粉状锈"

"粉状锈"主要是指青铜器上腐蚀层中的含氯化合物，如氯化亚铜、副氯铜矿、氯铜矿、羟氯铜矿、水氯铜矿、氯磷钠铜矿和铜氯络合物等。在一定条件下，它们都可能产生氯离子，对器物造成进一步腐蚀危害。青铜器腐蚀诸多研究都是围绕"粉状锈"来展开的，有学者甚至将"粉状锈"称为青铜器病害中的"癌症"，可见此病害对其影响之大。研究表明[8]，"粉状锈"通常从青铜器缝隙或小孔处冒出，青铜小孔腐蚀的规律与青铜病的腐蚀现象完全吻合，从而可以使我们从理论和实践上提高对青铜病的认识。

对于青铜器表层点蚀或大面积有害氯化物，可采用机械方法和化学方法相结合的方式予以去除。如爵（LJZ073）腹底部存在浅绿色点状锈蚀且有连接成片趋势（图20），可采用锌粉局部封闭法处理。具体方法是，使用洁牙机将锈蚀坑中的松软锈蚀物去除，剔除范围可稍微大于"粉状锈"边界。由于氯化亚铜难以彻底清理，在清理时尽量将底层灰白色蜡状氯化亚铜剔除干净，残留少量的氯化亚铜可以与锌粉反应，生成碱式氯化锌[ZnCl·4Zn(OH)$_2$]，形成一层致密的隔离膜。类似产生这种"粉状锈"病害的鼎、觚、壶等器物，均采用锌粉封闭处理方法，效果比较理想。

保护前　　　　　　　　　　　　　　保护后

图20　点腐蚀处理前后对比

觚（LJZ087）腹部存在多处斑点状浅绿色锈蚀物，质地疏松呈粉末状，有些点蚀已连接成片。项目组提取锈蚀物并使用硝酸银溶液检测，发现锈蚀物中含有氯离子，为"有害锈"。采用手术刀清理"粉状锈"后，在锈蚀坑内涂敷锌粉，做局部封闭处理。待锌粉完全硬化稳定后，使用AB补土修补剂对病灶处锈蚀坑填补修复，用矿物颜料做旧（图21）。

点腐蚀

锌粉局部封闭

锈蚀坑填补

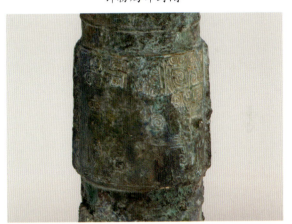

保护后

图21 锌粉填补示意图

5.2.3 整形

青铜器变形属于金属变形中的塑形变形，即在外力作用下产生变形，去掉外力变形部位仍不能恢复原状。青铜器整形是修复过程中的首要和基础工作，整形就是在器物变形部位施加一种相反的外力，使得变形部位反向复原。因变形青铜器胎体较为脆弱，在整形过程中不可一次到位，应充分利用整形工具适当施加外力，同时通过加温提高其韧性，循序渐进地使变形部位恢复原貌。

例如，项目组根据罍口沿周长在硬纸板上绘制圆形，制作标准样板比对变形部位，其余变形部位采用类似方法。将罍大块残片分别固定于整形台上，测量变形处尺寸，使用热风枪对变形部位加温，测温仪实时监测器物温度并控制在200℃以内。用G型夹向相反方向拉伸口沿，尽量使之与样板上口沿标准线图吻合。在加温过程中随时调整挤压、伸拉力度，缓慢整形使之恢复原有规则形状。

多数青铜器在即将整形复位时，仍存在一定反弹力，导致其在卸掉外力时仍处于变形状态。因此在器物即将复位时，整形应"矫枉过正"，利用金属反弹属性，在完全卸载外力后使得器物自然复位。在多次缓慢整形后，再使用铜条、热熔胶粘接剩余碎片临时固定（图22）。

初步拼接

口沿尺寸测量

口沿整形

口沿与图纸比对

临时粘接固定

器物拼对完成状态

图22 整形拼接示意图

5.2.4 补配

有些器物腹部残缺面积较大，大部分基体因铜质矿化而不具备焊接条件。对此，项目组定点测量腹部残缺形状的尺寸并绘制线图，依据图纸编织铜网作为补配材料的支撑骨架，采用大漆与瓦灰等作为填充粘接材料。大漆作为传统材料，在我国古代已广泛应用。研究表明，古代漆器的漆膜与现代生漆基本相同，漆膜结构的抗老化性强，具有超稳定性[9]。使用大漆将编织后的铜网粘接至鼎残缺部位并微调角度，可使修复后的器物整体规则且协调一致。待器物整体达到一定强度后，在生漆中加入瓦灰、石膏，按照1:0.6:0.6的比例混合调匀制作漆灰，而后加入一定量铜粉，增强补配材料的金属质感，再用腻子刀将漆灰复合材料填充至铜网骨架之中，填实腻平（图23）。

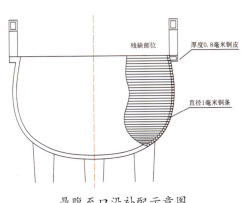

鼎腹至口沿补配示意图

编织铜网

调制漆灰

漆灰填充补配

图23 残缺补配示意图

初步补配后根据青铜器纹饰组合律，以及基体残缺面积状况，采用五金工具结合计算机软件辅助综合修复。首先，使用不同目数的砂纸由粗至细打磨修整，直至补配材料呈现出金属质感。其次，测量鼎腹部完整的蝉纹尺寸，利用CAD绘图软件绘制出1:1线稿，按照一定的间距，将其粘贴于鼎腹部表面原蝉纹之处，按照线图雕刻蝉纹。

由于鼎腹部基体表层地纹缺失导致器表高度不够，项目组采用AB补土填补修复底层。待其完全固化后，在底层补配部位采用铅笔勾画蝉纹周边的地纹线图，然后再雕刻（图24）。手工雕刻精细纹饰的过程非常缓慢，要求修复技术人员对古代青铜器纹饰有一定的理解与掌握，同时这也是对其雕刻技术的考验。对于青铜器表面立体的、凹凸不平的纹饰，均可采用同样方法补配、雕刻修复。

粘贴线图准备雕刻　　　　　　　　雕刻后蝉纹局部

图24 雕刻纹饰示意图

5.3 部分青铜器保护修复效果

修复前　　　　　　　　　　　　　修复后

图25 保护修复前后对比

修复前　　　　　　　　　　　　　修复后

图26 保护修复前后对比

修复前后的文物对比如图25、图26所示，经过上述保护修复流程后，文物自身病害得以消除，文物寿命得以延长，文物长久保存和展示利用的目标也得以实现。

六、结语

济南刘家庄遗址出土商代青铜器保护修复项目正是对新时代文物工作方针的躬行实践，项目组始终秉持最小干预、不改变文物原状、可再处理和整体协调性的保护修复原则，以成熟的传统保护修复工艺为基础，以现代科学分析检测方法为抓手，以"文物长久保存与展示利用"为导向，始终牢牢把握消除文物潜在病害隐患这一关键问题，秉承工匠精神和科学严谨的态度，为每件文物量身定制了科学合理的保护修复技术路线并最终按计划圆满完成了保护修复任务，达到了预定目标。项目组通过与文博机构及高校合作，培养文物保护修复师和专业学生六名，有力提升了从业人员的青铜文物保护修复水平。

项目实施过程中将保护修复工作与科研深度融合，使二者互为补充。项目组对青铜器埋藏环境、器物本体及锈蚀物等进行检测分析和深入研究，为保护修复工作提供了科学依据，保护修复过程中的文物拣选、拼对、病害治理也为科研工作提供了有力保障。

铸造工艺研究方面，一是通过形貌观察结合X射线影像分析，发现了刘家庄青铜器制作过程中使用范铸技术所留下的范线痕迹、加强筋、芯撑、气孔与缩孔，以及局部补铸、铸后加工现象等铸造工艺。这些丰富多样的制作信息为青铜器制模翻范、浇铸成型、打磨修整等工艺提供了翔实资料。二是利用扫描电子显微镜及能谱仪（SEM-EDX）等设备，对青铜器的样品开展金相组织观察与研究。结果显示，这批青铜器为铸造而成，其中2件容器及2件兵器的金相组织中存在铸后进行冷加工处理所致的滑移线。三是借助能谱分析，发现刘家庄青铜容器以铅-锡青铜为主，次之为锡青铜，偶有红铜与铅-砷青铜。其中红铜容器与兵器合金组成差异明显，表明商代晚期工匠铸造器物时已认识到铅、锡在铜合金中的作用，能够依据不同的功能需求选择适宜的合金配比。

矿料来源研究方面，利用电感耦合等离子体质谱仪（ICP-MS）、电感耦合等离子体原子发射光谱仪（ICP-AES）等设备对刘家庄青铜器样品铅同位素、微量元素进行了测试分析。结果显示，刘家庄青铜器与殷墟二期、三期青铜器铅同位素比值线性拟合关系相似，分布范围相近，这表明刘家庄青铜器与殷墟高放射成因铅青铜器矿料来源具有较高的一致性。此外，项目组通过比对考古资料发现，刘家庄遗址出土青铜器形制及其铭文亦与殷墟存在关联，该遗址区域居住着至少一支与商都殷墟有密切关系的氏族。结合元素分析结果和考古研究资料可以推断，刘家庄遗址区域在晚商文化影响和辐射范围内，其青铜器矿料来源与中心都邑资源的流通与分配关联密切或具有同源性，这对于我们理解晚商时期的政治经济和社会文化结构具有重要的启示意义。

基于上述研究，项目现已出版保护修复报告1部（《吉金藏礼——山东济南刘家庄商代青铜器保护修复与研究》），发表科研论文2篇（《山东济南刘家庄遗址商代青铜器科学分析研究》《文物保护与博物馆展示利用研究——基于刘家庄遗址出土青铜器保护修复成果的思考》），最大程度地挖掘了文物蕴含的多方面信息，为讲述文物"背后的故事"积累了大量素材，也为后期科学研究、教育、宣传、展示与利用提供了翔实资料，为丰富海岱地区商代文化内涵做出了积极贡献。

项目通过结项验收后，项目组并未就此止步，而是按照新时代文物工作方针的要求，立足前期成果，深入思考如何有效利用这些国之瑰宝，让文物和其保护修复知识走向大众，实现文物的有效利用和"活起来"。一方面，项目的成功实施引发了媒体关注，先后被《齐鲁晚报》《济南日报》等多家媒体刊文报道，起到了良好的宣传和科普作用。另一方面，通过与山东博物馆、济南市考古研究院等文博单位的深度合作，先后举办了"海岱日新——山东历史文化陈列""济南城市考古展"等专题展览。展览以保护修复项目为切入点，其生动形式大大增强了文物的知识性、趣味性与观赏性，给观众留下了深刻印象，进一步彰显了文物的历史、科学及艺术价值，为广大民众树立了热爱并主动传承发扬优秀华夏文明的社会意识，为进一步增强社会主义文化自信提供了有力支撑。

（执笔人：蔡友振）

注 释

① 济南市考古研究所：《济南市刘家庄遗址商代墓葬发掘报告》，《海岱考古》（第十一辑），科学出版社 2018 年版，第 243~334 页。

② 杨宝成、刘森淼：《商周方鼎初论》，《考古》1991 年第 6 期。

③ 中国社会科学院考古研究所安阳工作队：《安阳殷墟刘家庄北 1046 号墓》，《考古学集刊》（第 15 集），文物出版社 2004 年版。

④ 崔剑锋：《古代青铜器矿料产源的微量元素示踪研究评述》，《北京大学古代文明研究中心：古代文明研究通讯》2006 年版，第 31~41 页。

⑤ 黎海超：《资源与社会：以商周青铜器流通为中心》，中国社会科学出版社 2020 年版，第 93 页。

⑥ 济南考古研究所：《济南市刘家庄遗址商代墓葬 M121、M122 发掘简报》，《中国国家博物馆馆刊》2016 年第 7 期。

⑦ 王雄：《激光清洗在青铜类文物上的应用研究》，华东理工大学 2019 年硕士学位论文。

⑧ 祝鸿范、周浩：《青铜器腐蚀机理的分析与研究》，《上海博物馆集刊》（第 8 集），上海书画出版社 2000 年版，第 634~637 页。

⑨ 吴双成、贺娜、蔡友振等：《山东日照海曲墓地出土漆膜的分析测试》，《文物保护与考古科学》2014 年第 1 期。

青岛市黄岛区博物馆馆藏金属文物保护修复项目

山东省文物保护修复与鉴定中心　青岛市黄岛区博物馆

一、项目概况

通过前期病害调查及其相应分析测试发现，青岛市黄岛区博物馆馆藏部分珍贵青铜文物存在着不同程度的病害，亟需保护修复。为此，2016年1月，青岛市黄岛区博物馆委托山东省文物保护修复与鉴定中心，启动馆藏青铜文物保护修复方案编制工作，方案于2016年4月获得国家文物局批准（文物博函〔2016〕517号）。

2017年1月，青岛市黄岛区博物馆通过单一来源招标方式，委托山东省文物保护修复与鉴定中心实施此项目。2017年4月至8月，山东省文物保护修复与鉴定中心在青岛市黄岛区博物馆建设金属文物保护修复实验室。2017年9月，山东省文物保护修复与鉴定中心启动保护修复工作，并编制《青岛市黄岛区博物馆馆藏金属文物保护修复实施方案》。该项目自2017年10月开始，至2018年9月结束，用时12个月，共完成288件青铜文物的保护修复任务。

2018年9月27日，项目组组织了结项验收会。与会专家认为这批金属文物修复工艺科学合理，保护修复效果良好，档案完整，资料齐全，达到了文物保护修复的目标，同意通过结项验收。

本项目顺利通过结项验收，是对山东省文物保护修复地方工作站运行和地方博物馆开展馆藏文物保护修复的有益尝试，为山东省文物保护修复黄岛工作站开展工作、青岛市黄岛区博物馆进行文物保护研究工作指明了方向。因在修复前进行了有针对性的大量病害分析检测和修复工艺筛选，故不仅有效治理了青铜器病害，而且使其艺术性得到了高度诠释，满足了收藏和展示的要求。

二、文物基本情况

青岛市黄岛区博物馆馆藏青铜文物数量丰富、种类齐全，基本涵盖了古代青铜文物的各个门类，为研究青铜文物的形制、功能（组合）、纹饰、铸造工艺提供了珍贵的实物资料，具有十分重要的历史、艺术和科学价值。其中不乏珍品，兹述如下：

荆公孙敦（W0658），1987年5月六汪镇农民樊农业捐献。据捐献者称，此器于光绪年间出土于六汪镇山周村后的齐长城脚下。此器侈口，折肩，圜腹，附耳，三足，饰乳丁纹；通高10.7厘米，口径20.7厘米，器内有铭文3行15字："荆公孙铸其善敦，老寿用之，大宝无期。"此敦应属春秋晚期或战国早期器物，形制及纹饰罕见，是研究齐国东扩胶东的珍贵实物资料。

波曲纹鼎（W0657），1974年4月发现于灵山岛李家村，年代为西周。该青铜鼎通高27.2厘米，重6.9公斤，上部饰以环带纹，下饰兽形纹，三足上饰以兽首，给人以庄重肃穆之感。出土该铜鼎的灵山岛是一座远离陆地的孤岛，青铜鼎的出土或可证明，早在三千多年前周人的生活范围便已发展到那里，是研究周代历史的珍贵实物资料。

镶玉铜牌饰（2件，W1784、W1785），2000年出土于王台镇，年代为西汉。长10厘米，宽5.2厘米，厚0.35厘米。牌饰平面呈长方形，出土时器表有织物包裹痕迹，外周青铜牌框锈绿斑驳，纹饰已辨识不清。正面镶嵌玉牌，阴刻透雕神兽纹饰，背面有两个穿系铜钮。这类牌饰是汉文化与北方游牧文化融合的典型器物。

待修复的青铜文物时代从商代至清代，文物类别大体分为容器、兵器、镜鉴、钱币、造像、杂项6大类，计288件。文物来源分为征集和考古发掘两类。

表1 青岛市黄岛区博物馆藏待修复的青铜文物情况统计表

类别	器物年代/数量（件）									
	商	西周	春秋	战国	汉代	唐代	宋代	明代	清代	小计
鼎		4	1	2						7
鬲		1	1							2
舟			1							1

类别	器物年代/数量（件）									
	商	西周	春秋	战国	汉代	唐代	宋代	明代	清代	小计
壶				2						2
銷					4					4
鋻					1					1
釜					1					1
蛣镂					1					1
豆				4						4
敦				1						1
炉					2			1	4	7
碗									1	1
戈			3	3						6
镞	1		7	3						11
锛		1								1
剑			5	20						25
弩机					1					1
铜镜					32	2	6		1	41
铜镜刷					7					7
刀币				113						113
钱坨							1			1
动物造像									1	1
人物造像								1	20	21
带钩				4	4					8
削				1						1
杯形漏孔器					2					2
玛瑙牌饰					2					2
铜饰品					3					3

类别	器物年代/数量（件）									
	商	西周	春秋	战国	汉代	唐代	宋代	明代	清代	小计
席镇					2					2
铙					1					1
簪									1	1
熨斗					1					1
龟钮印					1					1
铜柄					3					3
铜构件					1					1
环					1					1
直筒型铜器					1					1
合计	1	6	18	153	71	2	7	2	28	288

三、分析检测

3.1 样品情况

在开展青铜器保护修复前后，工作人员针对文物的材质、劣化程度、污染物等情况进行检测分析。内容主要包括：43件青铜文物的109个点位无损X射线荧光检测分析；151个典型器物样品的扫描电镜-能谱和X射线衍射检测分析，样品种类主要是器物表面锈蚀、硬结物及早期修复材料；86件套青铜文物本体无损X光成像检测分析，目的在于对文物铸造工艺、锈蚀情况、后期修复效果进行确定和判断。这些检测分析结果能够为选择保护修复方法和材料提供科学可靠的依据，同时有利于加深对文物的制造工艺和材质的认知。

3.2 检测设备

按照样品特点与分析目的，本次文物及样品检测主要使用扫描电镜-能谱仪、X射线衍射仪、傅里叶变换红外光谱仪、超景深三维视频显微镜、X光探测仪、X射线荧光光谱仪等仪器设备。

3.3 分析结果与讨论

3.3.1 无损成分检测分析

使用X射线荧光光谱仪，可以对金属器物的合金组成进行半定量无损分析。

X射线荧光光谱仪检测结果分析与讨论：

（1）铅青铜：选取8个样点（占总检测样点的7.34%），其铅含量范围为2.97%—28.85%，平均含量为15.91%。其中，唐神兽纹铜镜（W0642）铅含量在18.71%至28.85%的范围内，属于高铅含量，其余检测点为中低铅含量。

（2）锡-铅三元合金青铜：选取65个样点（占总检测样点的59.63%），其锡含量范围为2.08%—43.18%，平均含量为22.63%；铅含量范围为4.74%—40.24%，平均含量为22.49%。这次检测中属于锡-铅青铜的铜镜较多，其中两件汉四乳四虺纹铜镜（W1889、W1893）属于高含量锡-铅青铜。五件战国刀币（W0899-1至W0899-5）的铅含量均高于20%，最高者达到31.34%，也属于高含量锡-铅青铜。部分检测点位的锡、铅含量达到40%左右，很有可能是检测到锈蚀物所致。

（3）黄铜、纯铜：选取3个样点（占总检测样点的2.75%）进行检测。其中，清花叶纹铜簪（W0657）的锡和铅含量均低于2%，但锌含量高达20%左右，镍含量达到8%左右，已属于镍黄铜范围，这可能是有意加入。汉钱坨（Z0294-3）的表层铜含量高达94.21%，其他元素的含量均低于2%，已属于纯铜范围。

（4）鎏金青铜：选取23个样点（占总检测样点的21.10%）进行检测。其中，两件镶玉铜牌饰（W1784、W1785）表层鎏金含量较高，检测点最高值达到79.09%。

（5）表层附着物：选取10个样点（占总检测样点的9.18%）进行检测。其中，附着物的主要成分是铁质锈蚀和钙质沉积物，钱坨（Z0294）中的5枚汉代钱币沾染了大量的铁质锈蚀，铁元素含量在70.87%至95.55%之间。汉素面铜镜（W1787）的表面附着物钙元素含量高达87.98%。这与器物埋藏的环境有很大关系。

从X射线荧光光谱仪检测结果分析，金属成分比例总体上比较符合当时青铜器铸造时的配比，其金属成分一般为铜、锡、铅及微量铁、锌、镍等。部分器物的铁、锌等元素含量大于2%，推测是受长时间的埋藏环境影响，或者是铸造时人为有意加入，这种情况主要表现在唐、清时期的青铜器物中。锡-铅三元合金青铜中的高含量锡、铅现象，可能是埋藏环境变化导致锡、铅等金属离子向表面析出，富集在表层造成的。

3.3.2 样品的成分与物相分析

通过成分和物相分析，可以测定出这批青铜文物的腐蚀产物主要包含下列物质：

（1）氯化物类：氯铜矿、副氯铜矿。在青铜器腐蚀产物中，以氯化物类危害最大，是重点分析对象。

（2）碳酸盐类：铜的碳酸盐有孔雀石、蓝铜矿，铅的碳酸盐有白铅矿、水合白铅矿、碱式碳酸铅。碳酸盐是出土青铜器上最常见的腐蚀产物之一，应是土壤中可溶性碳酸盐与青铜器表面作用的结果。

（3）氧化物类：赤铜矿、氧化亚铜、二氧化锡。

（4）硫酸盐类：铜的硫酸盐有胆矾（水合硫酸铜）、硫酸亚铜，少量器物中检测到了硫酸铅。硫酸盐也是青铜器中的常见腐蚀产物，这与土壤中可溶性硫酸盐含量有关。

（5）有3件器物锈蚀产物为铁的氧化物，推测是青铜器中有铁的构件或埋藏环境中青铜器与铁质物品有非常紧密的接触造成的。

（6）样品表面硬结物的主要成分有石英、钾长石、钠长石、硅酸钙镁、碳酸钙镁、钙质钠长石、坡缕石、方解石、氯化钠、氯化钾等，大部分为黏土的主要成分，与青铜器的埋藏环境有关。

（7）硫化物类：黄铜矿、辉铜矿、硫化铜锡、硫铁矿、辉银矿等，这是青铜器表面铜质矿化的结果。另外，部分器物表面涂抹了硫化汞（朱砂）颜料。

（8）磷化物：磷酸铅、碱式磷酸铅。

（9）纹饰间的黑色物质主要为碳。

（10）部分器物表面有后期人为处理痕迹，如表面涂抹了钛白粉、硫酸钡、石蜡、生石膏等。

铜的氧化物和碳酸铜盐都是稳定的矿化层。虽然有害氯化物检出数项不是很高，但不能掉以轻心，因为一但条件适宜，这种有害锈蚀会继续发展、蔓延。

3.3.3 X 光成像观察文物特征

（1）文物制作工艺信息观察

①单范铸造的器物

图1 四乳四蟠虺纹铜镜（W1887）修复后与X光照片

四乳四蟠虺纹铜镜（W1887）属于单范浇筑的实心器物。从其X光影像观察，这件器物质地紧密，表明浇筑时的混合铜质液体较为均匀，冷却过程也比较平稳，没有出现局部收缩不均的现象（图1）。

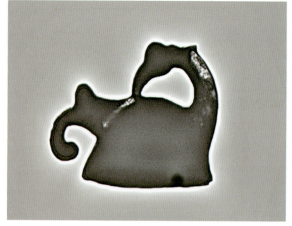

图2 铜席镇（W1901）修复前状态与X光照片

铜席镇（W1901）铜鸟的颈部、尾部与身体连接处有发白现象，表明此处的材质与器物本体不同，可能因铸造缺陷，后期人为补铸过（图2）。

②内模外范铸造的器物

泥质芯撑。从双附耳三足铜鼎（W1510）的X光影像可以看出其足部有内范，内范中间的黑色小区域为泥质芯撑的位置，形状为不规则小长方形和三角形，可以判断是盲芯（图3）。

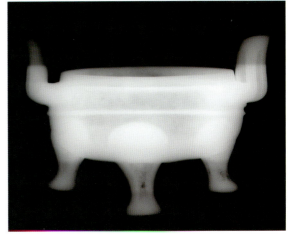

图3 双附耳三足铜鼎（W1510）修复前状态与X光照片

铜质垫片。从辅兽衔环耳铜锅（W1900）的X光影像可以看出，器物侧壁有不均匀分布的若干垫片，形状多为规则四边形（图4）。

图4 辅兽衔环耳铜锅（W1900）修复前状态与X光照片

范线。西周窃曲纹铜鼎（W0576）腹底部有三条具有一定弧度的范线，应为铸造时铜液从泥质范块间隙渗出，形成凸起线条，成器后未经磨平处理所致（图5）。

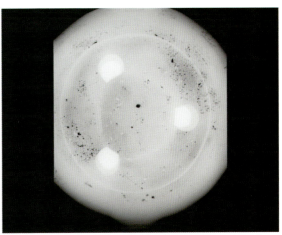

图5 窃曲纹铜鼎（W0576）修复前状态与X光照片

铸造气孔和缩孔。窃曲纹铜鼎（W0576）的腹部在X光影像中显示出许多黑色的小圆孔，应为铸造时产生的缩孔。推测铜液凝固收缩时，器壁较薄处先凝固，阻塞了铜液流动的通道，导致后凝固处继续冷却收缩时不能获得铜液补充，出现空气囊包，形成缩孔（图6）。

图6 窃曲纹铜鼎（W0576）修复前状态与X光照片

（2）金属文物修饰工艺观察

①器物铭文观察

由于表面受到侵蚀，圆柱纽铜镜（W0639）的铭文被大量锈蚀物覆盖，无法辨识，为修复工作带来较大困难。通过X光成像能够清楚显示出铭文的位置和内容信息，这为清理修复和文字研究提供了帮助（图7）。

图7 圆柱纽铜镜（W0639）清理前状态与X光照片

②器物纹饰图案观察

由于表面存在锈蚀和硬结物，画像纹铜镜（W0601）的纹饰模糊不清。通过X光成像，可以较清晰地辨别图案轮廓，也可指导修复人员在去除锈蚀时避免伤害纹饰信息（图8）。

图8 画像纹铜镜（W0601）清理前状态与X光照片

（3）文物保存状况分析

由于青铜基体腐蚀情况不同，通过X光影像表现出的成像效果也不一样。根据检测结果，这批青铜器基体的腐蚀情况主要有以下几种：

①青铜基体不均匀腐蚀

云雷纹铜鬲（W0575）腹内底部，从外观上看厚度比较均匀，无显著的局部腐蚀现象。但通过X光影像可以看出，图像中有不同的亮暗区域，即亮区和暗区。部分暗区散布有不规则黑色圆形斑点，表明金属基体腐蚀较为严重。暗区表明该部分金属基体已产生腐蚀，亮区表明该部分腐蚀程度最低。金属材质腐蚀呈现出的差异，表明该器物形成了不均匀腐蚀（图9）。

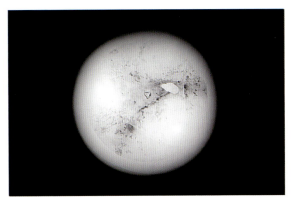

图9 云雷纹铜鬲（W0575）修复前状态与X光照片

②青铜基体点腐蚀

从外观看，波曲纹铜鼎（W0567）腹内侧局部有凹坑状的点腐蚀迹象。在X光影像中，腐蚀部位呈现出不规则的圆形黑点，类似纸张中的虫噬孔洞，大小、形状不尽相同（图10）。

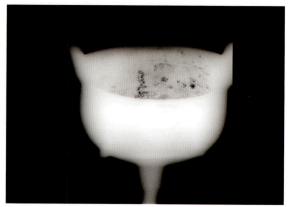

图10 波曲纹铜鼎（W0567）修复前状态与X光照片

③青铜基体裂隙变形

在X光影像中，波曲纹铜鼎（W0567）底部因受到挤压变形而形成裂缝，在保存环境冷热交替、湿度高低变化过程中，裂缝的前端缝隙会发生热胀冷缩，产生变形，这属于继发性病害（图11）。

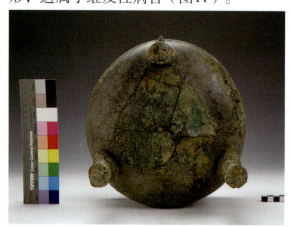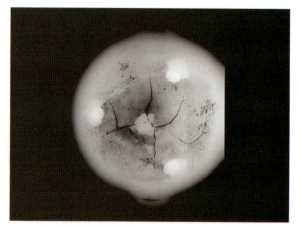

图11 波曲纹铜鼎（W0567）修复前状态与X光照片

④内部铜质垫片的腐蚀

通过X光影像可以看出，双附耳三足铜鼎（W1510）底部铸造时添加的铜质垫片周围有数量不等的黑色小圆点，这是因为垫片凹槽处有空气，浇铸时铜液连同空气一起包裹起来，所以一部分黑色小圆点边界明显，应属于气孔。但另外一部分黑色小圆点的边界已出现了漫漶不清的现象，这是铸造缺陷气孔所造成的腐蚀表征，是点腐蚀的诱因。点状腐蚀一般沿重力方向开始发生，所以器物底部比边缘更容易出现腐蚀。如果继续发展，它会连带周围的金属基体发生腐蚀（图12）。

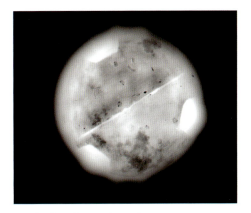

图12 双附耳三足铜鼎（W1510）修复前状态与X光照片

⑤器物内部的暗裂纹

弦纹双环耳铜盖豆（W1512）腹部被锈蚀物和沉积物等遮盖较为严密，肉眼无法直接观察到铜体情况。通过X光影像发现，其中暗含有较多的细小裂隙，形成不规则的暗裂纹，推测弦纹双环耳铜盖豆是因自身重力应力造成承重连接处产生裂隙（图13）。

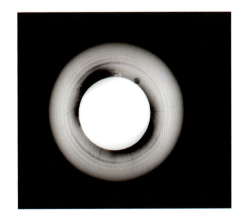

图13 弦纹双环耳铜盖豆（W1512）修复前状态与X光照片

（4）文物修复情况观察

青铜器经过修复做旧后，从外观无法直接确定修复部位和修复情况。X光成像技术可以显示出修复的痕迹，进而判断修复所使用的方法和材料，为修复档案的建立提供翔实资料。

①青铜文物焊接、粘接情况

双环耳铜壶（W1516）破碎较为严重，修复人员在修复过程中使用了连续焊。为增加焊接强度，在两个碎片表面还增加了若干扒钉，在X光影像中表现为垂直于缝隙方向的规则短棒扣合于接缝两侧（图14）。

图14 双环耳铜壶（W1516）修复后状态与X光照片

四乳四虺纹铜镜（W1891）修复前碎裂为若干块。由于铜镜形体较小，属于平面器物，各碎片受力较弱，所以项目组使用环氧树脂粘接的方法进行修复。粘接区域为非金属缝隙，X光成像显示出白色亮区（图15）。

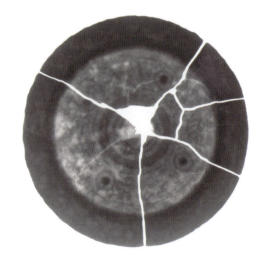

图15 四乳四虺纹铜镜（W1891）修复中状态与X光照片

②青铜文物补配情况

双环耳铜壶（W1515）使用黄铜板进行补配，补配块通过锡焊和环氧树脂进行彼此连接。从X光影像中可以清晰地分辨出黄铜板的位置和大小（图16）。

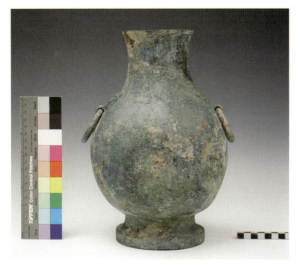

图16 双环耳铜壶（W1515）修复后状态与X光照片

3.3.4 分析检测总结

本次检测选取具有代表性的器物进行分析，分析结果具有一定典型性。

多种分析检测方法有助于较全面了解金属器物本体和样品信息。X射线荧光光谱分析将器物表面的铜、锡、铅、金、铁、锌、镍等金属元素进行测定分类，初步判别出青铜的不同类别和金属元素配比。扫描电镜–能谱分析在对样品的微观形貌进行直接观察的基础上，将样品包含的元素含量进行了较准确的测定，这样可使项目组对样品产生较为直观和深入的认识。X射线衍射分析从物相晶体结构方面分析出样品中包含的化学成分，可使项目组详细了解样品的化学性质和物质组成。傅里叶红外光谱分析对器物曾经修复使用过的材质以及表面附着物进行定性分析，可使项目组进一步了解文物在流传过程中的经历和考古信息。X光成像分析可清楚地观察到器物内部和表面的情况，从而使项目组了解铸造过程中使用的各种材质、铸造方式、产生缺陷的原因、肉眼无法直接观察到的铭文和纹饰等。此外，对器物的机械损伤、化学腐蚀病害、修复使用方法和材料都可进行详细观察。

分析检测是针对器物的表面和内部微观信息的观察认知，主要包括器物制造信息、器物被外界环境侵蚀可能发生的化学反应及产物信息、器物修复信息等。较全面掌握这些信息，有助于深入认识文物的历史、艺术和科学价值，有助于针对性地选择修复方法和材料，有助于判断是否保留文物过往修复信息等。

四、典型病害

项目组经过对馆藏铜质文物进行初步清理，发现已确定的病害种类较多且部分器物病害情况较严重。病害类型主要有全面腐蚀、点腐蚀、表面硬结物、残缺、瘤状物、变形、裂隙、矿化等，基本涵盖铜质文物病害的所有类别。大部分器物锈蚀矿化、变形、残缺，部分器物"粉状锈"较为严重，少量器物已破损为碎片，器型较难辨认。根据器物的病害特征，统计这批铜质文物中病害等级为濒危者有12件，重度者有8件、中度者有65件，轻度者有203件。其中典型病害主要有以下几种。

4.1 全面腐蚀

器物通体锈蚀，局部锈蚀较厚，纹饰部位被锈蚀层覆盖（图17）。

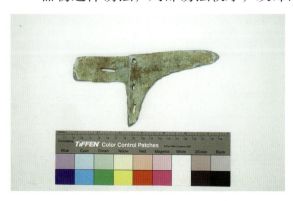
铜戈（W0636）

辅兽衔环耳铜铜（W0653）

图17 全面腐蚀

4.2 表面硬结物

大部分铜器表面及内部覆盖硬质土锈或钙化物，局部锈蚀较厚实，少数器物纹饰或铭文为硬质覆盖层所遮盖（图18）。

柿蒂纽四乳四神铜镜（W0637）

圆柱纽铜镜（W0639）

图18 表面硬结物

4.3 瘤状物

部分器物锈蚀堆积厚实且质地坚硬,局部锈蚀呈凸起状(图19)。

铜剑(W0626) 　　　　　　　圆纽素面铜镜(W0640)

图19 瘤状物

4.4 残缺

此种病害在该批器物中表面尤为明显,部分器物破碎、缺失特别严重,仅剩余部分基体,少数器物破损呈碎片状(图20)。

铜壶(W1515) 　　　　　　　铜镜(W0638)

图20 残缺

4.5 变形

部分器物因受外力作用,局部开裂变形;少数器物局部出现扭曲、断裂(图21)。

乳钉纹双环耳铜舟(W0577) 　　　蟠龙纹辅兽衔环铜熏壶(W0585)

图21 变形

4.6 通体矿化

少数青铜文物因锈蚀特别严重，铜基体基本损失殆尽，整体酥粉脆弱，严重者呈铜渣状态（图22）。

铜带钩（W1786）　　　　　　　　　　　铜镞（W0583）

图22　通体矿化

4.7 裂隙、断裂

部分器物因受外力挤压，局部断裂出现裂缝，且裂缝宽度不一（图23）。

连弧纹柿蒂纽铜镜（W0634）　　　　　星云连弧纹铜镜（W0643）

图23　裂隙、断裂

4.8 点腐蚀

部分器物上可以见到一些孔穴类的斑点状的腐蚀。这是一种局部高度腐蚀现象，孔有大有小，一般孔表面直径等于或小于它的深度，小而深的孔蚀可能导致金属穿孔。孔蚀通常发生在表面有钝化膜或有保护膜的金属上（图24）。

铜戈（W0569）　　　　　　　　　　　铜戈（W0570）

图24　点腐蚀

五、保护修复

项目组依据保护修复流程和文物的实际情况，在调查分析的基础上，从每件文物的病害入手，进行保护修护。总体保护修复步骤如下。

5.1 保护修复前的资料采集

对需要保护修复的器物逐一登记造册、照相、测量、称重、绘制文物病害图，留取保护修复前的原始资料，并做好整个工作过程中资料的收集准备（图25、图26）。

图25 文物测量　　　　　　　　　　　　　　　图26 文物称重

5.2 表面清理

使用毛刷、竹签、棉棒类工具配合化学溶剂，可初步清除文物表面的泥土、浮锈等疏松且影响美观的物质。

针对表面硬结物、瘤状物、层状堆积等锈蚀产物，可用竹签、刻刀、手术刀等进行剔除。针对较坚硬的锈蚀物，可用少量纯净水软化一段时间后再清除。若还是难以清除，可用微型打磨机进行清理。对器物表面附着的较硬钙质沉积物，可采用EDTA二钠盐纸浆糊敷法，将金属离子络合吸附于纸浆上，定时更换纸浆，逐渐将沉积物软化，以便于去除（图27至图32）。

图27 用棉棒蘸取化学溶剂清理附着物　　　　图28 用手术刀去除附着物

图29 纸浆糊敷法松动较硬的表面沉积物

图30 整体清洗器物

图31 用微型打磨机清理较硬的锈蚀

图32 用微型打磨机进行清理较硬的锈蚀

5.3 有害锈清除

将可能是有害锈病灶部位（如"粉状锈"、点腐蚀、瘤状物覆盖下的锈蚀产物的表面锈蚀产物进行清理，及时用酸性硝酸银滴定法或用其他仪器分析方法检测锈蚀物中是否含有氯离子。对于确实存在有害锈的部位，需尽可能根除锈蚀物，可用小型打磨机、超声波洁牙机等设备进行清除，必要时采用化学试剂处理（图33至图36）。

图33 挖除点状锈蚀

图34 酸性硝酸银滴定

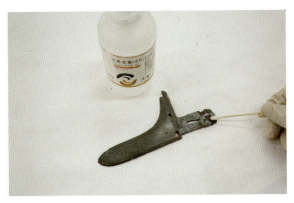
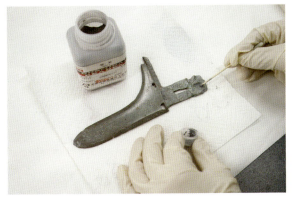

图35 过氧化氢与点状腐蚀部位反应　　　　图36 锌粉与有害锈充分反应

5.4 整形

采用冷、热处理法和工具矫形法对变形的文物进行整形复原。冷处理法是把变形的文物或构件，固定在大台钳口内或在液压机上加压，缓慢给力，经过多次缓慢增压操作，使变形部位恢复原形，去掉压力后再用锤打法解决很小的变形情况。对于不能放置于台钳上的器物或构件，可采用热处理法配合工具矫形。根据变形的程度及部位，利用不同的夹具固定住文物，并辅以适当加温，一般温度控制在200℃左右，整形过程中采用支撑、顶压、撬搬等方法，以达到整形目的（图37）。

图37 加热整形

5.5 焊接、粘接

将破碎的器物恢复结构稳定，这是修复技术中的关键工艺。根据具体状况可选用焊接、粘接、钻接等工艺。焊接可采用低温锡焊的传统焊接方式。粘接常用的黏接剂有环氧树脂类、丙烯酸树脂类。对于粘接面小且负荷力大的器物，可采用钻接的方法，在断口两侧对应打孔，插入金属芯子后再粘接。选择粘接方法时要考虑其强度与器物本身的强度是否相匹配。为使粘接部位固定不错位，可配备细沙箱类装置，将器物插入细沙箱中支撑固定（图38、图39）。

图38 焊接鼎底部　　　　　　　　图39 粘接加固裂隙

5.6 补配

为使文物的结构强度得到增强，需要对残缺、裂缝过大的部位进行必要的补配。铜质文物的补配材料可选用铜材或高分子合成树脂。铜材可选用与文物厚度相当或略薄的铜板，补配时将其剪裁成与补配部位形状相同但略小的配件，经过加热并锤打出需要的弧度，再用环氧树脂粘接即可。高分子合成树脂可选用环氧树脂，补配前要先在粘接部位涂刷可逆层（丙烯酸树脂），操作时可视具体情况采用单壁法、双壁法、模制法，将支撑体蜡板固定好，再将环氧树脂和矿物颜料的混合液填充于空缺部位，待其固化后进行必要的修整（图40、图41）。

图40 铜皮补配　　　　　　　　图41 环氧树脂胶补配

5.7 缓蚀

常用于铜质文物的缓蚀剂有苯丙三氮唑（BTA），BTA与铜及铜盐会形成络合物可抑制铜基体腐蚀，并在铜合金表面形成牢固、稳定、不溶于水及部分有机溶剂的透明膜，从而起到很好的缓蚀作用。具体操作方法是：以无水乙醇为溶剂，调配浓度为3%左右的BTA乙醇溶液待用。针对小件器物可采用浸泡的方法（浸泡时间视腐蚀程度而定），针对大件器物可采用涂刷或喷涂的方法。为取得较好的缓蚀效果，可在处理之前对器物进行加热。文物缓蚀后自然风干，检查是否有BTA结晶析出，如有，可用无水乙醇进行清理。因为BTA具有一定毒性，所以此项缓蚀过程必须在通风良好的环境中进行，操作人员需佩戴必要的防护设备（图42）。

图42 BTA缓蚀"粉状锈"蚀部位

5.8 封护

选用1%—3%浓度的丙烯酸树脂Paraloid B72乙酸乙酯溶液作为封护剂。B72形成的保护膜可填充铜质文物表面的微孔和裂隙，有效阻止水和空气对金属表面孔隙的渗透。

封护技术操作方法：针对器物的大小和腐蚀情况，可采用刷涂、喷涂或浸涂方法进行封护处理。由于封护过程中会用到挥发性有机溶剂，所以此项操作必须在通风良好的环境中进行，操作人员需佩戴必要的防护设备（图43）。

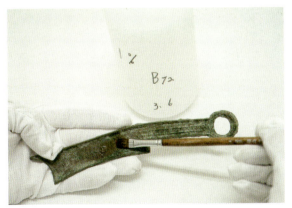

图43 整体封护

5.9 做旧

文物在进行粘接、焊接、补配和加固后，需要对修复的部位进行做旧处理，这样可使修复后的器物具有良好的整体视觉效果。做旧材料分为粘接和着色两种，粘接材料主要使用酒精漆片，着色材料主要使用矿物颜料。做旧效果应做到"远看一致，近看有别"（图44）。

图44 表面随色做旧

六、结语

项目组通过对青岛市黄岛区博物馆馆藏288件金属文物实施保护修复，有效清除了文物有害锈蚀，减缓了文物腐蚀速率，延长了文物寿命。通过对有表面硬结物、断裂、残缺等病害的金属文物进行清理、粘接、补配和做旧等处理，使得这批文物达到了陈列展出要求。同时，通过在保护过程中研究文物内在的科学信息和工艺特征，揭示出文物的历史、艺术与科学价值。项目组在项目进行过程中，不断加强科学研究，取得如下成果：

论文《X射线探伤成像检测对青铜文物特征的研究——以青岛市黄岛区博物馆馆藏青铜文物检测分析为例》，发表于《中国文物科学研究》2022年第4期。

专著《古铜今识——青岛市黄岛区博物馆藏青铜文物保护修复与研究》，于2020年10月由文物出版社正式出版发行。该成果荣获2021年山东省第一届文物保护技术优秀成果一等奖和2022年度山东省文化和旅游优秀研究成果。

（执笔人：徐军平）

菏泽元代古船出土文物保护修复项目

山东省文物保护修复与鉴定中心　菏泽市博物馆

一、项目概况

2010年，一艘深埋地下600多年的元代木质沉船于山东菏泽市区国贸中心项目工地"浮出水面"，一时轰动全国。通过抢救性考古发掘，沉船内及周围共出土文物超百件（套），类别包括陶器、瓷器、漆木器、玉石器、铁器、铜器等。这艘元代沉船对研究中国古代造船技术、内河漕运史、河运交通等有非常重要的价值。随船出土文物中，元代瓷器数量之丰富、品质之精美、包含的窑口之多，特别是出土了元青花龙纹梅瓶等重要瓷器，在全国实属罕见。

这批文物出土后，采取整体打包装箱的方式，运至菏泽市博物馆收藏。该博物馆文物库房、展厅内的文物保存条件较为简陋，不利于文物的长久保存，加之文物本身存在不同程度病害，亟待保护修复。2015年7月，受菏泽市文物保护中心委托，刚成立不久的山东省文物保护修复与鉴定中心联合菏泽市文物保护中心、菏泽市博物馆成立"菏泽古船出土文物保护修复方案编制工作组"，对这批出土文物开展保存现状调查和评估，筛选出95件（套）亟待保护修复的文物。筛选出的文物均存在不同程度病害，病害种类多且部分器物病害情况较严重。例如，瓷器类文物主要有冲口、破碎、缺损、表面硬结物、侵色伤釉等病害，铜器类文物主要有全面腐蚀、点腐蚀、表面硬结物、残缺、裂隙、矿化等病害。

菏泽古船出土文物保护修复方案编制工作组根据《中华人民共和国文物保护法》和《中华人民共和国文物保护法实施条例》，并参考《可移动文物病害评估技术规程　金属类文物（WW/T 0058-2014）》《馆藏金属文物保护修复方案编写规范（WW/T 0009-2007）》《馆藏金属文物病害与图示（WW/T 0004-2007）》《可移动文物病害评估技术规程　瓷器类文物（WW/T 0057-2014）》《可移动文物病害评估技术规程　竹木漆器类文物（WW/T 0060-2014）》《馆藏文物保护修复工作量清单计价规范（征求意见稿）》等标准及规范，对沉船出土文物进行了前期调查，开展分析测试，绘制文物病害图并编制完成保护修复方案。《山东菏泽古船出土文物保护修复方案》于2016年4月通过国家文物局立项批准（文物博函〔2016〕513号），并获得国家重点文物保护专项补助资金支持。

山东菏泽古船出土文物保护修复项目由山东省文物保护修复与鉴定中心管理实施。山东省文物保护修复与鉴定中心根据国家文物局批复，联合菏泽市文物保护中心、菏泽市博物馆成立项目组，共同开展此次保护修复工作。

2017年5月至2018年1月，项目组完成项目所涉及文物的保护修复工作并通过结项验收。在保护修复工作前期，项目组开展了文物病害调查和价值评估，在调查研究的基础上按文物质地分别制定了文物保护修复预案，并在具体保护修复过程中做好每件文物的保护修复记录。项目组采取成熟手段对这批珍贵文物进行科学保护修复，严格按照国家文物局有关文物保护行业规范进行操作，去除或转化文物活动病害和可发展病害，最大程度恢复文物原貌，使保护修复后的文物满足在一般条件下长久保存和公开陈列展出的需要。

二、文物基本情况

项目组通过对该批出土文物开展保存现状调查和评估工作，筛选出95件（套）亟待保护修复的文物。其中，瓷器41件（套），陶器10件（套），铜器21件（套），铁器8件（套），玉石器5件（套），漆木器6件（套）。另有其他材质文物4件（套），分别为银币、象牙色子、绿松石耳坠和锈结文物（图1）。

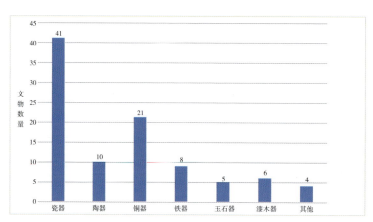

图1 所涉及文物按质地分类对比图

此次出土的瓷器，是文物价值最突出的。按釉色分类，有青釉、青白釉、白釉、黑（酱）釉等；按窑系分类，有景德镇窑系、龙泉窑系、磁州窑系、钧窑系等；按器型分类，有梅瓶、盘、壶、碗、杯、罐、玉壶春瓶等。菏泽沉船出土元代瓷器数量丰富，包含的窑口多，其中不少器物品质上乘，在全国较为罕见。同时，瓷器类型丰富，形制精美，为同类器物研究提供了可靠的断代依据，具有重要价值。

本次保护修复的瓷器，釉色多样，其中青釉瓷23件、青白釉瓷5件、白釉瓷5件、黑（酱）釉瓷3件、白地褐彩瓷4件、青花瓷2件。釉色分类对比情况见图2。按造型统计，为碗类19件、盘类9件、罐类5件、杯3件、瓶3件、壶2件、盏托1件（图3）。

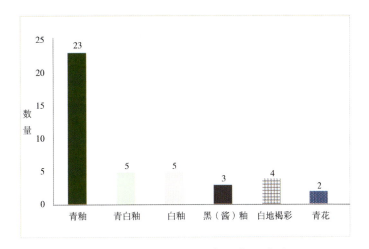

图2　瓷器类文物按釉色分类统计图

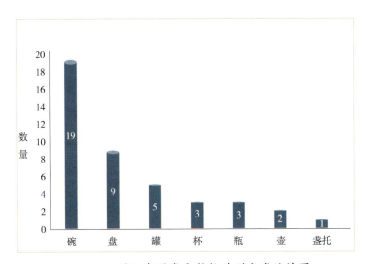

图3　瓷器类文物按造型分类统计图

限于篇幅，以下以瓷器文物为代表，对本项目文物保护修复工作内容进行简要阐述。

三、分析检测

菏泽古船出土的瓷器釉色多样，覆盖窑口较多，有必要采取科学手段进行分析鉴别。项目组采用无损分析方法对陶瓷文物本体进行定性分析，对文物本体材质、工艺进行研究，对瓷器窑口进行初步判定。用于古陶瓷文物研究方面的分析测试方法有显微观察分析（如光学显微镜、超景深显微镜、偏光显微镜和电子显微镜观察分析等），物相成分结构分析（如X射线光电子能谱分析、X射线衍射分析、X射线荧光分析、电感耦合等离子体发射光谱分析、拉曼光谱分析等）。这些现代分析手段，可以极大弥补传统考古学在研究陶瓷器的组成结构、烧制工艺、产地来源等方面的不足，为探讨古代陶瓷特点、制造工艺和腐蚀机理提供必要的方法和手段。

X射线荧光光谱法在古陶瓷研究中应用频率较高，它可以在瓷器文物材质分析、真伪鉴定、年代断定、制作工艺分析、产地分析、病害分析等方面起到非常重要的作用，尤其是它可以做到原位无损分析。例如苗建民等学者曾采用X射线荧光无损方法，分析瓷器元素含量组成，用主成分分析方法进行数据处理，从而对青花瓷器进行了产地判别[①]。

此次保护修复项目，采用X射线荧光光谱仪、光学显微镜等便携分析设备，无损分析瓷器文物标本34件（套），系统分析了该批瓷器的元素组成、显微结构、釉色等相关信息，实现了在修复过程中提取文物的相关科技内涵的目标。无损分析检测的瓷器文物统计清单见表1。

表1 无损分析瓷器样品表

序号	分析编号	项目编号	文物名称
1	001	HZC001	青釉印花牡丹纹大盘
2	002	HZC002	青釉花口印花牡丹纹大盘
3	003	HZC003	青白釉双系壶
4	004	HZC004	褐釉双系壶
5	005	HZC005	青釉小碗
6	007	HZC007	青釉印花小盘
7	008	HZC008	青釉碗
8	009	HZC009	青白釉印花瓷盘（残片）

序号	分析编号	项目编号	文物名称
9	010	HZC010	青白釉"大寺"款瓷盘（残片）
10	014	HZC014	青釉碗
11	018	HZC018	白釉高足杯
12	019	HZC019	白地褐彩罐
13	020	HZC020	黑釉双系瓶
14	024	HZC024	青釉卷云纹护手单耳杯
15	025	HZC025	青釉开片碗
16	028	HZC028	白地褐彩龙凤罐
17	031	HZC031	青白釉玉壶春瓶
18	033	HZC033	青釉玉壶春瓶
19	034	HZC034	青釉八宝纹大盘
20	035	HZC035	元青花花鸟纹盘
21	036	HZC036	元青花鱼藻纹高足碗
22	037	HZC037	高足碗
23	040	HZC040	卵白釉龙纹高足碗
24	041	HZC041	青釉菊花纹高足碗
25	042	HZC042	钧窑盏托
26	043	HZC043	青白釉刻花龙纹盘
27	078	HZC078	青釉碗
28	079	HZC079	青釉印花碗
29	080	HZC080	青釉碗
30	082	HZC082	青釉碗
31	083	HZC083	青釉碗
32	085	HZC085	青釉碗
33	086	HZC086	青白釉盘
34	089	HZC089	白地褐彩洗

3.1 分析方法与实验条件

本次分析主要使用便携式X射线荧光光谱仪、实体显微镜，对陶瓷胎釉进行测试与分析。所使用的设备与实验条件如下。

3.1.1 便携 X 射线荧光光谱仪

采用美国布鲁克公司Tracer Ⅲ-SD型便携X射线荧光光谱仪对瓷器胎釉进行无损分析测试。测试条件如下：

（1）采用真空泵，在抽真空情况下，采用15kV电压、55μA电流，测量时间为300s，测量面积为3mm×4mm，利用仪器自带的陶瓷主次量元素曲线对Na-Fe元素进行定量分析；

（2）采用40kV电压、10.3μA电流，测量时间为300s，测量面积为3mm×4mm，利用仪器自带的陶瓷微量元素曲线对Fe-U元素进行定量分析。

在测试过程中，尽量选择器物外腹部较为平整或局部略微凸出部位，测试区域要小心避开裂纹或者污染区域。所选样品的胎釉元素组成分析结果见表2。

3.1.2 实体显微镜

采用德国莱卡S9i体式显微镜对瓷器胎、釉以及断面的显微结构进行观察，显微结构照片见图4至图33。

表2 瓷器文物样品胎釉元素组成（wt%）

样品编号	Na$_2$O	MgO	Al$_2$O$_3$	SiO$_2$	K$_2$O	CaO	TiO$_2$	MnO	Fe$_2$O$_3$	Rb	Sr	Y	Zr
HZC001	0.63	1.22	12.19	65.20	5.51	11.53	0.12	0.43	2.19	0.0279	0.0474	0.0031	0.0109
HZC002	0.69	1.04	11.90	65.20	6.06	12.00	0.08	0.37	1.65	0.0285	0.0457	0.0029	0.0100
HZC003	0.40	1.72	14.17	67.45	2.48	10.94	0.06	0.14	1.66	0.0517	0.0096	0.0006	0.0070
HZC004	0.56	1.96	12.28	68.72	3.07	6.09	0.81	0.07	5.43	0.0112	0.0306	0.0039	0.0338
HZC005	0.44	2.13	11.22	66.43	3.58	12.89	0.10	0.35	1.86	0.0264	0.0649	0.0051	0.0118
HZC007	0.32	3.09	11.40	66.54	4.04	11.31	0.10	0.77	1.44	0.0254	0.0551	0.0056	0.0125
HZC008	0.42	2.20	12.16	69.67	3.56	9.75	0.13	0.38	0.73	0.0189	0.0424	0.0063	0.0124
HZC009	0.64	1.13	15.34	62.04	2.51	15.55	0.09	0.04	1.66	0.0229	0.0055	0.0020	0.0079
HZC010	0.61	0.72	12.31	74.23	2.87	7.06	0.06	0.11	1.03	0.0365	0.0090	0.0010	0.0073
HZC014	0.63	1.15	13.92	60.73	3.23	16.07	0.20	0.10	2.95	0.0165	0.0139	0.0041	0.0186
HZC018	0.35	8.85	11.65	68.74	2.27	5.70	0.52	0.12	0.79	0.0035	0.0446	0.0032	0.0279
HZC019 白釉	0.65	1.07	13.78	71.58	4.14	6.60	0.10	0.06	1.02	0.0074	0.0481	0.0021	0.0285

样品编号	Na$_2$O	MgO	Al$_2$O$_3$	SiO$_2$	K$_2$O	CaO	TiO$_2$	MnO	Fe$_2$O$_3$	Rb	Sr	Y	Zr
HZC019 褐彩	0.72	1.18	14.78	66.70	3.87	5.62	0.22	0.15	5.76	0.0071	0.0441	0.0025	0.0303
HZC020	0.37	3.43	11.68	67.24	3.17	6.88	0.77	0.08	5.38	0.0131	0.0250	0.0036	0.0271
HZC024	0.67	0.83	12.36	68.71	5.47	9.71	0.07	0.28	0.90	0.0259	0.0459	0.0040	0.0108
HZC025	0.45	2.05	8.92	69.94	3.48	8.80	0.20	0.05	5.11	0.0087	0.0322	0.0024	0.0206
HZC028 白釉	0.66	0.71	16.13	73.96	2.51	4.46	0.35	0.05	0.18	0.0044	0.0764	0.0046	0.0317
HZC028 褐彩	0.81	0.89	15.38	69.34	2.38	4.27	0.36	0.05	5.51	0.0042	0.0758	0.0045	0.0321
HZC028 黑彩	1.15	1.35	13.69	54.50	1.94	3.08	0.59	0.03	22.66	0.0035	0.0784	0.0050	0.0343
HZC031	0.47	1.02	12.15	73.05	4.34	6.84	0.05	0.10	0.99	0.0748	0.0020	0.0003	0.0075
HZC033	0.36	2.22	12.62	64.63	5.03	11.72	0.10	0.50	1.82	0.0228	0.0495	0.0030	0.0095
HZC034	0.72	1.00	11.65	65.22	5.69	11.65	0.12	0.49	2.47	0.0278	0.0536	0.0028	0.0102
HZC035 胎体	0.59	0.87	26.79	67.13	2.21	0.12	0.09	0.08	1.13	0.0295	0.0029	0.0021	0.0076
HZC035 透明釉	0.67	0.73	11.19	75.26	2.86	7.27	0.07	0.09	0.86	0.0204	0.0199	0.0018	0.0057
HZC036胎 胎体	0.55	0.59	20.96	71.88	2.47	0.24	0.10	0.08	2.13	0.0343	0.0030	0.0018	0.0082
HZC036 透明釉	0.62	0.72	12.75	72.98	2.65	8.52	0.05	0.10	0.61	0.0350	0.0111	0.0016	0.0070
HZC037	0.68	1.38	11.90	69.96	3.54	10.04	0.14	0.80	0.56	0.0185	0.0469	0.0081	0.0130
HZC040	0.55	0.70	13.31	75.73	3.12	4.90	0.04	0.09	0.56	0.0424	0.0077	0.0015	0.0063
HZC041	0.35	2.40	13.38	64.58	5.25	10.36	0.11	0.62	1.95	0.0295	0.0525	0.0025	0.0106
HZC042	0.59	1.58	8.74	69.61	4.07	11.88	0.13	0.09	2.31	0.0077	0.0303	0.0020	0.0108
HZC043	0.76	0.87	12.83	70.30	2.66	9.54	0.08	0.10	1.88	0.0439	0.0087	0.0002	0.0078
HZC078	0.26	3.24	11.28	65.70	4.22	11.42	0.16	0.88	1.83	0.0337	0.0375	0.0040	0.0154
HZC079	0.84	0.91	14.53	64.46	3.97	11.35	0.21	0.78	1.96	0.0209	0.0464	0.0032	0.0133
HZC080	0.41	1.85	12.06	70.09	3.58	9.77	0.12	0.37	0.75	0.0189	0.0401	0.0058	0.0121

菏泽元代古船出土文物保护修复项目

样品编号	Na$_2$O	MgO	Al$_2$O$_3$	SiO$_2$	K$_2$O	CaO	TiO$_2$	MnO	Fe$_2$O$_3$	Rb	Sr	Y	Zr
HZC082	0.45	1.29	13.05	69.13	3.83	10.05	0.12	0.07	0.99	0.0225	0.0112	0.0019	0.0127
HZC083	0.53	1.98	12.16	63.14	4.66	14.21	0.11	0.53	1.69	0.0269	0.0463	0.0037	0.0142
HZC085	0.40	2.34	10.76	69.80	3.23	9.78	0.12	0.64	1.93	0.0227	0.0400	0.0069	0.0145
HZC086	0.52	1.00	13.26	71.78	3.97	6.56	0.08	0.12	1.71	0.0420	0.0062	0.0009	0.0108
HZC089 白釉	0.49	2.03	18.67	69.78	2.93	4.55	0.29	0.04	0.22	0.0041	0.0462	0.0039	0.0403
HZC089 褐彩	0.67	1.76	12.62	66.43	2.52	7.97	0.84	0.08	6.12	0.0053	0.0197	0.0044	0.0386

注：没有明确说明的，均为釉层分析。

以下为选取的部分瓷器釉层、断面、色料等显微结构照片。

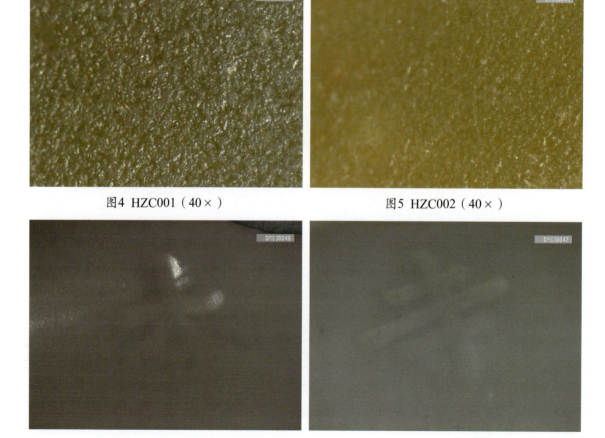

图4　HZC001（40×）　　　　　　　图5　HZC002（40×）

图6　HZC010（7.5×）　　　　　　　图7　HZC010（7.5×）

首届全省文物保护修复优秀案例荟萃

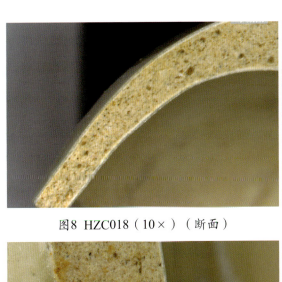

图8 HZC018（10×）（断面）

图9 HZC020（40×）

图10 HZC025（10×）（断面）

图11 HZC025（40×）

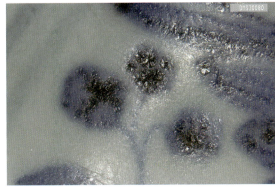

图12 HZC035（10×）（青花色斑）

图13 HZC035（10×）（青花色斑）

图14 HZC035（20×）（青花斑点）

图15 HZC035（40×）（青花斑点）

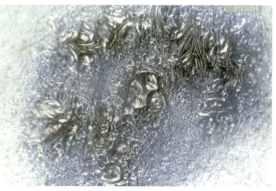

图16 HZC035（60×）（青花斑点）　　图17 HZC035（40×）（青花斑点）

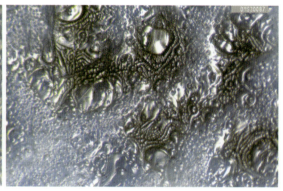

图18 HZC035（60×）（旁边一处斑点）　　图19 HZC035（50×）（中心处铁斑）

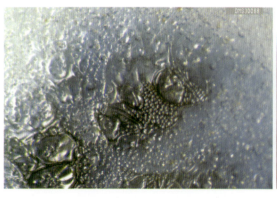

图20 HZC035（60×）（另一处铁斑）　　图21 HZC035（60×）

图22 HZC035（25×）（小缺口沿透明釉和青花）　　图23 HZC036（40×）（内底铁斑）

图24 HZC036（50×）（内底铁斑点）　　　图25 HZC036（50×）（内底铁斑点）

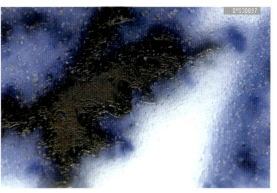

图26 HZC036（60×）（内底另一处铁斑）　　图27 HZC036（25×）（另一处铁斑）

图28 HZC036（20×）（断面）　　　图29 HZC036（40×）（透明釉和浅色青花）

图30 HZC079（10×）　　　　　　　图31 HZC079（40×）

图32 HZC082（40×）　　　　图33 HZC089（40×）（外酱釉）

3.2 分析结果

从表2的数据来看，除编号为18的样品（HZC018白釉高足杯）外，钙（Ca）是样品中含量最高的助熔剂。HZC018样品中MgO的含量高达8.85%，考虑到分析测试时使用的为便携设备，虽然配备了真空泵，但对于轻元素Mg，仅在一定含量范围内可进行定量分析，因此，表2中HZC018样品釉中MgO的含量数值只能作为参考，证实该样品中MgO的含量确实远高于其他样品釉。相关研究表明，部分白瓷如定窑白瓷釉中可能加入了白云石作为原料，或本地石灰中含有一定的Mg，从而导致釉中MgO的含量升高[②]。

表2为所有样品釉及胎的元素分析结果，包含了所有颜色釉（青釉、青白釉、白釉、黑釉）、褐彩、黑彩、青花透明釉、青花色料（含透明釉）的测试结果。项目组将青釉、青白釉、白釉、青花透明釉的结果进行多元统计分析，对瓷片釉的主次量元素 Al_2O_3、SiO_2、K_2O、CaO、TiO_2、MnO、Fe_2O_3 和微量元素 Rb、Sr、Y、Zr 的含量采用因子降维分析，所得结果见图34。图34上方红色圆圈中是青釉样品，左下方蓝色圆圈中是青白釉样品和青花透明釉样品，右下方褐色圆圈中是白釉样品（含白地褐彩中的白釉）。从图中可以看出，不同种类的瓷釉样品能相互区分开来。

3.2.1 青瓷釉分析

本次测试的19个青釉样品中，大部分为龙泉窑的产品，也有钧窑的产品。微量元素一般带有产地信息，为了显示青釉样品的类群关系，我们对青釉中的微量元素Rb和Sr进行散点图分析，结果见图35。从图中可以看出，大部分样品聚集在图的右上部，结合表1的样品信息和表2的元素含量信息，可知这些样品是浙江龙泉窑的产品。左下方的25号（HZC025青釉开片碗）和42号（HZC042钧窑盏托）样品，应为河南钧窑的产品，其中25号样品釉裂纹多，易受腐蚀，故导致其测试结果中Fe元素的结果高。

我们看到14号样品（HZC014青釉碗）和82号样品（HZC082青釉碗）的微量元素Rb和Sr的检测结果与浙江龙泉窑、河南钧窑产品没有聚集在一起。参照表2的信息，14号样品应为龙泉窑的产品，82号样品的产地值得进一步研究。

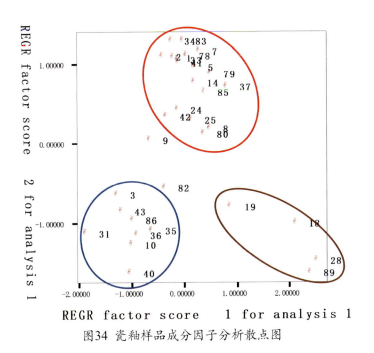

图34 瓷釉样品成分因子分析散点图

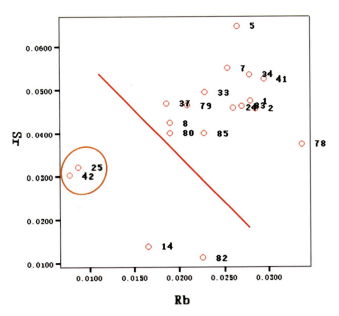

图35 青釉陶瓷釉成分因子分析散点图

3.2.2 青白釉分析

根据表1统计信息，9号样品（HZC009青白釉印花瓷盘残片）为青白釉，并且从样品外观看也是明显的青白釉，但在图34中，9号样品与其他青白釉样品相隔较远。从表2的数据来看，蓝色圆圈中的8个样品釉的元素组成和江西景德镇地区的瓷釉相近，9号样品的微量元素也和景德镇地区瓷釉的微量元素相近，因釉中Ca的含量远高于该组其他样品，Si的含量远低于该组其他样品，故在因子分析中，9号样品离其他青白釉样品距离较远。釉中高含量的Ca、低含量的Si表明，陶工们对青白釉原料可能处在摸索阶段。该组样品中还包含两个青花产品的透明釉，说明青花应为景德镇所产。从表2的数据中可以看出，青花透明釉中主次量元素组成与青白釉非常接近，但是微量元素尤其是Rb和Sr的含量和青白釉略有不同。

3.2.3 白釉分析

图34右下角的褐色区域内有18号、19号、28号、89号四个样品，分别为白釉高足杯、白地褐彩罐、白地褐彩龙凤罐和白地褐彩洗。这4个样品均为白色釉，但有的白釉上还有褐彩。从表2的数据来看，这4个样品中微量元素Rb、Sr、Zr的含量非常相近，应为同一地区的产品。

3.2.4 褐彩、黑釉分析

表2中还列出了褐彩、黑釉样品的元素分析结果，褐彩和黑釉中均含有高含量的Fe，即Fe为褐彩和黑釉的着色元素。除此以外，我们还可以看出褐彩、黑釉样品中Ti元素的含量远远高于其他样品。从表2中可以看出，4号样品和20号样品的元素组成，包括主次量元素和微量元素，均十分接近，他们应该为同一窑址的产品。19号、28号和89号均为白地褐彩或白地黑彩，除去28号样品的黑彩中Fe元素含量特别高，剩余的褐彩和黑彩元素组成相近，微量元素也较接近。总体而言，19号、28号和89号样品中的白釉、褐彩、黑釉，以及4号、20号样品中的黑釉，釉中微量元素组成较为接近，产地应该相同或相近。

3.2.5 青花瓷分析

项目组对青花样品的透明釉进行了分析，发现其与景德镇地区的青白釉相近。表2中列出了两个青花样品的胎体元素组成，其胎体元素组成也与景德镇地区的瓷器胎体元素组成接近。图36为元青花花鸟纹盘透明釉和青花的测试部位图，图37为青花（含透明釉）和透明釉的对比图谱，图38为图37的局部放大图。

从图37、图38中可以看出，和透明釉相比，青花（含透明釉）的Fe和Co元素含量明显升高，Ni和As元素有一定的升高，但二者Mn、Cu、Zn元素含量相同。这说明青花料中主要含Fe、Co元素，还有一定量的Ni和As元素。

图36 35号样品（元青花花鸟纹盘）测试点位

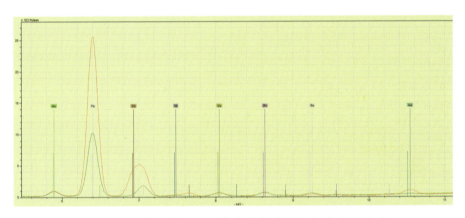

图37 35号样品透明釉和青花（含透明釉）的对比图谱

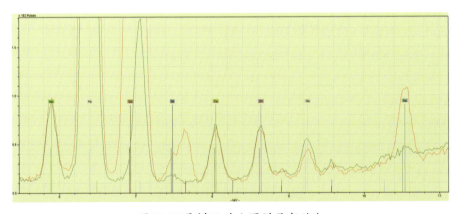

图38 35号样品对比图谱局部放大

图39为36号样品（元青花鱼藻纹高足碗）的透明釉、青花（含透明釉）和浅青花（含透明釉）的测试部位图，图40为透明釉、青花（含透明釉）和浅青花（含透明釉）的对比图谱，图41为图40的局部放大图。

图39 36号样品（元青花鱼藻纹高足碗）透明釉和青花测试部位图

从图40和图41中可以看出，与透明釉相比，青花（含透明釉）和浅青花（含透明釉）中Fe和Co元素的含量明显升高，Mn元素含量保持一致，As元素含量升高，Ni、Cu、Zn元素含量保持一致。与浅青花（含透明釉）相比，青花（含透明釉）中着色元素Fe和Co含量升高，但As元素含量一致。

考虑到36号样品中青花（含透明釉）与浅青花（含透明釉）仅着色元素Fe和Co含量不同，故在对35号和36号样品进行对比时，我们舍弃浅青花（含透明釉）图谱，仅对比两个样品的青花（含透明釉）图谱，结果见图42。从图36和图39中我们可以看到，36号样品测试区域的青花颜色明显深于35号样品，在图42中，36号样品的着色元素Fe与Co也明显高于35号。此外，我们还能看到36号样品中As元素的峰值远高于35号，As元素一般源自青花料钴矿的伴生矿，两个样品中As元素含量的差别，说明二者之间的青花料可能略有不同。

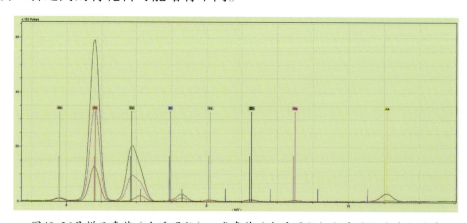

图40 36号样品青花（含透明釉）、浅青花（含透明釉）和透明釉的对比图谱

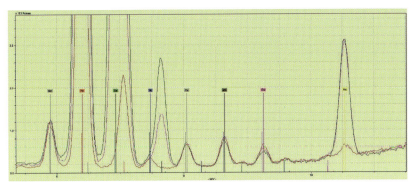

图41 36号样品对比图谱局部放大

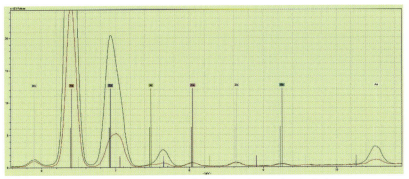

图42 35号和36号样品青花（含透明釉）图谱对比

四、保护修复案例（元青花鱼藻纹高足碗）

4.1 文物基本信息

元青花鱼藻纹高足碗（HZC036），器物口径17厘米，底径6.6厘米，通高10.9厘米，重555克。侈口，圆唇，弧腹，竹节形高足，足中空。内壁口沿处饰一周卷草纹，底心饰水藻鳜鱼纹。竹节足柄，外壁上部饰缠枝莲花纹，下部饰仰莲瓣纹。青花发色浓重艳丽，有晕散，积釉处呈鸭蛋青色，色重处有黑色结晶斑，结晶斑浓重处下凹且有"锡光"现象。器物病害包括口沿残缺，冲口，表面有泥土附着物和铁锈。其口沿缺损部分在HZC005凝结物中找到一小部分碎片。

4.2 保护修复步骤

4.2.1 建立文物保护修复档案

对文物进行拍照，测量尺寸，称重，建立保护修复档案，绘制病害图。

4.2.2 清理清洗

将器物放入威派斯文物专用液体肥皂中浸泡，去除表面、断面和冲线中的污垢。用双氧水加氨水去除器物表面的铁锈等附着物，然后用蒸馏水将残留的化学试剂冲洗干净（图43、图44）。

图43 威派斯文物专用液体肥皂浸泡

图44 清洗后效果

4.2.3 粘接补配

拼对瓷片后用胶带固定，确定拼对无误后在缝隙中滴入爱劳达2020环氧树脂胶进行粘接（图45）。采用石膏在器物完整处翻出内外模，再移至器物残缺处固定，将爱劳达2020环氧树脂胶加入瓷粉和矿物颜料搅拌均匀，用针管打入填充（图46）。待环氧树脂胶固化后，使用砂纸由粗到细对补配处进行打磨，直至补配处表面光滑，衔接无缝（图47）。

4.2.4 随色做旧

使用喷笔随色做旧（图48），颜色的色相、稀释度和透明度需经反复试验，每喷一遍后用环己酮喷涂在做旧的地方，使颜色自然晕染。为保证修复效果，还可以使用画笔做旧。

图45 环氧树脂胶粘接

图46 填充环氧树脂胶

图47 砂纸打磨光滑

图48 喷笔做旧

4.2.5 完善档案

拍照，称重，完善保护修复档案。

4.3 自评估意见

元青花鱼藻纹高足碗主要存在断裂、残缺、铁锈侵蚀等病害。项目组使用威派斯文物专用液体肥皂、双氧水加氨水对其进行清洗除锈，环氧树脂材料粘接、补配，毛笔、喷笔等工具随色做旧等修复手段修复该文物，建立了文物保护修复档案。经过保护修复，文物原貌得以展现，基本达到了既揭示文物信息又延缓文物寿命的目标（图49、图50）。

图49 HZC036青花高足碗保护修复前照片

图 50 HZC036青花高足碗保护修复后照片

五、保护修复案例（青白釉印花瓷盘）

5.1 文物基本信息

青白釉印花瓷盘（HZC009），器物直径8厘米，底足径5.5厘米，通高2.6厘米。敞口，圈足，青白釉，底足不施釉，内部有印花图案。器物破碎成15块，临时粘接固定，表面有铁锈侵蚀。

5.2 保护修复步骤

5.2.1 建立文物保护修复档案

对文物进行拍照，测量尺寸，称重，建立保护修复档案，绘制病害图。

5.2.2 清洗

将拆解后的瓷片放入威派斯文物专用液体肥皂中浸泡，软化茬口处残留胶粘物（图51），然后用双氧水加氨水去除表面铁锈并用蒸馏水清洗干净。随后检测双氧水清洗浸泡液酸碱度。经检测，pH值为8.0，呈弱碱性（图52）。清洗后效果见图53。

图51 威派斯文物专用液体肥皂浸泡　　　　　图52 pH检测仪检测其酸碱度

5.2.3 粘接补配

粘接前首先要去除粘接面上的尘土及污垢，要尽可清除干净，以保证粘接效果。然后按照从底部至口沿的次序拼对瓷片，拼好后用纸胶带临时固定，确定拼对无误后再向瓷片接缝中滴入爱劳达2020环氧树脂胶（图54）。补配时，采用双组分环氧树脂胶填补其他缝隙。对于较大的缺损部位，则在胶中加入瓷粉和矿物颜料调成粘稠状进行填补，待其固化后用砂纸打磨。

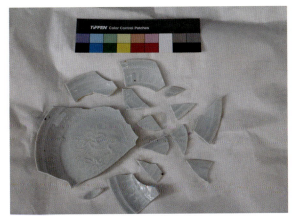
图53 清洗后

图54 环氧树脂粘接

5.2.4 随色做旧

环氧树脂胶固化后,使用砂纸由粗到细对补配处进行打磨,直到补配处表面光滑,衔接无缝(图55)。使用喷笔随色做旧,颜色的色相、稀释度和透明度需经反复试验,每喷一遍后用环己酮喷涂在做旧的地方,使颜色自然晕染。最后使用喷枪和画笔做旧,使整体视觉效果协调(图56)。

图55 砂纸打磨

图56 喷笔做釉

5.2.5 完善档案

拍照、称重,完善保护修复档案。

5.3 自评估意见

青白釉印花瓷盘残片主要存在破碎严重、铁锈侵蚀、缺失等病害。项目组使用威派斯文物专用液体肥皂、双氧水加氨水对其进行清洗除锈,环氧树脂材料粘接、补配,毛笔、喷笔等工具随色做旧等修复工艺修复该文物,并建立了文物保护修复档案。经过保护修复,文物原貌得以展现,基本达到了既揭示文物信息又延缓文物寿命的目标(图57、图58)。

图57 HZC009青白釉瓷盘保护修复前照片

图58 HZC009青白釉瓷盘保护修复后照片

六、项目总结

6.1 完成文物本体修复任务

　　项目组在保护修复工作前期，开展了文物病害调查和价值评估。在调查研究的基础上，分文物质地制定文物保护修复预案。保护修复实施过程中，做好对每件文物的保护修复记录。项目组采取成熟手段对这批珍贵文物进行科学保护修复，严格按照国家文物局颁布的有关规程进行操作，去除或转化文物现存的活动病害和可发展病害，最大程度恢复文物原貌，使文物满足在一般条件下能够长久保存和公开陈列展出的要求。截至2018年1月，完成项目所涉及95件（套）文物的保护修复工作，具体包括瓷器49件（套）、青铜器20件（套）、铁器9件（套）、漆木器6件（套）、石器2件（套）、玉器3件（套）、骨角牙器1件（套）、金器1件（套）、银器1件（套）、凝结物1件（套）。

6.2 新文字的发现

另外，通过保护修复工作，项目组还分离出多件文物，发现了新的文字信息。如对HZC005凝结物的保护修复，成功分离出2件完整青釉小碗；对HZC067锈结文物的保护修复，成功分离出1件铜勺、1件刻文字砚台（疑似"至正柒年三月"）和1件锡铅板。除上述提到的带文字砚台外，通过对HZC090漆香炉进行清理，发现其底部存在款识，疑似"平江枒巷季家造"。这些文字为研究文物价值和沉船背景提供了有益线索。

6.3 分析技术的介入

现代分析技术在文物保护修复中越来越重要，可以在文物病害分析、价值判断等各方面发挥积极作用。项目组利用X射线荧光、X射线衍射和离子色谱分析等，将瓷器等文物普遍存在的黄（红）色锈蚀、铜器表面锈蚀和出水文物独特的凝结物进行分析，得出以下结果：黄（红）色锈蚀主要为铁的氧化物和土垢混合物，以Fe_2O_3为主，不过也从个别样品中检测出活泼的含氯的腐蚀产物——四方纤铁矿，说明其锈蚀还处在发展之中；铜器表面锈蚀以赤铜矿、孔雀石（碱式碳酸铜）为主，并未发现含氯的活泼腐蚀产物，说明目前铜器的状态比较稳定；凝结物中含有二氧化硅、方解石、铁的腐蚀产物。这些结果为下一步采取科学有效的保护手段起到指引作用。

另外，对附着物严重或者"腐蚀严重"的青铜器、铁器进行X射线探伤作业，发现部分器物内部保存良好，可以填补人们肉眼观察的不足，纠正表象判断的错误。X射线探伤效果明显的有HZC051铁鱼叉、HZC059青铜鹤形灯、HZC095铁炭盆等文物，肉眼观察文物腐蚀严重，但通过X射线探伤结果发现，文物本体保存尚好。借助仪器观察和分析，我们可以正确认识文物腐蚀程度，为下一步除锈操作提供很好的参考依据。

检测分析还可对文物价值判断提供佐证。如HZC007青釉印花小盘、HZC024青釉卷云纹护手单耳杯的X射线荧光分析结果与故宫博物院收藏的龙泉窑出土宋代青瓷釉的微量元素值基本一致，可推测HZC007、HZC024来自龙泉大窑。通过对HZC035元青花花鸟纹盘和HZC036元青花鱼藻纹高足碗的青花料进行X射线荧光分析，发现二者的微量元素差别较大，说明青花料的来源可能不一样，此问题十分值得深究。HZC038、HZC039两件寿山石及HZC029青白玉荷叶形笔洗的X射线荧光光谱和激光拉曼光谱分析结果，与相关材质特性相符。

6.4 纠正文物名称

通过保护修复和分析工作，还可以纠正肉眼鉴定文物的错误。比如HZC065"铁灯"，修复前文物颜色符合铁器特征，经修复后发现为青铜器。又如HZC025"哥窑小碗"，对于其窑口，在保护修复前有三种观点，即哥窑、钧窑和龙泉仿哥窑。经过胎釉分析及保护修复，初步认定其为金元时期钧窑产品。

6.5 瓷器表面纹样的提取

这批文物中，不少瓷器釉面带有花卉类等印花纹饰，非常精致。但普通拍照方式很难将纹饰精准提取出来。而项目组采取贴敷描绘并利用电脑软件制作文物矢量纹样图的方式，对文物纹饰信息进行了准确、清晰的提取。

总之，本次保护修复项目文物种类多、病害多样，为项目组80、90后年轻技术人员提供了广阔的舞台，使他们在陶瓷器、青铜器、铁器、玉石器、漆木器等不同质地文物保护修复的各个步骤，如信息提取、分析测试、文物清理清洗、脱盐、缓蚀、焊接粘接、补配、整形、随色做旧等方面，都得到锻炼和提高。通过本项目的多方合作，达到了为地方搭建文物保护修复硬件基础、培养三五名文物保护修复人员、促进文物保护修复技术推广交流的合作工作任务，推进了山东省可移动文物保护修复网络体系建设，促进了山东文物保护事业发展。

（执笔人：白广珍）

注　释

① 苗建民、余君岳等：《青花瓷器产地判别研究》，《文物保护与考古科学》1997年第1期。
② 张茂林、汪丽华等：《历代定窑白瓷的 EDXRF 和 XAFS 分析》，《光谱学与光谱分析》2017年第5期。

临朐山旺古生物化石博物馆馆藏佛教造像保护修复项目

临朐山旺古生物化石博物馆

一、项目概况

山东临朐山旺古生物化石博物馆馆藏佛教石造像，主要出土于明道寺、大佛寺、小时家庄等处寺院遗址，其中明道寺舍利塔地宫出土数量最多。这批佛教造像数量大，题材丰富，雕刻工艺精湛，时代主要为北朝至隋唐时期，部分造像带纪年刻铭，风格特点与青州龙兴寺造像相似。造像材质分为石灰岩和滑石两类，以石灰岩为主，雕刻工艺有浮雕和圆雕，不少造像表面涂有彩绘和贴金。这些造像对整个古青州地区石造像的年代分期具有重要的参考价值，为研究古青州地区的佛教发展、雕塑艺术以及书法绘画等提供了宝贵的实物资料。

馆藏佛教造像被置于博物馆库房及展厅中保存与展示，进入博物馆之前处于埋藏环境中。2004年，曾对部分造像进行保护修复处理。佛造像受埋藏环境和出土后保存环境等因素影响，与周围环境发生作用引发各种病害，包括断裂、缺失、片状剥落、表面溶蚀、孔洞状风化、浅表性裂隙、结壳、污染、划痕、颜料脱落、早期不当修补等，亟需开展保护修复工作。

2018年，山东临朐山旺古生物化石博物馆委托曲阜市安怀堂文物工程设计有限公司编制了《山东临朐山旺古生物化石博物馆馆藏佛教石造像保护修复方案》。方案于2018年12月获山东省文物局批复同意。2019年11月，项目正式启动并组织专家召开论证会。2020年6月24日，项目顺利通过中期评审。2021年1月初，项目组完成馆藏佛教造像清洗、脱盐、加固、粘接、锚固、裂隙修复、修复效果检测、资料收集、修复档案整理等工作，召开了结项专家评审会。

二、文物基本情况

　　自20世纪80年代初期至今，临朐境内先后出土或征集数批北朝至隋唐时期的佛教造像，其风格特点与以青州龙兴寺为代表的造像有颇多相似处。这批佛教造像主要出土于明道寺、大佛寺、小时家庄等处寺院遗址，其中以明道寺舍利塔地宫出土数量最多。2004年曾对21件佛造像进行清洗、脱盐、粘接、补全等保护修复处理。

　　此次保护修复的临朐山旺古生物化石博物馆馆藏佛教造像，较为完整者有46尊，另有造像残躯212件、背光顶部佛塔8件、佛头像76件、佛足部1件、造像柱脚77件、造像手部11件、莲花底座5件和残块811块。其中，三级文物有北齐背光式右胁侍菩萨像（文物号78），北齐背光式石雕佛菩萨像（文物号79），北齐石佛头像（文物号80、81、82、83）。

三、文物分析检测

3.1 佛教造像保存状态分析

　　临朐山旺古生物化石博物馆馆藏佛教造像受埋藏环境和出土后保存环境等因素影响，与周围环境发生作用引发各种病害，主要包括断裂、缺失、片状剥落、表面溶蚀、孔洞状风化、浅表性裂隙、结壳、污染、划痕、颜料脱落、早期修补材料老化等。具体病害情形如下（图1至图12）。

图1 F153、F139北齐圆雕菩萨像残躯断裂　　　　图2 F2北齐圆雕石佛立像手臂和手指缺失

图3 F106北齐背光式左胁侍菩萨像片状剥落　　　图4 F380北齐背光式石雕造像表面溶蚀

图5 F629北齐菩萨像孔洞状风化　　　图6 F68背光式石雕佛菩萨胸部浅表性裂隙

图7 F4北齐石佛头像面部白色结壳　　　图8 F83北齐菩萨头像纹饰泥土附着

图9 F5北齐石佛头像编号和标签　　　图10 F150北齐菩萨像残块烟熏污染

图11 F629北齐菩萨像颜料脱落　　　　图12 F280北齐造像碑残块早期粘接

项目组通过对造像材质的分析研究，发现其材质主要为石灰岩、滑石，又有汉白玉、花岗岩、陶质及其他材质佛造像（表1、图13）。

表1　馆藏佛教造像材质统计表

序号	材质	数量	占比
1	石灰岩	1027	84.39%
2	滑石	99	8.13%
3	汉白玉	38	3.12%
4	花岗岩	12	0.99%
5	陶器	26	2.14%
6	其他材质	15	1.23%
	合计	1217	

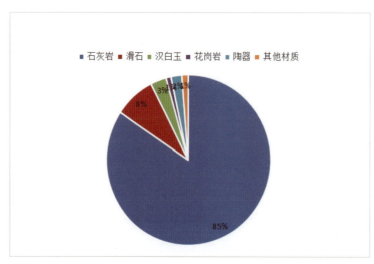

图13　馆藏佛教造像材质统计图

馆藏佛教造像的病害方面，主要有溶蚀、结壳和污染。溶蚀区域的主要成分是碳酸钙，发生酸腐蚀后，腐蚀产物碳酸氢钙会溶解并释放出CO_2破坏岩石表面，形成溶蚀孔洞；结壳区域的主要成分是石膏，是碳酸钙与硫元素反应形成的腐蚀产物；表面污染物的主要成分是可溶盐和泥土，是文物埋藏过程中与环境接触后发生物理、化学反应的结果。这些病害不仅影响美观，而且有可能引起文物的进一步腐蚀，应当予以去除。

3.2 佛教造像成分分析

使用X射线衍射仪分析石佛造像材质，样品的XRD测试分析结果见表2、图14。

表2　造像X射线衍射分析结果

样品编号	主要物相
1	方解石（$CaCO_3$）94.9%、石英（SiO_2）2.3%、白云石[$CaMg(CO_3)_2$]2.8%
5	方解石（$CaCO_3$）5.3%、白云石[$CaMg(CO_3)_2$]94.7%

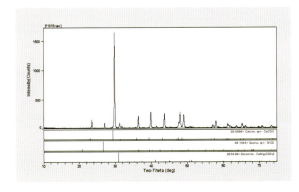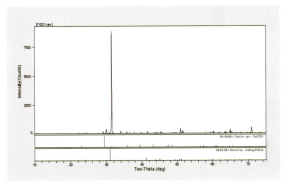

图14　石佛造像X射线衍射图谱

X射线衍射结果表明，石佛造像有两种材质，其中一种含有大量的$CaCO_3$，为石灰岩材质；另一种为白云石材质$CaMg(CO_3)_2$。

3.3 佛教造像病害分析

项目组通过三维视频显微镜观察馆藏佛教造像病害处显微形貌，结果见图15。

馆藏佛教造像病害处有着明显的颜色差异，可能是化学成分的不同导致的。使用扫描电镜搭配能谱仪观测病害处形貌及元素分布，样品分析结果如图16、图17、图18、表3、表4、表5所示。

F742号馆藏佛教造像溶蚀

F1024号馆藏佛教造像结壳

F743号馆藏佛教造像污染

图15 馆藏佛教造像病害三维视频图像

图16 2号样品的显微图像

表3　2号样品的能谱分析结果（wt%）

图样号	Na	Mg	Al	Si	S	Ca	Fe
lq2-1	–	–	–	–	–	100	–
lq2-2	–	2.2	2.2	4.7	6.5	81	3.7
lq2-3	–	–	–	2.8	–	95.4	1.9
lq2-4	1.8	4.5	1.8	4.5	–	85	2.4

　　腐蚀坑内由黏土矿物填充，有S、C、O等元素存在。6.5%的S元素仅能和8.1%的Ca元素发生反应，剩余Ca元素含量高达72.9%。C、O元素是导致圆形凹坑形成的主要原因，在水环境中C、O元素会与Ca元素反应形成碳酸氢钙并溶解释放出CO_2，释放出的CO_2气体将遵循最小表面能原理，以圆形逸出并在造像表面留下相同形状的腐蚀坑，化学反应过程如下。

$$CaCO_3+SO_2+H_2O \rightarrow CaSO_3+CO_2 \qquad （4-1）$$

$$CaCO_3+O_2+2H_2O \rightarrow CaSO_4 \cdot 2H_2O \qquad （4-2）$$

$$CO_2+H_2O+CaCO_3 \rightarrow Ca(HCO_3)_2 \qquad （4-3）$$

$$Ca(HCO_3)_2 \rightarrow CO_2+H_2O+CaCO_3 \downarrow \qquad （4-4）$$

图17　3号样品的显微图像

表4　3号样品的能谱分析结果（Wt%）

表4　3号样品的能谱分析结果（Wt%）

图样号	Si	S	Ca
lq3-1	3.7	17.7	78.3

结壳含有Ca、S元素，空气中的S元素与馆藏佛教造像胎体反应形成了石膏结壳。

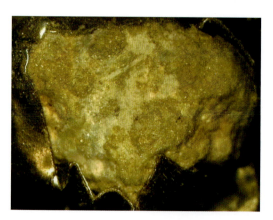

图18　4号样品的显微图像

表5　4号样品的能谱分析结果（Wt%）

图样号	Na	Mg	Al	Si	Cl	K	Ca	Fe
lq4-1	–	6.7	2.5	14.2	3.3	3.3	67.1	2.5
lq4-2	–	12.4	2.4	5.3	–	–	76.6	3.4
lq4-3	–	1.8	1.6	5.5	–	–	89.5	1.6
lq4-4	3.4	18.5	–	6.8	2.4	–	64.4	3.9
lq4-5	–	1.1	–	2.5	–	–	95.3	1.1

山东临朐山旺古生物化石博物馆馆藏佛教造像的表面污染物以泥土为主，在某些区域可以观察到可溶盐NaCl的存在。

四、保护修复

4.1 除尘、清洗

对于易清理部位，用毛刷除尘、贴纸除尘、棉签除尘、擦拭去污等方法。

对于较难清理的、生物病害、微生物病害、水锈结壳、人为污染等，用手工机械清理、高温蒸汽清洗等方法。

对于顽固性污染物，用EDTA-2Na水溶液贴敷软化、高温蒸汽清洗等方法，尽可能减少强化学溶剂的使用。

4.1.1 贴纸法除尘

孔隙内部常有积尘堵塞，对孔隙内部的积尘选择用贴纸法去除：准备木浆纸、去离子水、软毛刷等工具。将木浆纸重叠三层，用软毛刷蘸取去离子水浸湿木浆纸，将浸湿的木浆纸贴敷于孔隙较密集处，用软毛刷轻轻将木浆纸拍打压实。贴敷时间为30—60分钟，使木浆纸充分吸收石质表面积尘，待木

图19 贴纸法除尘

浆纸完全干透后将其揭下。此方法可最大程度将石质文物孔隙中的积尘清洗干净，且操作较为简单、安全（图19）。

4.1.2 棉签法除尘

因文物形制所限，多数雕刻精美的角落沟壑处不能用毛刷法除尘、贴纸法除尘或擦拭法去污（沟壑处较为隐蔽，不易清洗），所以选择用棉签法除尘（图20）。棉签法除尘具有工具体积小、灵活性高、有针对性等特点。用棉签蘸取去离子水或2A乙醇溶液对角落沟壑处进行清洗。重复2—3遍，可取得较好效果。此方

图20 棉签法除尘

法的使用可最大限度降低因摩擦等因素对石质表面所造成的损害。但因文物形制所限，此方法比较耗时。

4.1.3 擦拭法去污

擦拭清洗法适用于面积较大、较为平整、无精细雕刻的石质文物积尘病害及动物病害的清理（图21）。

图21 擦拭法去污

4.1.4 激光清洗

激光清洗的基本原理：污物和石材表面之间的结合力主要为物理作用力和弱化学作用力，弱化学作用力包括氢键和电荷转移形成的键能等，物理作用力包括范德华力（包括静电、诱导和色散作用）以及毛细作用力等。石材比其他硬表面材料更难清洗的原因是，天然石材存在大量微孔隙，微孔隙的毛细作用力不仅使污物与石材之间的各种结合力得到了增强，同时其包裹作用使各种清洗的外力难以发挥作用。激光是一种单色性和方向性都很好的光辐射，通过透镜组合可以聚焦光束，把光束集中到一个很小的范围或区域中。激光光束可以产生三个方面的作用：

一是会在固体表面产生力学共振现象，使表面污垢层或凝结物碎裂脱落；二是会使表面污垢层受热膨胀，从而克服基体物质对污垢粒子的吸附力，使污垢粒子脱离物体表面；三是在瞬间使污垢分子蒸发、气化或分解。

4.1.5 高温蒸汽清洗

蒸汽清洗也叫饱和蒸汽清洗，是在一定的温度和压力条件下，对表面的污染物颗粒进行溶解、汽化蒸发，使饱和蒸汽清洗过的石质表面达到去污洁净的状态。蒸汽清洗的好处在于该方法属于物理方法，使表面污垢层在急速受热下迅速膨胀、崩解，削弱或抵消基体与污物之间的粘结力作用，不会对文物本体造成损坏以及化学物质残留。蒸汽喷射清洗是众多清洗

图22 高温蒸汽清洗

方法中清洗效率最高、无附加、绿色环保的新型清洗方法。尽管属于湿法清洗，但由于干燥迅速，并没有引起类似低压喷水清洗时导致的粘接部位泥灰溶胀、可溶盐迁移和微生物繁殖等危害，也没有造成高压喷水清洗导致的脆弱石雕边角部位脱落的危险。蒸汽清洗法冲击力相对较小，仪器的压力还可以调节。清洗效率是水流清

洗效率的3—4倍。蒸汽清洗可以进入凹面内部并有效切入细小的孔洞与裂隙，在对文物本体造成最小损害的前提下，剥离并去除其中的污渍和残留物。针对不同的顽固污渍，可以通过调节温度与压力达到不同程度的清洗效果（图22）。

4.1.6 顽固性结垢物清洗

石质文物表面存在的水泥污染、铁锈污染、油漆等，在清洗过程中应尽量去除。水泥污染物的清理，可使用机械法配合化学试剂软化（乙醇、丙酮混合溶剂）及离子交换等进行。2A试剂、3A试剂贴敷法、蒸汽清洗法均能对表面涂料污染物取得良好的清洗效果。其中，蒸汽清洗法清洗过后，表

图23 顽固性结垢物清洗

面涂料污染物清洗效果明显且石质本体并无明显颜色变化，效果最佳（图23）。

4.1.7 洁牙机清洗

洁牙机清洗主要针对顽固性结壳物，通过洁牙机的超声波可将顽固性物质震碎，然后通过洁牙机产生的水雾把碎屑冲洗干净。洁牙机清洗法仅对石质文物表面结垢物有效，并不损伤文物本体（图24）。

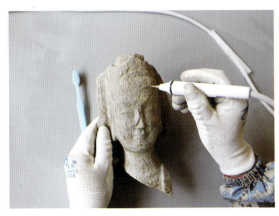

图24 洁牙机清洗

4.2 表面脱盐

吸附脱盐是主要的脱盐修复方法，一般采用纤维纸、纸浆、脱脂棉、纱布、

膨润土等吸附物质，以水作为溶剂，使水渗入岩石微孔而溶解可溶盐类。将纯木浆纸浸泡在去离子水中，待其完全浸湿后反复搅拌，直到纯木浆纸结构完全改变为糊状。使用软刷在需要脱盐的区域均匀涂抹一层纸浆，边涂抹边用软刷压按，确保其与石材表面完全贴合，待完全干燥后取下（图25）。

使用电导率仪检测脱盐效果。先将脱盐纸浆浸泡在纯净水中使可溶盐全部溶解到水中，检测水溶液的电导率值。电导率值越高，水溶液的导电离子量越大，可溶盐的含量越多；反之，电导率值越低，水溶液的导电离子量越少，可溶盐的含量越少。纸浆中含可溶盐量越少，证明贴敷区域本体含可溶盐量越少。根据电导率值的大小确定脱盐效果，决定脱盐次数（图26）。

图25 表面脱盐

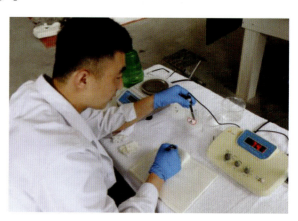

图26 脱盐效果检测

4.3 修复

4.3.1 裂隙修复

首先用毛刷将碎屑、杂物清除干净，然后采用Remmers乙醇溶液灌浆加固风化严重部位，用低浓度材料（Remmers 300E:乙醇=1:20）加固。

具体操作方法：清理和脱盐处理并待表面干燥后，涂刷渗透加固保护材料。需从下往上涂刷，保证不形成挂流。根据风化程度的不同，涂刷1—2次。待表面无明显积液后，在水硬性石灰中添加偏灰高岭土和膨胀剂，增强修复韧度（料浆石:偏灰高岭土:石英砂=1:0.25:1.25），水

图27 局部裂隙修复

灰比约为0.35。用小型号的修复刀勾缝，勾缝部位下方铺垫一层吸水用毛巾，防止浆液下滴至文物表面造成二次污染（图27）。勾缝填浆要压实，确保浆液与文物缝隙严密结合，修补过程中要多次喷水养护（保持其湿度、温度）。修补程度需遵循文物可识别性原则，使修补部位略低于文物表面1—2毫米，有纹样的部位修补时要严谨，需参考文物本体相似部位的纹样进行修复。修复部位要有可辨识性，即"远看一致，近看有别"。

4.3.2 开裂块体回贴、锚固及表面修复

对断面的清洗必须仔细，工艺同上。断面及风化部位预加固，宜采用低浓度有机硅类加固材料（Remmers 300E: 乙醇=1:90），在常温下刷涂渗透。

对于局部浅表性裂隙，用针注法将体积比为1:10的Remmers乙醇溶液注入裂隙来加固。加固过程中避免加固剂溢撒，及时使用脱脂棉吸除边缘多余加固剂。小型残块无需过高的粘接强度，可用5%浓度的B72作初级胶结面，再用环氧树脂粘接。对于表面彩绘贴金，选用1.5%浓度的B72的丙酮（可改为乙酸乙酯）溶液喷涂（2004年曾用B72加固个别石造像彩绘，取得较好效果）。粘接材料选择环氧树脂，其粘接力强、性能好，应用较多。由于环氧树脂在自然环境中的固化速度慢，在常温下需加入一定的固化剂、促进剂才能很好地聚合。可选用双组分环氧树脂作为粘接剂。

根据这批石质文物的具体情况，锚杆选用粘接性锚杆较为合适，粘接锚杆可以根据使用需要提供所需的锚固力，而且适应性强，且能沿钻孔全长注浆锚固。参考钢筋杆体净截面承载力（M20/16号不锈钢屈服载荷7.66×10^4N，剥落块体质量约30kg），R=40mm的不锈钢圆钢能满足要求。锚件长度不得超过岩石表面，安装后锚件顶面低于岩石表面5毫米为宜（图28）。

4.3.3. 残缺部位补形

（1）评估补配迫切程度：依据器物形态、完整程度等先行评估补配必要性，如不影响器物力学稳定性，可酌情作补配；如对器物整体的力学结构产生影响，则进行补配。

（2）片状起翘未剥落：除去石片表面及缝隙的灰尘和碎石粉，清洗干净并自然风干。将适量调制好的粘接修补材料均匀地抹在石片的剥离面，然后压紧，最后修补边缘。

图28 残缺块体回贴、锚固过程

（3）较小缺失部位、划痕、片状脱落等：使用天然水硬性石灰加入与原画像石材质相同的石粉进行修补。曾用石膏或水泥等修补的部位，应先剔除。

（4）较大残缺部位：找出补配依据，使用与原文物材质相同的石材，雕刻成型，作初级胶结面后粘接补配（图29、图30、图31）。

图29 残缺部位补形

残块拼接 清洗脱盐

裂隙灌浆 固定

表面修复 修复完成

图30 多块体拼接修复（F280、F271、F276、F279、F265、F574、F973、F1049、F1076、F110）

修复前

归安复位

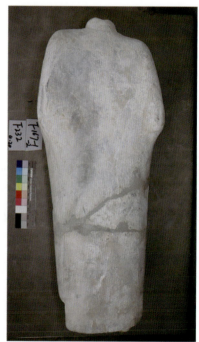

灌浆修复

修复完成

图31 断裂造像修复（F167、F232）

五、结语

临朐佛教造像多出土于明道寺遗址，年代主要为北朝时期。这批造像题材丰富，雕刻手法自由多变，其中带纪年铭文的造像为古青州地区的造像年代排序提供了重要的实物资料。为更好保护和利用这批珍贵的文化遗产，山东临朐山旺古生物化石博物馆启动了佛教造像保护修复项目。该项目历时一年多，共保护修复文物1247件，为博物馆培养了3名文物修复人员。在项目执行过程中，项目组得到了山东省文物保护修复与鉴定中心的技术指导，保护修复工作在劣化机理、加固材料、施工工艺、效果评估、管理制度等各个方面都取得了丰富的成果。修复过程中采用的检测分析方法，是近年来我省在可移动文物保护修复方面做出的重要尝试，项目注重将传统工艺与现代科技相结合的模式也具有创新性和可推广性。

该保护修复项目通过科学有效的除尘、清洗、脱盐、加固、裂隙修复等技术手段，消除了文物病害，减缓了石质文物破坏速率，使其得到有效保护。造像经过清洗后，精美的石刻艺术得以呈现；通过对断裂块体实施锚固、粘接，造像整体性更好。结项后，博物馆收集整理基础资料、档案记录和技术资料，出版了《馆藏佛教石造像保护修复实录》一书，为同类项目的实施提供了有益借鉴。该项目也是全省可移动文物保护网络体系建设带动区域发展的成功范例。

下一步，我们将加强文物保护修复效果的跟踪检测，为同类文物修复提供数据支撑。同时，完善佛教造像文物本体日常维护管理体系，加强日常维护工作。

（执笔人：衣同娟）

山东博物馆藏全形拓片保护修复项目

山东博物馆

一、概况

清代金石学繁荣，山东籍及宦游山东的金石学者名家辈出，在中国金石学史上书写了浓重一笔。山东博物馆收藏有105件（套）186轴全形拓，所拓原器类型多样，名器众多；就拓本而言，技法类型齐全，名家题跋众多。无论是对原器的研究，还是对全形拓技法的研究来说，这批全形拓均是不可多得的珍贵资料。此次保护修复的全形拓共计26件（套）42轴，全部为山东博物馆藏品。项目自2020—2021年分三阶段实施。

二、文物基本情况

这批拓片文物具有鲜明的时代及地方特色，能反映出历史上山东地区乃至全国金石研究水平，以及当时社会名流的社会交流及文化水平、艺术发展状况，是研究当地社会、历史和文化发展的珍贵资料，具有极高的历史、艺术和科学价值。其年代自公元1800年至民国时期，时间跨度约130年，基本涵盖了全形拓制作的各个阶段。本次保护修复的全形拓文物基本信息见表1。

表1 全形拓文物基本信息表

序号	名称	总登记号	年代	文物级别	尺寸（cm）	数量	质地	病害程度
1	周中义父罍拓本轴	51171	清	三级	144×69	1	纸本	重度
2	周齐侯罍格伯簋拓本轴	51172	清末民国	三级	185×66	1	纸本	重度
3	周驭方鼎拓本轴	51176	清	三级	165×66	1	纸本	轻度
4	周驭方鼎拓本轴	51177	清	三级	153×60	1	纸本	中度

序号	名称	总登记号	年代	文物级别	尺寸（cm）	数量	质地	病害程度
5	清寰盘拓本轴	51188	清	三级	160×60	1	纸本	中度
6	虢叔大林钟拓本轴	51194	清	三级	138×42	1	纸本	重度
7	虢叔大林钟拓本轴	51200	清	三级	183×62	1	纸本	中度
8	寰盘拓本轴	51201	清	三级	185×62	1	纸本	中度
9	右丞宫鼎拓本轴	51223	清	三级	141×48	1	纸本	中度
10	齐侯四器拓本屏	51353	清	三级	146×50	4	纸本	中度
11	簠斋藏陶器拓本屏	51356	清	三级	94×34	4	纸本	中度
12	虢叔大林钟拓本轴	51435	清	三级	163×73	1	纸本	中度
13	齐侯罍拓本轴	51436	清	三级	163×73	1	纸本	重度
14	郑伯寰盘拓本轴	51437	清	三级	163×73	1	纸本	中度
15	者姛方爵拓本轴	51438	清	三级	163×73	1	纸本	中度
16	簠斋藏陶器拓本屏	51498	清	三级	103×50	4	纸本	中度
17	毛公鼎拓本轴	51425	清	三级	170×81	1	纸本	重度
18	陈簠斋藏陶器拓本屏	51566	清	三级	146×38	3	纸本	重度
19	陈簠斋藏西汉铜器拓本屏	51567	清	三级	130×36	3	纸本	重度
20	西汉铜器拓本屏	51651	清	三级	121×43	4	纸本	中度
21	周师酉簋全形拓片	086226	清	一般	118×56	1	纸本	中度
22	汉君宜子孙笔洗拓片	086317	民国	一般	123×60	1	纸本	中度
23	周父辛罘全形拓片	086260	清	一般	100×34	1	纸本	中度
24	周丰子尊全形拓片	086262	清	一般	150×58	1	纸本	中度
25	周鼎全形拓片	086267	民国	一般	190×90	1	纸本	重度
26	周钟全形拓片	086268	清	一般	230×74	1	纸本	重度

三、分析检测

针对该批全形拓片文物的病害现状、纸张材质、劣化程度等状况，项目组运用现代分析检测手段进行了分析检测。检测工作主要包括纸张纤维分析、霉菌分析、酸度检测、白度检测四部分，目的在于通过检测，分析纸张类型和霉菌种类，选取合适的修复用纸，并确定文物是否需要进行脱酸保护等，为下一步保护修复提供基础。

3.1 纤维分析

3.1.1 三维视频显微观察

对拓片51171画芯脱落样品进行显微观察，确定拓片纤维的状态以及表面颜料的状态。经检测，可见样品纤维间有大量颗粒，颜料有脱落现象，纤维较疏松（图1）。

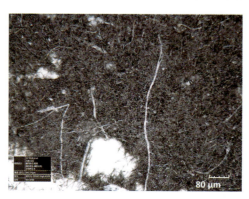

图1　51171样品黑色颜料部位显微观察

3.1.2 纤维分析鉴定

将拓片51171、086267画芯表面脱落样品进行处理后，使用纤维测量仪观察纤维的形态特征及染色情况。

经检测，两个样品的纤维较长，较为僵直，很少有弯曲现象。表皮细胞都平滑无齿痕，导管分子比较粗大，分析为竹纤维。该纤维样品杂质较少，洁净度高，故该批拓片使用的应为质量较高的竹纸（图2、图3）。

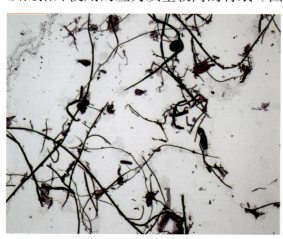

图2　51171样品纤维形态图

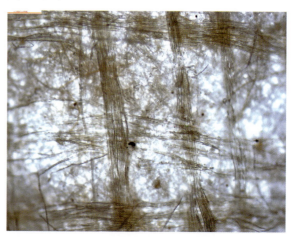

图3　086267样品纤维形态图

3.2 霉菌分析

3.2.1 扫描电子显微镜和能谱分析

对霉菌严重的086267周鼎全形拓片画芯脱落样品进行分析，可见其纤维间有大量颗粒状物，洁净度较低，同时可见菌丝，且纤维有断裂（图4）。

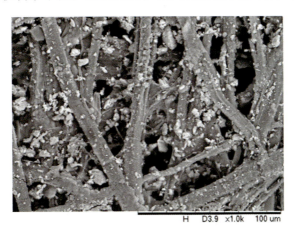

图4 086267画芯脱落样品背散射图

3.2.2 显微观察

在画芯上选取病害严重的两点A、B（图5），使用超景深显微镜观察A点霉菌对纸纤维的侵害（图6）。使用Leica S8AP0型显微测量显微镜对两处典型霉变位置的纤维结构、霉斑侵害等情况进行观察，获取显微照片（图7、图8）。

图7中，黑色颗粒状的霉菌占大多数，有不明显的菌丝存在。图8中，左侧上部有颜色浅于黑霉颗粒的黄绿色霉菌颗粒菌丝，但不太明显，可以看出宣纸的青檀皮

图5 选取测试的纸张霉变处

图6 A处霉斑超景深显微照片

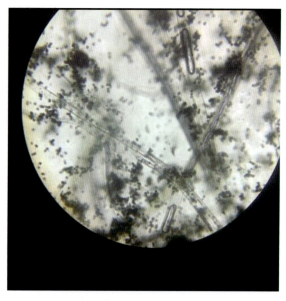

图7 A处霉斑显微照片（400×）

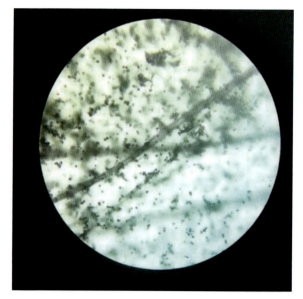

图8 B处霉斑显微照片（400×）

纤维和稻草纤维结构。图6中，霉斑对纸张的浸润清晰可见。通过与标准黑霉和曲霉显微照片进行比对，可以分析出该样品霉斑处霉菌主要为黑霉和曲霉，还有少量的青霉存在。

黑霉属于最严重的霉菌病害，会令纸张产生不可逆的黑色霉斑，并且黑霉在环境适宜时繁衍很快，菌丝会分解纤维素，使纸张絮化。

3.3 文物酸度检测

酸度过高会使纸质文物的纤维发生纤维素链断裂，导致纸张变脆，所以应尽量使其pH值显碱性，避免纤维酸化。比较修复前后的pH值变化，即可直观看出修复工作是否有效改善了文物的酸化病害。

一般在文物清洗完毕后，使用饱和除酸液进行除酸。在本次全形拓文物保护修复工作中，项目组使用饱和氢氧化钙溶液作为除酸剂。以7套16件文物的酸度检测为例，修复前后检测结果见表2。

表2 拓片修复前后酸度测定对比

序号	文物名称	编号	修复前酸度	修复后酸度	除酸效果
1	周中义父霝拓本轴	51171	6.054	6.743	效果明显达到预期
2	虢叔大林钟拓本轴	51200	5.654	6.573	效果明显达到预期
3	簠斋藏陶器拓本屏	51498-1	6.045	6.743	效果明显达到预期
4	簠斋藏陶器拓本屏	51498-2	6.135	6.895	效果明显达到预期
5	簠斋藏陶器拓本屏	51498-3	6.264	6.774	效果明显达到预期
6	簠斋藏陶器拓本屏	51498-4	6.214	6.884	效果明显达到预期

序号	文物名称	编号	修复前酸度	修复后酸度	除酸效果
7	毛公鼎拓本轴	51425	6.450	6.670	效果明显达到预期
8	周父辛罍全形拓片	08260	6.040	6.840	效果明显达到预期
9	齐侯四器拓本屏	51353-1	下部正中7.82 左上角7.57 左下角7.98 上部正中7.03 右下角7.99 右上角7.04 中部7.38 印章处7.66	下部正7.81 左上角7.68 左下角7.79 上部正8.03 右下角7.97 右上角7.87 中部7.63 印章处7.73	效果明显 达到预期
10	齐侯四器拓本屏	51353-2	下部正中6.06 左上角5.18 左下角5.72 上部正中5.30 右下角5.98 右上角5.20 中部5.65 印章处5.62	下部正7.36 左上角7.21 左下角7.38 上部正7.37 右下角7.12 右上角7.51 中部7.97 印章处7.49	效果明显 达到预期
11	齐侯四器拓本屏	51353-3	下部正中6.23 左上角5.31 左下角5.92 上部正中5.78 右下角6.32 右上角5.46 中部5.67 印章处5.14	下部正7.75 左上角7.85 左下角7.77 上部正8.22 右下角7.65 右上角8.30 中部7.36 印章处7.83	效果明显 达到预期
12	齐侯四器拓本屏	51353-4	下部正中6.00 左上角5.21 左下角5.74 上部正中5.51 右下角6.07 右上角5.32 中部5.66 印章处5.36	下部正7.43 左上角7.52 左下角7.57 上部正7.55 右下角7.34 右上角7.61 中部7.61 印章处7.71	效果明显 达到预期
13	西汉铜器拓本屏	51651-1	下部正中6.01 左上角6.38 左下角6.51 上部正中6.39 右下角7.06 右上角6.44 中部6.01 印章处7.04	下部正7.74 左上角7.76 左下角7.31 上部正7.27 右下角7.55 右上角7.34 中部7.56 印章处7.40	效果明显 达到预期
14	西汉铜器拓本屏	51651-2	下部正中6.61 左上角5.12 左下角5.37 上部正中5.15 右下角5.18 右上角5.17 中部5.10 铭文处4.99	下部正7.90 左上角7.61 左下角7.68 上部正7.74 右下角7.67 右上角7.10 中部7.68 铭文处7.81	效果明显 达到预期

序号	文物名称	编号	修复前酸度	修复后酸度	除酸效果
15	西汉铜器拓本屏	51651-3	下部正中5.22 左上角5.48 左下角4.83 上部正中5.11 右下角4.87 右上角5.34 中部5.13 印章处5.22	下部正7.25 左上角7.29 左下角7.18 上部正7.26 右下角7.14 右上角7.19 中部7.31 印章处7.28	效果明显 达到预期
16	西汉铜器拓本屏	51651-4	下部正中5.27 左上角4.94 左下角5.32 上部正中5.05 右下角5.31 右上角4.99 中部5.06 铭文处5.02	下部正8.47 左上角9.07 左下角8.32 上部正8.91 右下角8.55 右上角8.73 中部8.94 铭文处8.87	效果明显 达到预期

3.4 文物白度检测

白度是指物质表面白色的程度。测定白度的仪器有多种，主要是光电白度计，不同的仪器，检测标准不完全相同。习惯上把白度的单位"%"作为"度"，如周中义父霝拓本轴的左下角位置修复前测得白度为44.3%，即表示为44.3度。测试文物本体纸张的白度，可以为修复用纸的选择提供依据。同时，也可以对比观察文物本体保护修复前后，特别是污染物经过清洗后的明度变化。以7套11件文物的白度检测为例，检测结果见表3。

表3　拓片修复前后白度测定对比

序号	文物名称	编号	修复前白度	修复后白度	清洗效果
1	周中义父霝拓本轴	51171	左下角44.3	左下角46.4	清洗效果较明显 达到预期
2	虢叔大林钟拓本轴	51200	左下角18.3	左下角20.1	清洗效果较明显 达到预期
3	簠斋藏陶器拓本屏	51498-1	左下角40.2	左下角40.8	清洗效果较明显 达到预期
4	毛公鼎拓本轴	51425	左下角55.9	左下角56	清洗效果较明显 达到预期
5	周父辛罍全形拓片	08260	左下角25.9	左下角28.3	清洗效果较明显 达到预期
6	齐侯四器拓本屏	51353-1	左下角17.9 右下角17.1 左上角12.1 右上角12.4 正中18.6上 部正中16.2	左下角29.4 右下角28.4 左上角22.8 右上角21.2 正中25.9 上部正中22.9	清洗效果明显 达到预期

序号	文物名称	编号	修复前白度	修复后白度	清洗效果
7	齐侯四器拓本屏	51353-2	左下角18.6 右下角19.7 左上角12.7 右上角12.8 正中19.7 上部正中16.3	左下角32.3 右下角30.0 左上角23.9 右上角21.7 正中26.9上 部正中22.1	清洗效果明显 达到预期
8	齐侯四器拓本屏	51353-3	左下角16.9 右下角17.3 左上角12.5 右上角12.1 正中16.6上 部正中15.4	左下角25.7 右下角27.3 左上角19.0 右上角19.3 正中23.7 上部正中18.6	清洗效果明显 达到预期
9	齐侯四器拓本屏	51353-4	左下角19.9 右下角18.6 左上角12.5 右上角12.3 正中18上部 正中15.4	左下角30.8 右下角32.0 左上角20.2 右上角20.3 正中25.5 上部正中21.0	清洗效果明显 达到预期
10	西汉铜器拓本屏	51651-1	左下角9.7 右下角9.7 左上角4.7 右上角3.6 正中6.6上 部正中4.8	左下角21.2 右下角22.4 左上角13.1 左上角12.8 正中18.1 上部正中13.6	清洗效果明显 达到预期
11	西汉铜器拓本屏	51651-2	左下角8.8 右下角10.3 左上角4.4 右上角4.9 正中6.6 上部正中4.7	左下角22.3 右下角24.8 左上角13.8 右上角15.2 正中16.1 上部正中15.5	清洗效果明显 达到预期

由这7套11件文物的修复前后白度测定对比可以看出，所有文物的白度在经过清洗、脱酸和保护修复后都有所提高。其中周中义父霝拓本轴、虢叔大林钟拓本轴、簠斋藏陶器拓本屏、毛公鼎拓本轴等文物的白度变化较小，修复后白度提高程度小于5%，原因可能是文物原纸张设色稳定，受到的污染较小。齐侯四器拓本屏、西汉铜器拓本屏等多件文物修复后的白度提升较高，最多提高210%，清洗效果明显，可能是文物原纸张设色较不稳定以及受到的污染较严重等原因所致。

3.5 文物色差检测

记录L、a、b三个数据值，根据文物色差值中三个变量的变化，即可看出文物清洗、脱酸的效果，为以后的修复工作提供依据。此外，色差的测定还可以作为后期补色的依据，将画芯清洗后的色差值测量出后，以此为依据染配补纸，从而大大提升修复画芯的效率。以7套8件文物的色差检测为例，检测结果见表4。

表4 拓片修复前后色差测定对比

序号	文物名称	修复前色差	修复后色差	△E	效果
1	周中义父罍拓本轴	左下角： L=63.54 a=6.12 b=15.98 右下角： L=70.98 a=7.06 b=16.06	左下角： L=70.29 a=6.19 b=16.91 右下角： L=68.16 a=6.91 b=17.79	6.81 3.31	清洗后文物提亮明显
2	虢叔大林钟拓本轴	左下角： L=78.84 a=3.24 b=10.26 右下角： L=82.14 a=2.56 b=11.24	左下角： L=81.82 a=3.22 b=11.63 右下角： L=81.69 a=3.40 b=13.01	3.28 2.01	清洗后文物提亮明显
3	簠斋藏陶器拓本屏	左下角： L=70.26 a=6.12 b=14.01 右下角： L=71.32 a=5.12 b=14.22	左下角： L=74.54 a=6.67 b=14.90 右下角： L=76.00 a=4.68 b=15.05	4.41 4.77	清洗后文物提亮明显
4	毛公鼎拓本轴	左下角： L=88 a=2.59 b=8.99	左下角： L=86.70 a=2.36 b=8.06	1.61	清洗后文物提亮不明显
5	周父辛罍全形拓片	右下角： L=72.91 a=6.10 b=17.31	右下角： L=74.29 a=5.81 b=16.67	1.55	清洗后文物提亮不明显
6	齐侯四器拓本屏	上部正中： L=64.05 a=8.57 b=23.09 左上角： L=61.07 a=9.06 b=23.32 中部： L=66.74 a=8.22 b=22.07 右下角： L=65.87 a=8.22 b=21.97 左下角： L=67.58 a=7.86 b=21.45	上部正中： L=71.67 a=6.20 b=17.86 左上角： L=70.11 a=6.73 b=18.86 中部： L=74.21 a=5.61 b=16.99 右下角： L=72.92 a=6.18 b=17.62 左下角： L=75.86 a=5.23 b=15.97	9.54 10.35 7.83 8.53 10.27	清洗后文物提亮明显
7	齐侯四器拓本屏	上部正中： L=63.43 a=8.36 b=22.15 左上角： L=62.14 a=8.79 b=22.86 中部： L=67.70 a=7.81 b=21.87 右下角： L=68.19 a=7.79 b=21.54 左下角： L=68.95 a=7.29 b=20.65	上部正中： L=72.71 a=5.91 b=17.26 左上角： L=70.00 a=6.92 b=18.86 中部： L=75.22 a=5.48 b=16.44 右下角： L=75.26 a=5.53 b=16.27 左下角： L=76.11 a=5.34 b=15.83	10.77 9.02 9.40 9.10 8.85	清洗后文物提亮明显
8	西汉铜器拓本屏	上部正中： L=45.59 a=8.00 b=18.86 左上角： L=44.44 a=8.29 b=19.03 中部： L=47.91 a=7.86 b=19.21 右下角： L=54.21 a=7.39 b=19.75 左下角： L=52.20 a=7.95 b=20.32	上部正中： L=56.81 a=5.15 b=14.18 左上角： L=55.26 a=5.47 b=14.45 中部： L=63.30 a=4.53 b=13.41 右下角： L=67.15 a=4.46 b=13.34 左下角： L=66.55 a=4.56 b=13.69	12.49 12.08 16.78 14.73 16.17	清洗后文物提亮明显

由上述7套8轴文物修复前后的色差L、a、b值对比可以看出，大部分文物的L值在经过清洗、脱酸和保护修复后都有所提高，a、b值变化不明显。其中周中义父盨拓本轴、虢叔大林钟拓本轴、簠斋藏陶器拓本屏、毛公鼎拓本轴等文物的L值变化较小，提高程度小于3%，原因可能是文物原纸张设色稳定，受到的污染较小。齐侯四器拓本屏、西汉铜器拓本屏等多件文物的L值提升较高，最多提高36.2%，纸张亮度提高，清洗效果明显，a、b值变化波动较大，纸张有清洗后偏蓝、偏绿的情况，应为文物原纸张设色不稳定以及受到的污染较严重所致。

四、文物典型病害的保护修复

对该项目内所包含的42轴文物的病害情况进行调查和分类，发现这批拓片文物存在的主要病害有以下类型：污渍（21轴）、断裂（25轴）、残缺（16轴）、水渍（11轴）、折痕（23轴）、脱色（2轴）、微生物病害（1轴）、开浆（10轴）、褶皱（14轴）。各病害占比权重见表5。

表5　全形拓片文物病害统计表

病害种类	污渍	水渍	折痕	断裂	残缺	微生物病害	开浆	脱色	褶皱
该病害文物数目	21	11	23	25	16	1	10	2	14
占比	50.0%	26.2%	54.8%	59.5%	38.1%	2.4%	23.8%	4.8%	33.3%

同为纸质文物，全形拓片的创作过程与传统书画有所区别：首先，全形拓片是由拓包蘸墨后多次锤拓而成，墨迹较厚、易结块，没有充分浸入纸张纤维中，且有分纸拓后粘接、分拓铭文和器物后粘于画芯等形式；其次，全形拓片与传统书画的写意不同，全形拓片可以说是写实的代表，修复时对准确度的要求高于传统书画修复。所以在整个项目的修复过程中，项目组针对全形拓片的特殊性，结合拓片形制、所拓原器形制和时代审美，总结了一套适用于各种全形拓片的保护修复方法。

以下重点介绍微生物病害严重的拓片文物如何修复、脱墨严重的拓片文物如何清洗。

4.1 微生物病害拓片的保护与修复——以周鼎全形拓片为例

4.1.1 文物病害情况

周鼎全形拓片，无款，推测为清末民国时期作品，其构图有不合理之处，所拓器物已经不可考。该件文物裱件开浆，纸与纸之间由于浆糊失效而造成一定程度的分离，绫边也有脱落现象。最严重的病害是霉菌，文物正反面都分布着霉菌斑点，严重处已经结块。此外，文物通体有污渍。由于浆糊失效，在修复前，项目组使用干揭手法将画芯完整取下（图9）。

图9 周鼎全形拓片修复前及画芯取样点

周鼎全形拓片画芯存在的主要病害有：微生物病害——霉变，污渍，褶皱，油渍，酸化。这里主要叙述霉变所导致的病害的解决方法，对于其他病害，按照传统的修复技法进行修复即可。

此次检测选取待修复书画中3个位置（图9中A、B、C点）进行pH值检测。利用HANNA HI 99171型便携式酸度测定仪连接HI 1414D型电极，对画芯的酸度进行无损检测。

将待检测的书画自然平铺在洁净的装裱案上，依次将一滴去离子水滴到画芯A、

B、C三点上，把pH测定仪的接触式电极与画芯表面接触，待读数稳定后记录pH值。该文物所检测部位A点pH值为5.20，B点pH值为5.36，C点pH值为4.90，均呈酸性。纸张酸化将导致其耐久性降低、脆化。此外，霉菌最适宜在pH值为4.0—5.8的偏酸性基质中生长，即酸性的纸张会加速霉菌生长、发育、繁殖。因此需要对偏酸性的纸张进行脱酸等处理。

4.1.2 霉菌病害的防治

①防霉剂的选择

由于该件文物上霉菌菌种较丰富，防治时应选择高效、低毒、广谱的防霉剂，并且不能影响纸质文物本体性状。此外，还要考虑防霉剂的最佳加入点、防霉剂的最低安全浓度、防霉剂与微生物接触所需要的时间等问题。

本次修复选择北京化工大学研制的"纳米TiO_2改性壳聚糖抗菌防霉剂"进行霉菌防治[①]。这种材料是用纳米TiO_2对壳聚糖进行改性制备的一种新型抗菌防霉剂。壳聚糖属于天然抗菌剂，具有良好的生物相容性，无毒副作用。纳米TiO_2属于光触媒杀菌材料，无毒无味，热稳定性好，甚至可以用于食品防霉。结合纳米TiO_2和壳聚糖的优点制备的TiO_2改性壳聚糖，具有良好的纸张防霉效果。

②防霉剂的效果测试

为了证明该防霉剂的效果，采用摇瓶法进行测试。将纳米TiO_2改性壳聚糖抗菌防霉剂喷涂于红星棉连宣纸表面，对比空白宣纸，考察日常光照环境下其对宣纸的防霉性能的影响。

具体做法是：将宣纸裁切成5cm×5cm大小的纸片，共准备24片，均分为两组，一组为空白宣纸的杀菌率测试样品，另一组为防霉剂处理过的宣纸杀菌率测试样品。将所有纸片放入装有稀释的黑曲霉菌菌液的摇瓶中，震荡间隔0.1、1、4、8、12、24小时，分6次取出。再放入培养基，在30℃恒温下继续培养48小时。然后各自取出，通过显微镜观察，计数，计算两种样品不同时段的杀菌率对比结果（表6）。

杀菌率（η）计算方法如下：

$$\eta = (A_0 - A_t)/A_0$$

其中，A_0为初始菌落数，A_t为间隔t小时后的菌落数。

表6　摇瓶法测试防霉剂杀菌率

杀菌率（η）	0.1h	1h	4h	8h	12h	24h
空白纸张组（%）	1	2	3	27	28	21
处理后纸张组（%）	1	2	3	60	76	98

表6的实验结果表明：空白纸组，纸张自身的杀菌率在12小时时达到最高，为28%，随着时间的推移，杀菌率持续下降；防霉剂处理后的宣纸组，24小时时对黑曲霉菌的杀菌率高达到98%左右，且持续有效。防霉剂处理后的纸张表面几乎无霉斑生长，霉菌得到较好杀灭，证明纳米TiO_2改性壳聚糖抗菌防霉剂具有很好的防霉特性。

③防霉剂的制备

准备好壳聚糖（0.1g）于烧瓶中，依次加入15ml去离子水、浓度为10%的醋酸5ml、0.05g纳米TiO_2、0.25ml环氧氯丙烷，然后搅拌均匀，用超声波振荡器振荡10分钟，加入100ml去离子水稀释制成防霉剂待用。

4.1.3 文物本体的修复

根据该件文物的病害情况，参考《中国书画文物修复导则》[②]，选择揭裱修复的方法进行修复，修复过程严格按照传统的修复方法进行，其间两次喷涂防霉剂除霉后，再进行脱酸处理。

具体修复方法与一般的书画文物揭裱修复方法相同，值得注意的是，在画芯清理过程中，使用和好的面团，一点点蘸取画芯表面的黑霉霉斑进行初步除霉。在蘸取时，需要用面团上下垂直蘸取，不可以像使用橡皮一样擦动，以防霉菌扩散。

除霉时，使用喷壶将配好的纳米TiO_2改性壳聚糖抗菌防霉剂均匀喷在画芯正面，待画芯稍微干燥后，再喷一次。然后在画芯上覆盖聚乙烯薄膜，静置48小时，等待除霉完成。48小时后打开薄膜，静置2小时后，用喷壶喷一层饱和丙酸钙水溶液作为脱酸剂，调节纸张酸碱度。待画芯八成干时，准备上命纸。其余步骤按照书画文物修复的要求进行。最终修复效果如图10所示。

周鼎全形拓片是一件由霉菌病害引发其他严重病害如絮化等的文物，在修复中通过使用纳米TiO_2改性壳聚糖抗菌防霉剂，基本上杀灭了霉菌，并在一定期限内抑制了霉菌的继续生长。除霉完成后配合使用丙酸钙溶液，调节了纸张的pH值。然后以传统技法对画芯进行了揭裱修复，并最终装裱成轴，取得了良好的修复效果。经证实，该方法对霉变书画文物具有良的好修复效果，可以在今后修复具有类似病害的文物时推广使用。

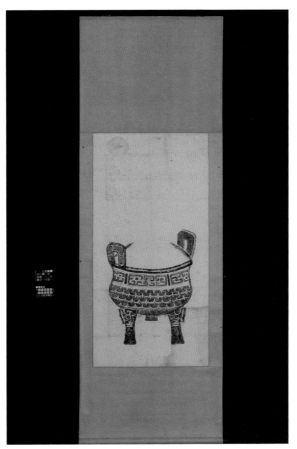

图10 周鼎全形拓片修复后

4.2 脱墨严重的拓片文物的清洗——虹吸清洗法

拓片相较于传统书画有两个特点：一是经过拓包多次锤拓，墨迹通常较书画文物为厚，容易结块，制墨时所使用的粘合剂多为动物胶[③]，在长期的保存过程中逐渐老化失效，所以在托制揭裱时容易发生墨迹龟裂或脱墨等情况；二是为了便于上纸，有些拓片是贴在画芯上，而不是作为画芯直接托命纸。由于年代久远以及技艺水平参差不均，有些拓片文物的画芯层会出现局部开浆现象，在清洗时，如果用普遍使用的淋洗法进行清洗，就会因水的冲击力导致开浆加重，致使墨迹脱落。

为了避免这种现象发生，在拓片文物的修复过程中，项目组经过大量的实验和研究，发现采用虹吸清洗法清洗拓片画芯，可以最大程度地稳定墨迹，保证画芯粘合强度，达到预期修复效果。现以馆藏簠斋藏铜器拓本屏（甗拓本）的保护修复为例，分析虹吸法清洗文物的优劣。

4.2.1 文物病害

簠斋藏铜器拓本屏（瓺拓本），为清末山东金石学家陈介祺所藏的全形拓拓本，所拓器物已不可考。该拓片为整体拓制后贴于画芯层，裱式为典型的潍县裱，整体为一色条屏装，无轴头，无隔水，有一圈纸质圈挡。此件文物由于年代久远、保存环境条件有限，导致病害较为严重，主要体现在通体污渍，画芯中部有一片严重墨水渍，有少量折痕，画芯纸与拓片、绫边连接处开浆，天地杆松动开裂。该文物需进行揭裱修复。项目组于揭裱前进行预试验，发现其墨迹微溶于水，不溶于乙醇。

在文物中选取A、B、C、D、E、F、G、H八个点位（图11），用于厚度、酸度、白度、色差的测定。

①厚度检测

取文物四角的A、B、E、F四点，使用测厚仪进行厚度检测，记录结果。画芯下墙后检测画芯厚度，为修复过程中补纸、覆背纸的选取提供依据。修复完成后，在相同点位再次进行检测对比。

②pH值分析

使用CLEAN PH30型便携式pH值测定仪测试八个点位的pH值，修复完成后再次对相同位置进行检测，对比结果。

③白度分析

使用昕瑞SW-2C白度仪测试A、B、C、D、E、F六个点位的白度值，修复完成后再次检测相同位置，对比结果，从而对清洗效果进行判定。

④色差分析

使用HPG-2132型便携式色差计测试A、B、H、E、F五个点位纸张的色度，据此选择颜色相近的修复用纸。同时，测试文物本体保护修复后，特别是污染物得到清洗后的色差变化。

图11 簠斋藏铜器拓本屏（瓺拓本）修复前及画芯取样点

4.2.2 拓片修复

裁去松动的天地头和原镶料、圈挡部分，仅保留原拓片画芯部分，等待修复。

①物理擦拭去污

物理擦拭主要是采用橡皮擦、专用海绵或毛刷等工具，通过擦拭去除纸张表面的粉尘、污垢和霉菌的孢子等外来物质。机械擦拭只能部分去除纸质文物表面粘附力较弱的粉尘或污垢。

用不蘸溶剂的火山胶海绵（图12左），去除不涉及图案的边缘部位表面的顽固灰尘。火山胶海绵在去除污染物微粒的同时，不会在文物表面留下痕迹，主要用于清除文物上边缘的灰尘，清洁效果良好。随后用马蹄刀轻轻刮除画芯表面硬结物（图12右），再用软鬃毛刷刷净文物正反面。

图12　火山胶海绵与马蹄刀清除表面杂质

②虹吸法清洗拓片

虹吸是利用液面高度差的作用力现象，将液体充满一根倒U形的管状结构内后，将开口高的一端置于装满液体的容器中，容器内的液体会持续通过虹吸管向更低的位置流出。

中国人很早就懂得应用虹吸原理。应用虹吸原理制造的虹吸管，在中国古代称"注子""偏提""渴乌""过山龙"。东汉末年出现了灌溉用的渴乌。古代中国还应用虹吸原理制作了唧筒，唧筒是战争中一种守城必备的灭火器。宋代苏轼《东坡志林》卷四中，记载了四川盐井中用唧筒把盐水吸到地面，其书载"以竹之差小者出入井中为筒，无底而窍其上，悬熟皮数寸，出入水中，气自呼吸而启闭之，一筒致水数斗"④。明代的《种树书》中也讲到用唧筒汲水来浇灌树苗的方法。

在本次操作中，选择Igortex OL 60®100%粘胶纤维⑤中的毛细管作为虹吸管，使清洁的水流受重力作用源源不断地向下流出，从而将覆于其上的文物清洗干净。这种方法一方面可以避免文物浸泡在被污染的水中，另一方面可以减少水对文物的侵袭力，避免冲洗导致的画芯开浆，同时又不会因为大量水流将厚重失胶的墨迹溶开冲走导致跑墨。该方法的具体原理如图13所示。

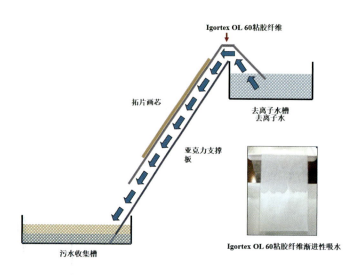

图13 虹吸清洗法示意图

　　预备一块大于画芯尺寸的亚克力支撑板，在亚克力支撑板表面覆盖一层用浓度为10%的酒精溶液预先浸润过的Lgortex OL 60®100%粘胶纤维，将纤维的粗糙面与亚克力面接触[6]。铺平画芯，向画芯喷洒浓度为10%的酒精溶液，目的是减小水的表面张力，减弱干燥文物直接接触水后引起的纸张膨胀、起皱等物理、机械变形。仔细托着画芯部分，将其小心地平铺在粘胶纤维的光面上，用火山胶海绵慢慢压平，赶走气泡。再把另外一张无纺布覆在画芯之上，喷洒浓度为10%的酒精溶液，然后用火山胶海绵蘸水轻拭表面，使文物与下层之间无气泡，紧密相贴，随后撤走无纺布。

　　将该粘胶纤维的一端浸在上水槽的水中，上水槽中的去离子水会持续顺着粘胶纤维流向下方。经过画心时会将画芯浸湿清洗，清洗后的污水向下流入收集槽（图14）。在此过程中用火山棉轻抚粘胶纤维，使其与支撑板贴紧。

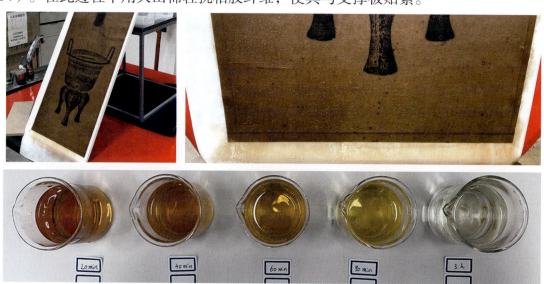

图14 虹吸清洗法实例

首届全省文物保护修复优秀案例荟萃

清洗的同时，可以在上端水槽中加入脱酸剂丙酸钙，将清洗用水的pH值调节至8.0，中和纸张的酸化情况。丙酸钙会在纸张中有一定存留，将来可起到缓冲酸化的作用。由于丙酸钙是无毒的防腐剂，也可以起到一定的防霉作用。

清洗过程中要随时观察下方流出的污水颜色，水流清澈后即可停止虹吸清洗操作。整个清洗过程共持续3小时。清洗开始后分五次留取下端流出的液体进行pH值测试，以检测画芯酸度的改变情况，检测结果见表7。由表中数据可知，污水的酸度逐渐降低，最终达到中性。

表7　五次留取的污水 pH 值测定

取样时间	20min	40min	60min	90min	120min
pH值	7.13	7.14	7.56	7.86	7.84

③揭裱修复

图15 簠斋藏铜器拓本屏（甒拓本）修复完成后

虹吸法清洗结束后，按照传统的保护修复手段进行揭裱修复。首先在装裱案上喷水，铺设一层聚乙烯薄膜，方便起台。随后将整个粘胶纤维带着拓片提起，小心地倒扣在薄膜上，用毛刷刷平。然后揭取粘胶纤维，只将拓片留在聚乙烯薄膜上，用棕刷将其刷牢固。由于进行了3—4小时的清洗，覆背纸此时已经较容易揭除，可以尝试整张揭下，晾干存档。

项目组在尝试揭除命纸时，发现该件文物的命纸粘接牢固且完整，故选择保留命纸，使用封正的方法对画芯进行上墙绷平处理。封正时，将一张大于画芯的白绢整体用水喷湿，绢面向下用棕刷刷在画芯背面，利用水的氢键力将绢与画芯吸在一起。随后提起聚乙烯薄膜，将画芯正面朝上放置在工作案上，揭取薄膜，检查画芯有无拓片边缘跑墨开浆情况。由于采取了虹吸清洗方法，画芯没有这两种现象产生。然后在绢面四周上浆糊，上墙绷平，3天后用竹启子将画芯取下。由于画芯是按照原尺寸裁切的，所以不再进行裁方，直接镶嵌即可。

镶嵌时，考虑到文物的保护和展陈效果，项目组对原有的装裱形式进行了一定的修改。原裱件在画芯四周，镶嵌有纸质圈挡且尺寸较大，镶料的尺寸较小。现将纸质圈挡的尺寸减小，特别是两边的尺寸缩小，增大藏蓝色绫料的尺寸。这在维持原潍县裱风格的同时，提高了文物的安全性，增强了展陈的美学属性。保护修复后的画芯尺寸不变，裱件尺寸总长148.4厘米，宽37.5厘米，修复完成后如图15所示。

4.2.3 修复结果与讨论

项目组对选取的8个检测点进行无损检测分析，对修复前后同一检测点的数值进行对比。无损分析的参数包括厚度、pH值、白度、色差，分析结果见表8、表9。

表8 拓片修复前后厚度、pH值、白度对比表

		A点	B点	C点	D点	E点	F点	G点	H点	平均值
厚度	修复前	0.245	0.198			0.239	0.202			0.221
	修复后	0.245	0.236			0.246	0.256			0.246
pH值	修复前	5.22	5.48	4.87	5.34	4.83	5.11	5.13	5.22	5.15
	修复后	7.25	7.29	7.14	7.19	7.18	7.26	7.31	7.28	7.24
白度	修复前	9.3	9.6	8.3	6.1	6.0	5.8			7.5
	修复后	17.6	21.5	16.0	14.1	15.1	13.2			16.3

表9 拓片修复前后色差对比表

	修复前			修复后		
	L	a	b	L	a	b
A点	49.18	8.64	21.17	60.01	5.30	15.25
B点	48.27	8.70	21.03	59.26	5.71	15.90
H点	53.75	8.03	20.92	63.29	5.25	14.78
E点	56.84	8.26	21.76	66.38	5.13	14.80
F点	55.16	8.48	21.60	64.95	5.42	15.46

由表可知，经过修复，文物厚度改变不大，白度平均值由7.5上升至16.3，总体色彩比原来明亮，文物画面上的灰尘、附着物基本被清除干净，文物的色差较修复前有很大改善。通过虹吸法脱酸处理，画芯的pH值由5.15上升至7.24，纸张达到中性，韧性、柔软度比原来有所提高。褶皱和折痕处经过加固，比原来更为平整、牢固。新的装裱形式在保留潍县裱式的基础上，提高了装裱效果，使得文物更利于展陈及研究。通过对以上数据的分析，可以得出结论：在拓片修复中，虹吸清洗方法可使清洗效果达到预期。

4.2.4 总结

通过此次使用虹吸法清洗修复全形拓片，可以总结出普通淋洗法与虹吸法的几点区别：

①淋洗法对文物表面污染物的清洗效果较好，因为淋洗法可以通过毛巾的滚动带走一部分污渍附着物。虹吸清洗法更注重对纸纤维内部的污染物和有害酸性物质的清除。

②具体到全形拓片的保护清洗，特别是分体拓制然后拼接的拓片，或者是分别拓铭文和器物后粘贴至画芯的拓片，使用毛巾滚动清洗可能会使浆糊失效的拓片移动位置，造成错位，影响拓片文物的整体效果和修复进程。虹吸清洗法则可以很好地避免这种情况，更适用于分体拓制的全形拓片文物的清洗工作。

③在脱酸方面，虹吸清洗法能够使脱酸剂分布更均匀，在整体效果上更好。色彩方面，从白度和色差前后对比来看，两种清洗方法都能有效改善画面的色彩，提升整体明度。

④受限于虹吸清洗法使用工具的尺寸，此法不适用于大尺幅纸质文物的清洗工作。

综上，虹吸清洗法在应对小尺寸分体拓制的全形拓片文物清洗方面，较传统淋洗法具有一定的优势，进而可以推广应用于画面比较破碎的小尺幅传统书画以及档案等文物的清洗与脱酸工作中。

五、结语

全形拓片出现于清嘉庆道光年间至民国时期，与其他书画作品相比，年代不算久远。全形拓片裱件一般分为三种类型：一种是整纸拓印，按照书画装裱方式装裱，如陈簠斋藏陶器拓本屏（51566），这部分文物也包括翻刻拓制的拓本；另一种是分纸拓印，然后进行镶嵌装裱，如周师西簋全形拓片（086226）；第三种是整纸拓印，然后贴在背纸上再进行装裱组合，如毛公鼎拓本轴（51425）。

在当时，全形拓不算是高级艺术品，所以受到的装裱待遇并不高，常出现纸裱情况，或者纸裱套绫边情况，病害比绢绫装裱的书画严重。全形拓片的用纸厚度非常薄，一般纸质为扎花宣纸或者小罗纹纸，也有竹纸，厚度薄就注定比较脆弱。

在文物保护与修复的过程中，对于拓片的清洗环节，首要步骤是辨识其拓印技术。若拓片采用分拓后粘贴的方式制成，需警惕因浆糊老化可能导致的粘贴不牢问题。因此，在采用淋洗法进行清洁时，应垫以毛巾进行间接操作，以免直接冲洗损伤画芯。对于此类分拓粘贴的拓片，推荐优先采用虹吸清洗法，以确保清洗过程的安全与有效。在脱酸处理方面，鉴于拓印用纸往往经过染色处理，这些纸张更容易遭受酸化侵蚀。因此，进行脱酸处理是必不可少的步骤，必要时还需对用于修复的纸张进行缓冲性脱酸处理，以保护其长期稳定性。至于揭裱工作，同样需先明确拓片的拓印方式，并据此预测纸张的层数结构。对于名家收藏的拓片，尤其要注意其四周可能附有的题跋。在揭裱过程中，需细致分辨题跋与拓片是否在同一纸面上，操作时应格外小心，避免过度揭取或损伤拓片本体。若拓片有过修复历史，则更需谨慎操作。在装裱环节，鉴于全形拓片作为一种特定历史时期的独特艺术形式，其装裱风格应体现当时的特色。一般而言，选择如条屏装、一色装等简洁而典雅的装裱形式较为适宜，可更好地衬托和保存拓片的艺术价值。最后，在利用仪器辅助修复时，由于修补部位多为留白处，为确保补纸与原纸色调一致，推荐使用色差仪进行精确的调色指导，以达到最佳的修复效果。

项目组结合保护修复过程，不仅归纳了全形拓的发展历程，而且根据拓片上的文字和印章，对拓片原器的流传、社会名流的生平经历以及交流情况做了考据，总

图16 古董·今董——山左金石全形拓文物艺术展

结了全形拓文物的特点，提出了针对性的修复方法，提升了对全形拓文物价值的认知水平。

2022年，山东博物馆文物保护部项目组总结该项目的经验，编撰《墨影春秋——山东博物馆藏全形拓片保护修复与研究》一书，交由齐鲁书社出版。与此同时，建立全形拓传拓研究实验室，填补了我省在全形拓片研究与修复方面的空白。此外，通过该项目的成功实施，锻炼了队伍，培养了新的修复人才，达到了以项目带团队的目的。文物修复后，山东博物馆举办专题展览"古董·今董——山左金石全形拓文物艺术展"（图16），通过展示山东地区馆藏晚期青铜器和全形拓本，全面呈现全形拓技艺及其艺术价值，再现山东金石学蔚然成风的历史，以此纪念山左先贤在金石研究方面的功绩，追思名家创新求索的精神，得到良好的社会评价。

（抛笔人：鲁元良）

注　释

① 赵艳、苏海佳、谭天伟：《纳米 TiO_2 改性壳聚糖抗菌防霉剂用于纸张防霉》，《北京化工大学学报》（自然科学版）2008 年第 6 期。

② 南京博物院编：《中国书画文物修复导则》，译林出版社 2017 年版，第 25 页。

③ 王蕙贞编著：《文物保护学》，文物出版社 2009 年版，第 144~145 页。

④ （宋）苏轼著，刘文忠评注：《东坡志林》，中华书局 2007 年版，第 155 页。

⑤ 徐文娟、王春红：《西方现代保护修复方法在中国纸质文物中的应用》，《文物保护与考古科学》2008 年第 8 期。

⑥ 何伟俊、张金萍、陈潇俐：《传统书画装裱修复工艺的科学化探讨——以南京博物院为例》，《东南文化》2014 年第 2 期。

济宁市博物馆馆藏纸质文物保护修复项目

济宁市博物馆

一、项目概况

本项目保护修复的153套（243件）书画文物是济宁市博物馆馆藏文物的重要组成部分，其中有二级文物1件、三级文物87件、未定级文物65件。本项目涉及的文物主要是清代或民国时期名家（如刘墉、戴思望、吴天墀、康有为、李苦禅等）画作。这些名家创作风格独特、技艺精湛，对当时的艺术发展有较大影响。这批书画文物存在多种病害，大部分文物存在破损、断裂、污染等病害，部分文物已残破絮化，已处于濒危状态。

保护修复工作于 2020 年 12 月开始，于2021年6月完成。2022年6月，山东省文物保护修复与鉴定中心组织验收。

二、文物基本情况

该保护修复项目涉及的文物主要是名家字画、诰命、圣旨等书画类文物，大多是纸质文物，亦有少量绢质文物。

济宁市博物馆库房原位于老博物馆地下一楼，面积300平方米，有青铜器库、书画库、征集库和一个临时库房，库存文物近万件。存放书画文物的库房面积100平方米，位于地下一层，储藏藏品的柜架较多且单一，储存设施主要为铁皮柜，库房内未配备温湿度检测设备、空气调节设备和空气过滤净化设备。

这批书画类文物破损严重，绝大部分原装裱破损，无法满足保护及展览需求，大部分文物的画芯破损、断裂、污染，部分文物已残破絮化，必须在进行科学的保护修复后，对画芯清洗脱酸、修补加固，最后重新装裱，以尽量恢复、展现文物原貌，充分保护文物本体。

三、文物病害分析

这批文物保存状况较差，存在污渍、断裂、残缺、水渍、折痕、皱褶、变色、微生物损害、动物损害、锈蚀等病害。

3.1 病害类型

3.1.1 污渍

污渍是指纸张受污染而形成的斑迹。大多是保管不善或其他人为因素等造成的，包括灰尘、油斑、动物粪便等（图1）。

图1 清郭尚先纸本行书对联污渍

3.1.2 断裂

断裂是指折痕的深入以及自身材质的老化变脆，使纸张从一个整体断为两个甚至多个部分的现象。这批文物有些断裂情况较轻，未伤及托背纸，有些断裂情况较为严重，使画芯开裂，甚至断为多片，若不尽早加以保护修复，很有可能造成画芯大面积残缺的严重后果（图2、图3）。

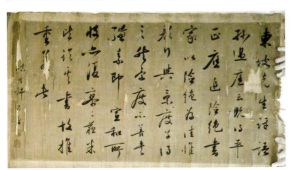

图2 清许乃普行草书法断裂　　　　图3 清陆钢纸本牡丹仙鹤图中堂断裂

3.1.3 残缺

残缺是指使用或保管不当等导致纸张出现缺失，无法保持其完整性。拟保护修复的这批文物中，有部分可能因为水渍等出现大面积残缺，修复难度较大，即使经过保护修复，也可能影响外观（图4）。

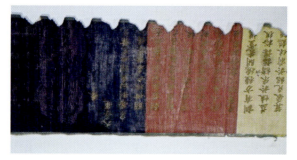

图4 清光绪二十年二品顶戴加一级在任候补道河南开封府上南河同知吕福泰之曾父母诰命圣旨残缺

3.1.4 水渍

水渍是指纸张受水浸润干燥后留下的痕迹。因文物长时间悬挂展示，长期受到空气中湿气的侵蚀，加上保存不善，从而留下水渍。水渍不仅会对书画的外观造成严重影响，而且有可能导致画芯强度减弱（图5）。

图5 清王城纸本隶书对联水渍

3.1.5 折痕

折痕是指纸张由于折叠或挤压而产生的痕迹。据调查统计，这批文物几乎都存在这种病害，严重的折痕很有可能会进一步恶化，造成画面断裂（图6）。

图6 20世纪黄固源纸本人物四季图四幅屏折痕

3.1.6 皱褶

皱褶是指纸张受各种因素作用在纸张表面形成的凹凸皱纹。皱褶有可能是文物在存世过程中，没有得到妥善保存造成的，会影响文物的外观。这种病害情况较轻，可以在保护修复过程中消除（图7）。

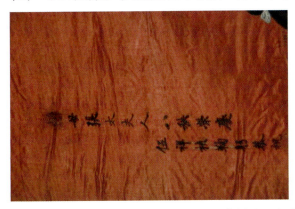

图7 清刺绣仙女鹿鹤同春立轴皱褶

3.1.7 变色

变色是指物理、化学或生物等原因导致化学结构发生变化，纸张颜色发生改变。纸张之所以出现变色病害，很可能是因为文物长期展示使画面表面陈年积灰，以及保存不善等（图8）。

图8 清道光四年连璧沙弥图轴变色

3.1.8 微生物损害

微生物损害是指微生物的滋生对纸张造成的损害。在适宜的环境条件下，微生物特别容易在书画表面生存、繁殖。微生物还会造成褪色和霉斑问题，需要进行消毒清、洗处理（图9）。

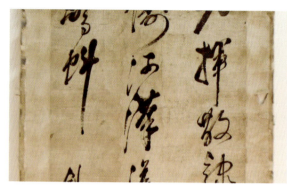

图9 清李剑堂纸本草书立轴微生物损害

3.1.9 动物损害

动物损害是指昆虫、鼠类等动物活动对纸张造成的污染或损害。昆虫等动物活动会对画芯造成不同程度的污染或损害（图10）。

图10 清刘焜纸本山水中堂动物损害

3.1.10 锈蚀

锈蚀是指铁钉等对纸张造成的腐蚀。装裱材料中铜线、铁钉等会产生金属腐蚀，渗透到纤维结构内部或者造成对纸张纤维染色，需用化学药品清洗处理（图11）。

图11 元墨绘杂宝纸画锈蚀

3.1.11 不当修复

不当修复是指用不合适的修复材料进行修复后造成的损害。有安全隐患的材料必须移除，以免对文物造成不利影响（图12）。

图12 20世纪黄固源纸本安居乐业图轴不当修复

经过调查评估，总结出了本项目所涉书画类文物的病害程度和病害类型。153套（243件）书画文物中，中度损害的有58件，重度损害的有86件，濒危的有9件。这些文物普遍存在残缺、断裂、污渍、折痕、皱褶、水渍、糟朽、变色、锈蚀、炭化等病害，其中污渍、褪色和残缺病害较为严重（图13、图14）。

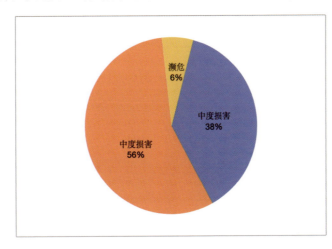

图13 济宁市博物馆馆藏书画类文物损害程度情况图

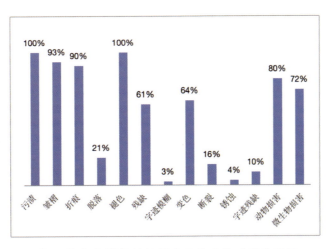

图14 济宁市博物馆馆藏书画类文物病害类型图

3.2 病害原因

纸质文物画芯的主要书写绘画材料为宣纸类纸张，其纤维种类主要是植物纤维，如稻草、檀皮纤维等。通过分析检测和病害情况统计，从内外两个方面看，这批馆藏纸质文物产生病害的原因主要有以下几点：

3.2.1 自然老化

纸质品主要由韧皮纤维素组成，并含有一定成分的稻草、添加剂。随着时间的推移，纤维素容易发生水解，生成氢化纤维素和氧化纤维素；稻草成分会发生水解酸化，致使文物整体酸化，pH值下降。

3.2.2 生物破坏

纸张内含的纤维素是霉菌、细菌的营养物。在温度25℃—37℃、相对湿度80%—90%、pH值5.0—6.0的条件下，霉菌和细菌会迅速繁殖，从而在纸张表面形成污渍，而霉菌分泌出的酸性物质又会腐蚀纸张纤维。昆虫的蛀蚀也是书画文物出现生物损害的重要原因。

3.2.3 保管条件欠缺

济宁市博物馆文物库房条件相对简陋，展厅内甲醛浓度稍高，而外部环境因素也会对书画产生不利影响，高温高湿环境、空气中的硫化物和氯氧化物含量过高、光照度和紫外线强度过大，都会对纸张造成损害。

根据前期分析检测，这批书画文物普遍存在酸化现象，部分文物酸化程度较为严重（pH值4.2—6.4），纤维明显发黄、发脆。这些书画文物大都存在不同程度的折痕、皱褶、残缺、污渍、水渍、断裂、残缺、糟朽、微生物损害、变色等病害，已严重威胁文物的保存。书画的原裱件大都出现不同程度的脱落、断裂、破损等情况，不能悬挂陈列，亟待保护修复。

四、分析检测

4.1 纤维形貌分析

对样品情况、样品照片及检测照片结果进行分析。

4.1.1 分析仪器及试剂

分析仪器：XWY-VI型造纸纤维测量仪（珠海华伦造纸科技有限公司）。

分析试剂：碘-氯化锌染色剂、蒸馏水。

4.1.2 分析方法

取少许纸样放于洁净试管中，加少量蒸馏水进行加热，使纤维完全分散。用镊子取少许纤维试样，置于载玻片上，滴两滴碘-氯化锌染色剂，使纤维在染色剂中分散均匀，盖上盖玻片后使用纤维测量仪观察纤维的形态特征及染色情况，根据不同纤维原料的形态及长宽比判断其种类。

4.1.3 测量原理

测量主要是用生物显微镜观察纤维样品。当显微镜物镜的放大倍数最小时，显示器图象的放大倍数约为60倍，视野范围为5.8mm×8.1mm，当显微镜物镜的放大倍数为4倍时，显示器图象的放大倍数约为130倍，视野范围为3.4mm×4.3mm，适合测量纤维原料的长度。当显微镜物镜倍数为10倍时，图象总放大倍数约为450倍；当显微镜物镜倍数分别为25倍和40倍时，图象总放大倍数则相应为1200倍和2000倍，适于观察分辨纤维的原料、测量宽度等。与显微镜数码摄像相配合的操作软件让我们更方便测定长度、细度、细胞壁厚度、纤维配比、纤维卷曲度及打浆纤维帚化度等纤维质量指标。

4.1.4 结果分析

桑皮纤维特征：纤维与碘-氯化锌染色剂作用后，在显微镜下呈圆柱形，壁上有明显的横节纹，纤维外壁上有层透明的胶质膜，呈胶衣状，以端部尤为明显，很少有草酸钙晶体，纤维上或纤维细胞腔中常附有一些无定型的蜡状物，与碘-氯化锌试剂作用，此蜡状物显黄色，而韧皮纤维显紫红色。

竹纤维特征：将分离、提取的纤维与碘-氯化锌染色剂作用后，在显微镜下观察发现，纤维挺直，多数较粗，有薄壁细胞和导管，多数纤维与碘-氯化锌试剂作用显黄绿色。

麻纤维特征：纤维与碘-氯化锌染色剂作用显红棕色，表面呈现若干纵向条纹，壁上有明显的横节纹，纤维外端有明显胶衣，端部有分丝帚化现象。

宣纸纤维特征：主要由檀皮纤维和稻草纤维组成，与碘-氯化锌试剂作用后，其明显特征是纤维细长，有许多锯齿细胞和薄壁细胞，同其他皮类纤维相比，基本无胶衣，较竹纤维柔韧。

画芯表面看似完整、破损不大，实则内部纤维老化严重，部分纤维糟朽断裂，稀疏经纬错乱，亟须加固处理，重新装裱（表1、图15、图16）。

表1 样品分析结果

编号	纤维原料种类	编号	纤维原料种类
3072-2	桑皮	3287（二层）	均为竹纸
3072-3	桑皮	189	老化纤维分解，可能为麻
3270（三层纸）	宣纸	3296	老化纤维分解，可能为竹
3269	宣纸		

189样品 　　　　　　　　　　　　取样照片

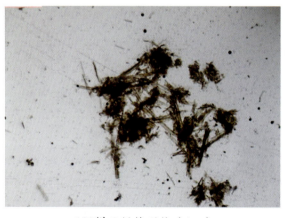 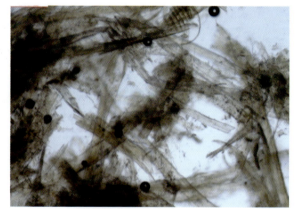

189样品纤维形貌（4×） 　　　　　　189样品纤维形貌（10×）

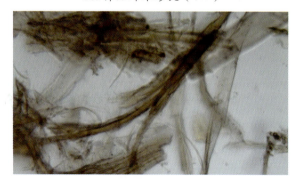

189样品纤维形貌（20×） 　　　　　　189样品纤维形貌（20×）

图15 189样品纤维形貌图

3296样本

取样照片

3296样品纤维形貌（4×）

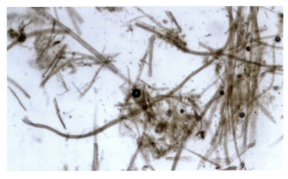

3296样品纤维形貌（10×）

3296样品纤维形貌（20×）

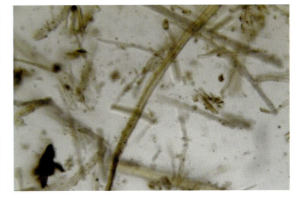

3296样品纤维形貌（20×）

图16 3296样品纤维形貌图

4.2 纸张酸度检测

检测目的：对文物实施无损表面pH值检测，以判断文物的酸化程度，为制定保护修复措施提供依据，也是为了与保护修复后的pH值作对比。

4.2.1 分析仪器

分析仪器：CLEAN pH30酸碱度测试计。

4.2.2 检测结果

表2　纸张酸碱度检测结果

文物名称	检测部位	检测结果	结论
清李剑堂纸本行草立轴	画芯留白	6.01	轻微酸化
清王诚纸本山水立轴	画芯留白	7.36	未酸化
20世纪黄固源纸本安居乐业图轴	画芯留白	6.82	轻微酸化
清姜子纯纸本芦雁图立轴	画芯留白	7.32	未酸化
清唐柯三纸本行书立轴	画芯留白	6.28	轻微酸化
清袁煜绢本喜鹊闹梅图轴	画芯留白	7.30	未酸化
清王治学行书翰香钰扇面图	画芯留白	6.80	轻微酸化
清胡二乐纸本行草立轴	画芯留白	6.49	轻微酸化
20世纪刘枕青纸本山水人物图轴	画芯留白	7.11	未酸化
中华民国二十二年蒋旭升纸本万年富贵图	画芯留白	7.59	未酸化
清张鸿思纸本梅花立轴	画芯留白	5.72	已酸化
清蔡镇纸本墨竹图	画芯留白	7.06	未酸化
清姚宝善纸本水墨梅花立轴	画芯留白	7.04	未酸化
清杜宫声指画十八罗汉图横幅	画芯留白	6.84	轻微酸化
无名氏绢本仙鹤竹石图立轴	画芯留白	6.70	轻微酸化
20世纪刘枕青纸本山水立轴	画芯留白	7.09	未酸化
清孙扩图纸本行楷横批	画芯留白	7.08	未酸化
清纸本设色船仙老母年画	画芯留白	6.84	轻微酸化
中华人民共和国纸本夏午樵行书对联	画芯留白	7.26	未酸化
清李剑堂纸本行草立轴	画芯留白	7.20	未酸化
清王诚纸本山水立轴	画芯留白	7.07	未酸化
20世纪黄固源纸本安居乐业图轴	画芯留白	7.23	未酸化

　　根据数据分析，纸张总体属于一般酸化，因为需要全部清洗后进行重新装裱，所以可以暂时先不进行脱酸处理，在清洗画芯后对之前酸化较为严重的部位进行pH值检测，如果酸度依然过高，则考虑进行脱酸处理。对于其余酸化程度较轻的书画藏品，在后续装裱修复清洗时可以减轻酸性，无需进行特别处理。

4.3 全色部位色差检测

4.3.1 分析目的及仪器

检测全色位置是否与残缺处周边颜色有偏差，同时可与修复后的色度进行对比。

分析仪器：Sucolor SC-10S色差仪。

4.3.2 检测结果

表3　文物色度表（部分）

序号	文物名称	检测部位	检测结果		
			L	a	b
1	清仿刘墉竹书轴	残缺周边	56.91	7.15	15.72
2	清汤禄名纸本梅花栖鸟横轴	残缺周边	78.76	3.65	14.15
3	清刘墉纸本行书条幅	残缺周边	75.55	6.22	16.43
4	无名氏绢本仙鹤竹石图立轴	残缺周边	46.03	10.04	19.05

表4　全色色度表（部分）

序号	文物名称	检测部位	检测结果		
			L	a	b
1	清仿刘墉竹书轴	全色位置	60.34	7.30	15.86
2	清汤禄名纸本梅花栖鸟横轴	全色位置	78.32	3.55	13.79
3	清刘墉纸本行书条幅	全色位置	76.20	6.20	15.70
4	无名氏绢本仙鹤竹石图立轴	全色位置	48.31	9.92	19.89

根据数据分析，全色部位与全色色调基本一致，无较大偏差，达到全色要求。

4.4 红外线检测

检测目的：利用墨迹与文物本体对红外线吸收差异较大的特点，重现书画表面模糊或被覆盖的内容。

4.4.1 分析仪器及试剂

检测仪器：PHILIPS BR125红外灯，松下GX85照相机，IR850NM红外透镜。

4.4.2 检测样品

清同治十一年都司安徽安庆防江营右哨千总鲍守相之父母诰命圣旨，以及清光绪二十年二品顶戴加一级在任候补道河南开封府上南河同知吕福泰之曾父母诰命圣旨。

4.4.3 检测结果

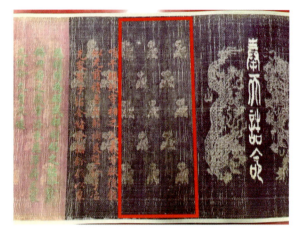

字迹模糊不清（正光拍摄）　　　　　　字迹清晰可识（红外摄影）

字迹模糊不清（正光拍摄）　　　　　　字迹清晰可识（红外摄影）

图17 正光拍摄与红外线检测效果对比

利用墨迹与文物本体对红外线吸收差异较大这一特点，可以重现圣旨表面原本模糊的信息，进一步提升提取、研究文物历史信息的水平（图17）。

五、保护修复

5.1 杀虫灭菌

在前期样品检测中，发现存在虫害。为防止昆虫进一步危害书画，在进行修复前，需对这批文物进行消毒灭虫处理。选用技术较为成熟的低氧充氮法，因为该法广泛用于纸质文物的保护，效果较好且对文物无危害。

5.2 去除旧装裱材料

这批书画文物除少部分未经装裱外，大部分已装裱，但裱件镶料残缺且破损严重，不宜再次使用。对于揭除的旧裱料，应做详细记录留档并妥善存放。档案记录的内容应包括各部分镶料的颜色、材质、尺寸，以及轴头样式等。

具体方法是将裱件展平在裱台上，以尺板压住画芯，将反镶或出局的裱件沿画芯外口裁齐。裁切正镶的裱件时要留出镶缝的宽度。扇面裱件，以剪刀沿画芯周围剪下即可。拆除下来的装裱材料，可视保存情况，尽可能重新利用（图18）。

图18 裁旧装

5.3 加固

在清洗、脱酸及揭裱等过程中，不可避免会接触到水，因此在操作前，必须对字迹、颜料、印章等的耐水性进行测试和评估，必要时要预先进行加固处理。

用蘸水的滤纸或棉签印在墨迹、色彩上，检查是否褪色、扩散，如褪色则使用胶矾水加固。对于颜料厚重、易脱落的书画，可使用温度40℃—50℃、3%浓度的明胶水溶液，均匀涂于书画表面。水分挥发后，明胶在颜料表面形成固化膜与纸或绢粘合在一起。为增强加固效果，个别部位可反复涂刷多次，并用40℃—50℃热沙袋加热覆压（图19）。

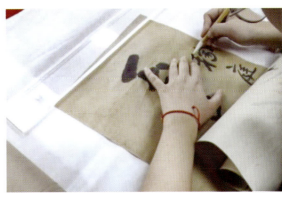

图19 检查墨色是否晕染

5.4 清洗

使用软毛刷清理画芯表面浮土及其他附着物，使用手术刀剔除昆虫排泄物及其他硬结物，用排刷蘸取开水或温水淋洗画芯，用白色毛巾吸掉多余的水分，可视污渍去除情况进行多次淋洗。

反铅的处理：对画芯淋洗一遍后，吸去多余水分，使用医用棉签蘸取3%浓度的双氧水点涂在反铅部位，待黑色褪去后，反复用清水淋洗，避免药品残留。

顽固污染物的去除：对画芯淋洗一遍后，吸去多余水分，使用医用棉签蘸取3%浓度的高锰酸钾溶液点涂在污渍部位，待药物由紫色变为黄褐色后，使用温水调和3%浓度的草酸涂刷在高锰酸钾处，待污渍减轻或消除后，反复用清水淋洗，避免药品残留（图20、图21）。

图20 挑刮污物

图21 洗画

5.5 脱酸处理

使用酸碱度检测仪测试画芯表面的酸碱度，根据检测结果，pH值均大于5，只需用热水浸泡进行脱酸，此步骤与清洗污渍同时进行（图22）。

5.6 修复

5.6.1 揭画芯

在揭裱前，根据画芯材质的不同，可用绢和水油纸衬垫在画芯底下，以防止画芯变形。揭裱时，根据书画的具体情况，采用不同的揭法。先在画芯空白处寻找易于揭取之处，顺着一个方向循序渐进地揭裱，采取"能揭则揭，

图22 进行脱酸处理后，测量画芯的pH值

不能揭则搓，不能搓则捻"的方式。对于材质稀薄的绢本画芯，为避免使原画失去神采，不应揭托纸。对于托纸已脱落的画芯，需从正面施一些稀浆糊，使绢与纸粘合结实。

5.6.2 修补

对于画面残缺不全的书画，揭完画芯、搓薄破口边际、上浆后直接托画芯；对于残缺不多的书画，则是进行修补后再托画芯。修补时，先对纸张进行纤维分析，然后选用与其纤维原料、厚薄、颜色、帘纹等接近的纸张作为修复用纸。用刀锋沿着破洞边缘轻轻刮出0.1—

图23　断裂处加固

0.2cm的坡度，用毛笔抹上浆糊，纸本用浆稍稀，绢本用浆稍稠，把补纸润湿后合上轻轻抹压，补缀完毕即可上浆托画芯。

对于断裂处，根据画芯质地选择薄型纸或绢条作粘合，可借助显微镜观察画芯的材质结构、残缺状况，选用合适的材料修补（图23）。

5.6.3 托画芯

调配与画芯颜色相近的颜色水，染命纸并飘干，蘸取浆糊均匀刷在画芯背面，然后用鬃刷将命纸与画芯托合在一起并排实，将染好的命纸方裁备用，选用与画芯厚薄适中的棉料宣纸作为隐助条（图24）。

图24　托画芯

5.6.4 贴折条

对于画芯的断裂、折痕处，需在画背后加贴宣纸条，以避免进一步损害。根据画芯的薄厚情况，选择合适的皮纸（薄画芯使用薄纸，厚画芯使用厚纸），并裁成宽约0.3cm的折条。将画芯反铺于拷贝台上，在折条上涂刷稠浆糊，贴于断裂或折痕处，贴后随即按实，长度不够时，以毛茬相接，避免叠压（图25）。

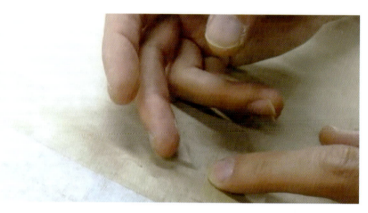

图25 贴折条

5.6.5 全色

将书画的残缺部分，包括残缺的画面内容和笔迹，按作品的原貌和色调进行补全，提升修复后的画面整体性。

若画面有不同程度的残缺，甚至伤及了书画的内容，或者补纸的色度浅于芯子纸的色度，就需要进行全色处理。全色时，先在与芯子质地、色度相近的纸上试笔，观察墨色是否适合，如不适合，再进行调配。操作时，需根据原画的画意补上墨色，注意用墨用色宁淡勿深，笔上的墨色含量宁枯勿饱。若全色一遍达不到预期的效果，待稍干后再全第二遍或第三遍，直至全色部位的墨色及用笔技法与整个画面协调一致（图26）。

图26 全色

5.6.6 镶嵌

原裱镶料完整的，可再次使用。原裱镶料残破无法继续使用的，应参照原裱的形制、色泽和质地等进行染配和制作，装裱形式要尽量保持原有风格。原裱件残损过于严重或无旧裱可依的，为适应博物馆的展出需求，使用传统装裱形式中的经典款式进行装裱，使其既具有观赏价值又能满足博物馆的展陈需求，同时延长文物的保存寿命（图27）。

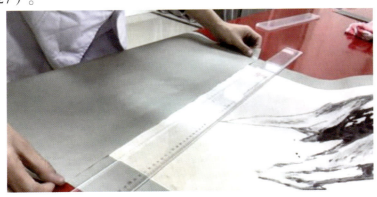

图27 镶嵌

5.6.7 覆背、贴墙

选择质地柔软、洁净的纸托裱于画芯背后，覆背后需待裱件完全晾干，再贴到墙壁上自然阴干。贴墙前要仔细检查粘贴折条处，如出现膨胀不平，则扯线取直左右两口，使中间部分松弛，待覆背完全晾干后，再润水上墙挣平，避免直接贴墙而发生"拨墙"现象。包首需选用质地匀称密实的丝绢，颜色应与轴头、签条以及绳带协调（图28）。

图28 覆背

5.6.8 研光

研光是书画装裱不可缺少的程序。研光可使书画平展、熨贴、背纸光滑一致，易收卷而不磨损画面。为防止画芯受损，研光前先在裱件下铺垫干净、细腻的宣纸，然后用石蜡在覆背纸上均匀涂擦，使画背平整光滑。

5.6.9 装天地杆

装杆前先制作纸样，以确保夹口纸平直，然后用"正裱法"装杆，包粘密实。天地杆宜用经烘干处理、有韧性、无木油、杆身直、粗细相等、弧面角度相同且表面光滑无棱痕的红、白松木料，扎带选用2cm宽的丝带。

六、典型修复案例介绍（以清孔宪誉书画扇面为例）

清孔宪誉书画扇一面设色绘图踏舟访友图，画面远处山峦起伏，一近处古木葱郁，一叶小舟泊于岸边，茅舍数间，门口主仆等人迎候好友乘舟来访，整幅画构图饱满，色彩艳丽，喜庆祥和。另一面为孔宪誉行书"当仁者得意"，落款"季秋重阳前，临书谱一则于载酒轩以应文运先生雅嘱春原孔宪誉年七十有四"；下有钤印两方，一为白文孔宪誉印，一为朱文春原印，书前钤朱文印一方，印文不识。

基于清孔宪誉书画扇的病害情况与保存现状，修复者不仅要有书画保护修复方面的技术，还要有传统折扇还原修复方面的技艺。修复难点至少有以下几点：补纸材料的筛选与加工；云母笺的固色；断裂处的连接；穿扇骨时与工具的配合；合扇、折面的精准吻合（图29）。

图29 清孔宪誉书画扇

6.1 选择修复折扇的用纸

这关系到还原修复后能否顺利开合和收放自如、扇面平整和正反扇面保持厚度不变两个问题。为解决以上两个问题，工作人员查阅大量文献资料，选择以下修复用纸。

在命纸选择方面，扎花纸纤维相对密集，不会过多干扰抗衡原纸等，而且薄、韧性好，所以选择扎花纸做修复折扇的命纸。在折条用纸选择方面，选用极薄皮纸，因为其韧性、厚度等符合原文物本体的要求（图30、图31）。

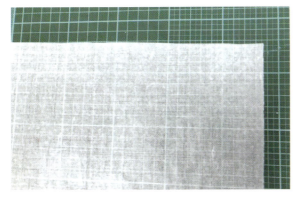

图30　檀皮扎花纸

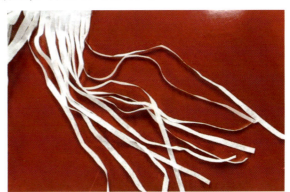

图31　皮纸

6.2 固色

扇面为云母笺，通过水溶性、酒精溶性测试，发现文物原扇面空白处被水和酒精影响的程度较小，而章印、墨色、金笺表层受其影响较大，有脱色、晕色、掉粉等现象。为此，清洗前首先要固色，选用胶矾水作为固体材料。胶矾水以明胶60克、明矾30克、纯净水1250克为基础，可根据笺纸的现状和色彩的种类与特性，做适当调整（矾胶比在1:2至1:3之间调整）。需要注意的是，调配适合浓度的胶矾水，喷胶矾水，待画面完全干燥稳定后，再用水清洗（图32）。

图32　固色

6.3 去便签、拆扇骨

原不干胶标签会对竹质扇骨产生伤害，故使用75%浓度的乙醇对原标签进行揭除。

将扇子展开，沿外扇骨内侧贴连外揭下扇面。如贴接比较牢固，可沿缝点水，洇开一点揭一点，再点水最后揭下，不可过急，以免损坏贴口（图33、图34）。

图33 揭标签 　　　　　　　　　　　图34 拆扇骨

6.4 揭扇面

揭扇面（特别是两面都要保留的）时，宜先干揭，用扇中间小骨穿进扇缝通开，分离两面，经试验，该画芯不易干揭。然后按常规做法，揭背，补残。做好后刷浆糊（略稠）以皮纸托好，用湿布盖上保持湿度，再做另一面。两面都完成后，就该合扇面了（图35、图36）。

6.5 断裂处加固

折扇合缝处变酥、变脆以及折痕处纤维层断裂的原因是折扇合缝、折痕处使用频率较高。这会严重影响还原成扇，需用皮纸贴折条加固（图37）。

图35 清洗

图36 揭扇面

图37 贴折条

6.6 扇面对接

　　把扇面从板墙上起下，用浆糊作粘合剂，把正反扇面合二为一，同时在穿扇骨的每一档贴一层3mm宽的纸条（起隔离作用，以留有穿扇骨之缝隙）。在扇面合二为一的过程中，必须使两面前后对齐，不能有丝毫错位，否则难以复原。合成之后，再次上板墙挣平（图38、图39）。

图38 折扇面

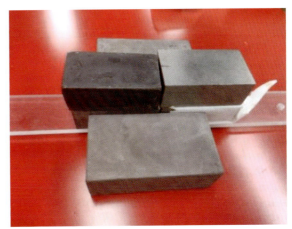

图39 压平

6.7 穿扇骨

　　裁费边、全色后，将扇面正反面合并，将小扇骨同时穿入扇面。这时需预留空隙，以便穿扇骨。工作人员发明了一种虽是小巧之作，却是折扇还原步骤中决定成败的不可缺少的自制工具——扇骨穿。该工具是按照文物本体小扇骨的尺寸制作而成的，呈剑形，顶端钝尖，两边稍薄，中间犹如剑脊稍微突起，能安全撑起扇骨插入的空间，利于原扇骨同时顺利穿入扇面而不造成二次损害（图40至图45）。

图40 裁费边

图41 全色

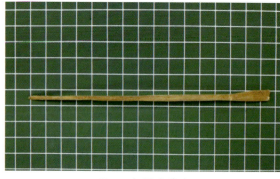

图42 自制扇骨穿

图43 穿扇骨孔

图44 粘接

图45 折扇修复后

七、结语

在保护修复过程中，项目组严格遵循《馆藏纸质文物保护修复方案编写规范》与《馆藏纸质文物病害分类与图示》等中华人民共和国文物保护行业标准，对153套

（243件）纸质文物进行了详尽的前期调查，保存了文物保护修复前的影像资料，全面记录了这些文物的尺寸、重量信息及病害特征等，确保每一细节都被精准捕捉。

基于前期的深入调查，项目组针对这批书画类文物的基体材料、病害情况及形貌等，进行了全面的科学检测与分析，为后续科学有效的保护修复工作奠定了坚实基础。

在全面把握文物保存现状与病害状况的基础上，针对纸张成分与霉菌类型等，进行了细致的科学检测分析。随后，通过选用适宜的保护修复材料，并采用成熟的技术步骤，成功清除了文物表面的污染物、水渍及昆虫排泄物等，对断裂与残缺部位进行了加固与补配，对画芯进行了重新装裱。这一系列措施不仅有利于展现这批书画类文物的历史价值、科学价值及艺术价值，还有效延长了其保存寿命。

在整个保护修复过程中，始终尊重文物本身的价值，致力于维护文物的真实性，确保每一件文物都能得到科学、有效的保护。这些珍贵的文物作为历史的见证者与文化的传承者，在岁月的长河中熠熠生辉。我们对它们的深入研究与分析，不仅有助于我们更好地理解其历史背景与艺术价值，更有助于为相关领域的科学研究提供宝贵的资料与数据支持。科学的文物保护修复项目正是为了让历史的记忆得以延续，让文化的瑰宝得以传承。

（执笔人：张超）

德州市博物馆馆藏书画保护修复项目

德州市博物馆

一、项目概况

作为全市公共文化服务的重要阵地，德州市博物馆馆藏文物丰富。但在文物的日常管理保存过程中，工作人员发现馆藏80件书画类文物存在断裂、残缺、污渍、折痕等严重病害，不仅无法进行展示和研究，而且会影响文物的保存状态。加之文物本身的结构、特性，褪色、糟朽、残缺、污渍等病害仍有加剧的可能，因此，特为这批书画类文物编制保护修复方案。

2020年7月底，《山东省德州市博物馆馆藏书画保护修复方案》通过山东省文化和旅游厅审批，涉及80件书画文物的保护修复计划。该项目于2022年5月开始实施，在实施过程中严格遵守保护修复原则和项目规章制度。2022年11月，80件书画文物的保护修复工作顺利通过结项评审。

二、文物基本情况

本保护修复项目涉及80件书画文物，其中绢本书画13件、纸本书画60件、诰命7件。这批文物存在水渍、污渍、皱褶、折痕、断裂、残缺、变色、微生物损害、晕色、褪色及字迹模糊等十余种纸张病害和写印色料病害。其中单件文物病害种类在5种以上的有52件，占比64%。这批书画病害程度严重，其中重度病害者有23件，中度病害者有40件，轻度病害者只有17件。在所有病害种类中，污渍、水渍、折痕、微生物损害占比最高，其次是断裂、残缺，褪色、字迹模糊、脱落、字迹残缺等写印色料病害占比相对较小。整体来看，这批书画存在的病害以纸张病害为主，而且病害性质多为活动病害或可诱发病害，尤其是微生物损害。该病害类型在本批纸质文物中尤为突出，几乎不同程度地存在于在每件文物上。该病害类型具有典型的活动性和可诱发性，如不加干预，对文物损害极大。

这批书画题材丰富多样，作者多为文人士大夫，如詹养沉、刘墉、田同之、潘世恩等，对研究我国古代的思想文化有着重要意义。

这批纸质文物体现了德州市博物馆馆藏书画的特色，具有鲜明的时代及地方色彩，真实反映出德州当时的文化、艺术水平，是研究当地社会、历史和文化发展的珍贵资料，具有极高的价值。

三、分析检测

3.1 保存环境检测

设备：深达威SW-572型温湿度检测仪、TESTO175-H2型温湿度连续记录仪、德国HE765L全数字紫外照度计。

检测项目：展厅及库房温湿度、光照。

检测时间：4个月。

检测结果：检测期间，德州市博物馆一层陈列展厅内平均温度为14.9℃，平均湿度为35.9%，而且温湿度波动明显，湿度较标准阈值偏低。德州市博物馆库房内未配置温湿度调控设备，其温湿度的控制主要靠建筑本体的保温隔热，基本随外界气温的变化而波动。研究发现，微生物最适宜的生存温度在20℃以上，纸质文物保存的最佳温度是14℃—18℃（<20℃）；大多数霉菌在相对湿度达到60%以下停止繁殖，纸质文物保存的最佳湿度是50%—60%。虽然德州市博物馆环境的温湿度在安全阈值内，但是德州市受季风影响显著，四季分明，冷热干湿界限明显，春季干旱多风，回暖快，夏季炎热多雨，秋季凉爽多晴天，冬季寒冷少雪干燥，具有显著的大陆性气候特征，馆内环境易受外界气候影响，不利于文物的安全保存（表1至表3）。

表1　温湿度检测仪检测结果

位置	温度（℃）	相对湿度（%）
文明遗珠展厅	14.8	34.5
临时展厅	14.4	34.5
书画库房	15.6	38.8

表2　温湿度监测记录仪监测结果

位置	项目	最大值	最小值	平均值	幅度值
文明遗珠展厅	温度（℃）	16.2	13.4	14.8	2.8
	湿度（%RH）	38.8	30.2	34.5	8.6
临时展厅	温度（℃）	15.9	12.8	14.4	3.1
	湿度（%RH）	36.6	32.3	34.5	4.3
书画库房	温度（℃）	17.2	14.0	15.6	3.2
	湿度（%RH）	42.6	35.0	38.8	7.6

表3　光照水平检测结果

位置	光照度（LUX）		紫外线强度（μW/cm²）	
	最高	最低	最高	最低
文明遗珠展厅	157	53.5	0.2	0.1
临时展厅	151	52.5	0.2	0.1
书画库房	145	19.6	0.2	0.1

3.2 显微形貌与结构观察

选择具有代表性的文物进行纤维形貌与结构观察。所有检测样品均取自自然脱落的残片。有时直接采用便携式无损分析仪器进行取样分析。此次共取得两份实验样品，样品DM208为纸张脱落样品，DM213为裱件脱落样品，样品未做处理，直接用于后续实验（图1）。

DM208明代米万钟绢本中堂

DM213清代绢本脊令图

图1　自然脱落样品

借助偏光显微镜对所获取的样品进行显微形貌与结构观察，确定文物纤维状态，为评估文物损害状况提供基础。经检测，两份样品纤维断裂明显，且纤维间有黑色颗粒，纤维状态较疏松，已出现松散、脱丝、剥落等现象（图2）。

DM208样品微观图1

DM208样品微观图2

DM213样品微观图1

DM213样品微观图2

图2 样品微观结构图

3.3 材质酸碱度检测

选取文物中具有典型特征的部分样品，使用便携式酸度测量仪，对其画芯的酸碱度进行无损检测：将待检测的画芯自然平铺在洁净的玻璃板或装裱木台上，将一滴蒸馏水滴到画芯上，把pH计的测量电极浸于画芯表面接触，待读数稳定后记录pH值。检测结果见下表（表4）。

表4 pH值检测结果

序号	文物号	名称	质地	pH值
1	DM45-1	民国纸本青铜匜全形拓	纸	5.13
2	DM138	明代天启之宝圣旨	纸	5.51
3	DM208	明代米万钟绢本中堂	丝	4.56
4	DM265	清代冯廷櫆绢本立轴	丝	4.32

序号	文物号	名称	质地	pH值
5	DM1435	铁拐李像指抹画立轴	纸	4.15
6	DM1438	程泽民山水图立轴	丝	5.66
7	DM1444	徐国枢梅花图立轴	纸	4.87

通过检测发现，这批书画类文物的pH值在4.15—5.66之间，而现代新生产的宣纸的pH值多在6.5—8.5之间（呈中性或弱碱性）。经过对比，所检测的文物样本大部分呈酸性。纸张或绫绢酸化会导致文物耐久性降低、脆化等。pH值是反映纸张或绫绢老化的主要指标之一。对纸张或绫绢文物威胁最大的微生物如霉菌，其最适宜生存的pH范围为4.0—5.8，因此酸性的纸张或绫绢有利于霉菌的生长、发育、繁殖。因此，需要对偏酸性的纸张进行脱酸处理等。

四、典型病害

4.1 水渍

水渍是指纸张受水浸润而留下的痕迹。纸张由众多纤维素构成，具有较强的吸附能力，能够吸附水气。由于过去保存环境较差，文物长期受到空气中湿气的侵蚀，或被水浸泡过，故而留下印记。部分书画的水渍病害较重，较重的部分甚至无法彻底清理干净（图3、图4）。

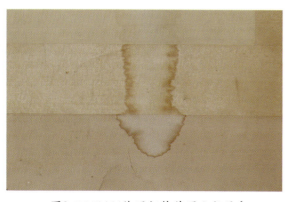

图3 DM1444徐国枢梅花图立轴局部　　　　图4 DM45-2民国纸本青铜盘全形拓局部

4.2 污渍

污渍是指纸张受污染而形成的斑迹。严重的污渍会浸入纸张的纤维，较难清洗，即使经过保护修复处理，仍会残留有淡淡的痕迹，影响文物的外观。受污染后，纸张强度也会受到很大影响（图5、图6）。

图5 DM161清代人物画局部

图6 DM213清代绢本脊令图局部

4.3 皱褶

皱褶是指纸张受各种因素的作用，在表面形成凹凸皱纹。这些皱纹是文物在流传过程中，由于没有得到善妥保存等形成的，非常影响文物的外观。这种病害情况较轻，在保护修复过程中已得到处理（图7、图8）。

图7 DM138明代天启之宝圣旨局部

图8 DM208明代米万钟绢本中堂局部

4.4 折痕

折痕是纸张由于折叠或挤压而产生的痕迹。据统计，这批文物几乎都存在这种病害，有些严重的折痕已经造成画面断裂（图9、图10）。

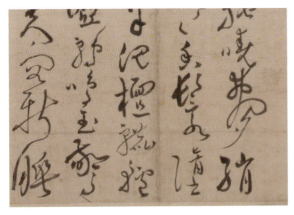

图9 DM207明代詹养忱纸本长卷局部

图10 DM372清代纸本家教图局部

4.5 断裂

断裂是指纸张从一个整体断为两个甚至多个部分。这批文物中，有些断裂情况较轻，未伤及画芯，但有些断裂情况较为严重，使画芯形成开裂，造成画芯大面积残缺。纸张一旦出现裂纹，大多会发生不可逆的形变，修补时要根据纸张裂纹纤维的断口形态和种类，采用合适的连接技术，尽可能使裂纹或断口被完美修复（图11、图12）。

图11　DM1461清末至民国王品泉行书书法局部　　　　图12　DM1445菊花禽鸟图立轴局部

4.6 残缺

残缺是指纸张局部出现缺失，无法保持其完整性。这批文物中，部分书画残缺情况较为严重，不仅影响美观，而且不利于文物的保存与展示（图13、图14）。

图13　DM208明代米万钟绢本中堂局部　　　　图14　DM1440山水图横披局部

4.7 变色

变色是指物理、化学或生物等因素导致化学结构发生变化，纸张颜色发生改变。纸张出现变色的原因有很多，包括表面积灰、保存不善、环境变化等（图15、图16）。

图15 DM1455-1清张裕钊行书对联局部　　　　　图16 DM1463草书立轴局部

4.8 微生物损害

微生物损害是指微生物的滋生对纸张造成的损害。在开展预防性保护工作之前，德州市博物馆库房环境的相对湿度偏高，导致这批文物大都存在微生物损害。因此，在保护修复前，对整批文物进行了消杀处理（图17、图18）。

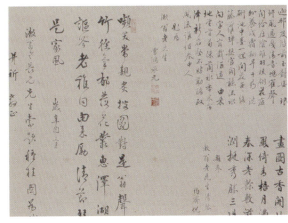

图17 DM209清代姚与穆绢本种桂图局部　　　　图18 DM1442竹报平安图横披局部

4.9 脱落

脱落是指写印色料与纸张载体发生脱离的现象。这类病害大部分是书画长期展示或频繁收卷造成的（图19、图20）。

图19 DM1440山水图横披局部

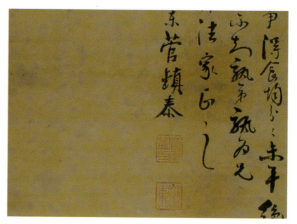

图20 DM1451菅镇泰小鸡图立轴局部

五、保护修复

根据项目实施方案过程中对文物病害的调查情况，结合文物现状，依据国家文物局《可移动文物修复管理办法》等相关条例，开展实施保护工作，针对各类病害的治理方式如下。

5.1 折痕、断裂病害的治理

书画产生折痕、断裂的原因较多，如画芯破裂，命纸或者覆背纸破裂，收卷操作不当导致的破裂，纸张在抄制过程中产生的折痕，等等。

这批文物中的部分书画折痕、断裂部位较密集，修复时需要先将这些断裂、皱褶部位平展开来，确保断裂部位拼接后不重叠、不开裂（图21）。待画芯揭芯、重托命纸后，即可在命纸上观察这些折痕、断裂部位。将画芯反面朝上放置于拷贝台上，根据画芯的透光程度，可观察画芯折痕或断裂的深浅程度。完全透光处，画芯是断裂的；透光较弱的地方，画芯有折痕或轻微折纹。一般情况下，通过拷贝台的灯光能够观察到画芯上的大部分折痕，但也有部分折痕在拷贝台灯光下无法被观察到。这时，我们需将画芯正面朝内卷起，通过观察画卷上的凸起部位，来发现这些隐藏的折痕，再使用铅笔将折痕标出。由于通常无法一次性全部观测出来这些折痕、断裂部位，因此每张书画至少要经过3次以上的收卷检查。

图21 平展、拼对画芯

对于这批书画画芯上的折痕，均采用贴折条的方式加固。贴折条能够有效治理画芯上原有的裂隙和折痕，从而阻止在修复装裱上墙挣平过程中出现画芯"崩裂"的状况，还可防止在完成装裱后日常收卷过程中再次出现折痕和断裂。对于这批书画中画芯较薄的，选用单宣纸（生宣纸）做折条；对于画芯较厚的，选用桑皮纸做折条，因为桑皮纸柔韧，拉力强，耐折度高。折条纸的宽度为0.2—0.3cm（图22）。

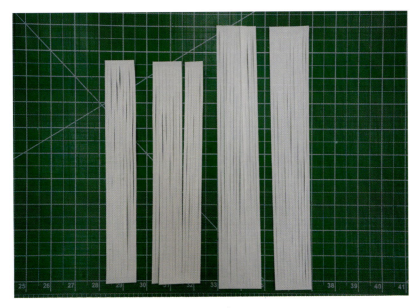

图22 折条纸

具体操作方法是：

首先用毛笔将浆糊均匀刷于一组折条纸上，用镊子将折条纸的一端揭起，将其放置于吸水纸上撤水，再用镊子先后夹起折条两端，将折条纸贴至折痕或断裂的正中间部位。然后用镊子夹断多余的折条，在折条上方垫撤水纸，按压结实后，用手术刀刮平折条两端（图23）。

图23　贴折条

折痕、断裂病害治理前后的对比情况如图24、图25所示。

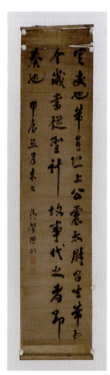

图24　DM1429铁樵行书立轴修复前后对比图

图25　DM1445菊花禽鸟图立轴修复前后对比图

5.2 残缺病害的治理

这批文物大都存在不同程度的残缺，由于画芯年代久远、旧纸工艺失传，故采取整托隐补的方式修复。首先染制与画芯颜色相似的命纸整托（图26、图27），再在命纸后根据画芯残缺形状隐补宣纸（图28），待画芯晾干后套胶矾水、上墙挣平。最后对残缺部位进行全色（图29），使画面整体协调美观。对于这种先托后补的修复方式来说，命纸颜色的选择至关重要：命纸颜色浅，会给后续全色工作增加难度；命纸颜色重，则会影响画面的观感。一般来说，命纸的颜色浅于画芯一个色度即可。

图26 染命纸

图27 托命纸

图28 隐补

图29 全色

残缺病害治理前后的对比情况如图30、图31所示。

图30 M1453王品泉行书书法六扇屏修复
前后对比图

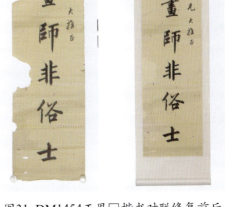

图31 DM1454王恩□楷书对联修复前后
对比图

5.3 水渍病害的治理

水渍是指纸张因受浸润而留下的痕迹。虽然水渍属于稳定性病害，不会对文物的长期保存造成致命影响，但十分影响文物的美观，若不及时清洗，会使文物本身蕴含的历史文化信息受到破坏。所以清洗既是开展保护工作的重要基础，也是进行后续修复的重要前提。

因书画文物多由纸张与写印色料组成，故在对文物水渍病害进行治理之前，首先要对文物的纸张强度、颜料稳定性进行检验、判断，据此选择最佳清洗方式。在严格遵循不改变文物原状、最小干预、可再处理和可辨识性等文物保护原则的基础上，进行适度清洗。

这批文物上的水渍大多是遭水流浸泡或冲刷形成的痕渍。个别书画水痕遍布一半幅面，更有部分文物纸张因此发生严重变形。通过观察分析，这批文物的水渍病害情况较重，但纸张强度较好，颜料稳定，可进行清洗。

项目组选择较为传统和安全的清洗方式——蒸馏水清洗，将水温控制在60℃至70℃之间，通过温度计严格控温。在具体工作时，根据书画病害的面积及纸张的强度，选择三种方法：冲洗、淋洗、局部清洗。冲洗是将书画放置在有一定坡度的洗化槽内，沿水渍分布方向，持续冲洗水渍部位，清洗后的水沿着洗画槽流出，根据流出的水的颜色判断清洗效果。淋洗是将画芯反面朝上平铺在裱画台上，使用排笔蘸取温水淋洗水渍部位，而后用毛巾滚动撤水，同样根据撤水的颜色判断清洗效果（图32、图33）。局部清洗是使用毛刷、毛笔等工具蘸水局部清洗小面积水渍，然后使用宣纸快速吸干水分，通过宣纸撤水后的印痕，判断清洗效果（图34）。

图32 淋洗

图33 撤水

图34 局部清洗

水渍病害治理前后的对比情况如图35、图36所示。

图35 DM45-3民国纸本青铜簋全形拓修复前后对比图

图36 DM213清代绢本脊令图修复前后对比图

5.4 污渍病害的治理

书画类文物表面的污染物种类繁多，常见的有灰尘、蝇虫残留物、霉斑，以及圆珠笔油、墨水、油斑、铁锈斑痕等。这批文物上的污染物主要有灰尘、蝇虫残留物、油斑，具体清理方法如下。

5.4.1 灰尘

灰尘的特点是吸附力较弱，对纸张内部结构影响较小。在清理过程中，一般使用羊毛刷、毛笔、蓝丁胶、面团等工具材料。对于部分吸附性较强的粉尘颗粒，为避免在清理过程中对纸张造成磨损，多使用微型吸尘器进行处理（图37）。

图37 清理灰尘

5.4.2 蝇虫残留物

蝇虫残留物包括各种昆虫的分泌物、粪便等。这类病害大都遍布画芯各处，比较分散。对于这类残留物，一般先使用手术刀、马蹄刀等剔除，而后用微型吸尘器将其吸离画面（图38）。

图38 清理蝇虫残留物

5.4.3 油斑

这批文物上的油斑主要指受自然因素、人为因素影响，因滴溅或涂抹留下的油渍印记。对于油渍污染，项目组选用了皂角粉来清洗。相比于其他有机溶剂，皂角粉属于天然材料，更安全，对纸张的酸碱度、物理性能等影响较小，而且清洗效果最为显著（图39）。

图39 清洗油斑

污渍病害治理前后的对比情况如图40所示。

 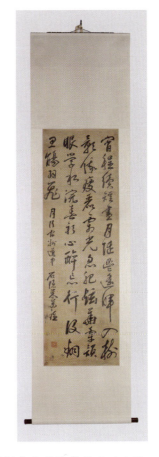

图40 DM208明代米万钟绢本中堂修复前后对比图

六、结语

在项目实施过程中，项目组始终秉持科学修复的核心理念，将传统修复技艺与现代科技保护手段紧密结合，严格遵守最小干预、不改变文物原状、可再处理和可辨识性等修复原则，始终如一地遵循国家文物局的相关规范及山东省文化和旅游厅的批复方案。

项目组在原有病害评估的基础上，对每一件书画文物进行了深入细致的价值评估与病害分析，并据此制定了极具针对性的保护修复技术路线。在修复过程中，充分利用现代科学仪器，精准检测书画文物的材质、颜料成分及酸度等关键指标。这些检测结果为病害分析、制定保护修复方案提供了重要依据，使得项目实施更加科学严谨。

通过保护修复，清除了书画表面的污渍、水渍，处理了文物残缺、断裂等病害，恢复了文物的基本面貌；对书画的脆弱部位进行了加固，提高了其物理强度，延长了文物寿命；对病害严重的文物进行了重新装裱，满足了德州市博物馆展陈及相关研究的需要。经过6个多月的工作，项目组圆满地完成了此次保护修复任务。

中国历代书画文物作为中华文化博大精深、源远流长的实物见证，是人类共有的宝贵历史文化遗产。作为文博工作者，我们深知自己肩负着不可推卸的文物保护责任。此次项目的圆满完成，不仅是对我们专业能力的肯定，更是德州市博物馆贯彻落实"保护第一、加强管理、挖掘价值、有效利用、让文物活起来"的新时代文物工作方针的生动实践。

（执笔人：吕宏伟）

山东沂南河阳社区墓地出土棺木保护修复项目

山东省文物保护修复与鉴定中心　荆州文物保护中心　沂南县博物馆

一、项目概况

2013年6—7月，山东省文物考古研究院（原山东省文物考古研究所）联合临沂市、沂南县文物部门，抢救性考古发掘了3座清代墓葬，均为一夫多妻墓，共10间墓室。墓葬形制为长方形土坑竖穴，白砂灰灌浆板筑椁木棺墓。

M1位于墓地西部，白砂灰墓顶长575厘米，宽440厘米，为一墓三室，从放置于壁龛中的随葬品看，中室为夫，两侧为妻妾（图1）。M2位于墓地东部，白砂灰墓顶长625厘米，宽435厘米，为一墓三室，从随葬品分析，中间一室为夫，左右两侧为妻妾。M3位于墓地南部，白砂灰墓顶长800厘米，宽450厘米，为一墓四室，从放置于壁龛中的随葬品看，自西向东第二室为夫，其余为妻妾。发掘结束后，考古人员科学提取9具棺木（其中6具保存较好），将其迁移到沂南县博物馆保存。

图1　沂南河阳北村墓地M1内部（由东向西拍摄）

其中M1北室棺板上书"皇清例赠孺人刘母张太君享年二十六岁之灵枢"，M2中室棺盖上书"皇清例赠□职佐郎□进士候选训导□□□"等字，东室棺盖上书"皇清例赠孺人□继姚□太□之□"等字，其他几具棺盖上也有字迹，多不清楚。这批棺木制作考究，由棺盖、内盖板、左右棺墙、前后挡板、七星板、棺底、底座等部分组成，两侧底部均有两个铁环供下葬穿绳使用。据考证，此墓地应为沂水望族刘氏家族墓地。该墓地的发掘为研究当地清代望族的丧葬习俗、礼仪制度、婚姻情况等提供了一份不可多得的实物资料。保存较好的6具棺木为研究明清棺木制作工艺等提供了实物资料。

二、样品及分析方法

2.1 样品

M1南室由棺盖板、内盖板、侧板、挡板、内底板、底板、支脚板七部分组成。棺通长235厘米，宽73—95厘米，通高88—110厘米。M1中室由棺盖板、内盖板、侧板、挡板、内底板、底板、支脚板七部分组成。棺通长235厘米，宽71—96厘米，通高77—102厘米。棺盖板长230—235厘米，宽71—89厘米，厚约18厘米。

M3四室棺木保存完好，被整体提取置放在沂南县博物馆内。

为全面掌握该批棺木的表面刷涂材料和工艺，从三个墓室中选择了表面刷涂物、表面文字、棺底填充物、表面污染物四种样品，每个样品的取样位置及编号见表1。

表1　沂南河阳墓地出土棺木样品及采用分析测试方法一览表

墓号	编号	名称	描述	体式	切片	红外	电镜	衍射
M1南室	YNG14	刷涂层	M1南室前挡最内层刷涂层	√	√	√	√	
M1中室	YNG02	刷涂层	M1中室棺木上最薄刷涂层	√	√	√	√	
M3四室	YNG07	刷涂层	M3四室棺木上最厚刷涂层	√	√		√	
	YNG09	填充物	M3四室七星板下填充物					√

2.2 分析方法

使用超景深显微镜对部分样品表面进行观察，使用扫描电镜对样品表面进行微观观察和微区能谱分析，使用显微红外光谱仪对棺木刷涂物进行分析，使用X射线衍射仪对附着物和填充物进行分析。

三、结果与讨论

3.1 显微观察结果与讨论

该批样品的表面、切面及微观结构显微观察结果见表2。

首届全省文物保护修复优秀案例荟萃

M1南室：棺木本体保存状况基本完好，最外层刷涂物呈橘黄色。从刷涂的微观结构来看，疑似漆灰抹平，大漆打底，至少刷涂两层桐油，桐油较稠。

M1中室：棺木整体保存较完整，外表刷涂物分为两层。内层刷涂物表面呈乌黑泡状，疑似大漆。外层刷涂物表面呈褐红色，多层结构，表面有收缩痕迹。取样位置（前挡）共分二层，均为桐油层。

M3四室：棺木整体外形完整，木材有轻度腐朽，局部刷涂物脱落。YNG07呈多层结构，即漆灰基底层（颗粒物加麻与有机物混合）—桐油—桐油—桐油。正面呈橘红色泡状收缩，背面可见明显的纤维印痕及土状结壳。

表2　表面、切面及微观结构显微观察分析结果

编号	表面结构	切面结构	微观结构
YNG14（M1南室前挡最内层刷涂层）	樟内层刷涂层，表面呈乌黑泡状，背面可见毛刺状粘结下来的木材纹理的痕迹	两层：漆灰基底层—黑色层	
YNG02（M1中室棺木上最薄刷涂层）	正面呈褐红色泡状，背面可见基底层残留的白色印迹	四层：桐油—桐油—桐油—桐油	上面有机层厚约0.2mm，下面基底层厚约0.4mm
YNG07（M3四室棺木上最厚刷涂层）	多层结构，正面呈橘红色泡状收缩，背面可见明显的纤维印痕及土状结壳	四层：漆灰基底层（颗粒物加麻与有机物混合）—桐油—桐油—桐油	

3.2 能谱分析结果与讨论

YNG14：主体元素为C、O，还有少量粘土矿物元素，说明主体成分都是有机物，粘土矿物元素可能来自基底层。

YNG02：主体元素为C、O、Ca、Mn，还有少量粘土矿物元素，说明主体成分为有机物，Ca和粘土矿物元素可能来自漆灰基底层，而Mn可能来自桐油熟化工艺。

YNG07：主体元素为C、O、Mn，还有少量粘土矿物元素，说明主体成分是有机物，而Mn可能来自桐油熟化工艺。

3.3 显微红外光谱分析

3.3.1 YNG14（M1南室前挡最内层刷涂物）棕色物

据红外光谱图可知，YNG14棕色物3100cm^{-1}—2800cm^{-1}处碳氢吸收谱带说明含有机物，1750cm^{-1}—1700cm^{-1}处谱带表明有酯羰基，1610cm^{-1}—1590cm^{-1}、1514cm^{-1}—1512cm^{-1}处谱带与苯环有关。红外光谱图上4000cm^{-1}—1550cm^{-1}处谱带及经kk转换的红外光谱图1550cm^{-1}—670cm^{-1}处谱带与木头和纤维素相符。由此推测YNG14背面棕色物主体成分为木（图2）。

3.3.2 YNG14（M1南室前挡最内层刷涂物）黑色

据红外光谱图可知，YNG14黑色刷涂物在3100cm^{-1}—2800cm^{-1}及1461cm^{-1}处均为碳氢有机物的吸收谱带，在1750cm^{-1}处附近也存在酯羰基的伸缩振动谱带（图3）。

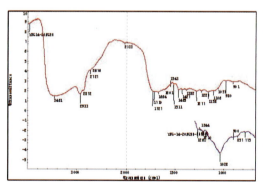

图2 YNG14棕色物红外光谱图及kk转换图谱

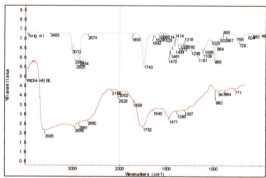

图3 YNG14黑色物红外光谱图

3.3.3 YNG02（M1中室棺木上最薄刷涂物）白色物

据红外光谱图可知，2980cm^{-1}—2875cm^{-1}、2513cm^{-1}、2139cm^{-1}、1959cm^{-1}、1795cm^{-1}、869cm^{-1}、848cm^{-1}、713cm^{-1}等处吸收谱带与已知碳酸钙谱带相符，推测白色物主体为碳酸钙（图4）。

3.3.4 YNG02（M1 中室棺木上最薄刷涂物）棕色物

据红外光谱图可知，3100cm^{-1}—2800cm^{-1}及1461cm^{-1}处吸收谱带表明含有碳氢有机物，1741cm^{-1}处为酯羰基的伸缩振动谱带。另外，3013cm^{-1}、1641cm^{-1}处有较弱吸收峰，说明可能含有少量–C=CH–结构，与已知未成膜的桐油的标准图（3013cm^{-1}、1641cm^{-1}、1000cm^{-1}—950cm^{-1}处的–C=CH–吸收峰较强）对比表明，可能存在成膜的桐油成分（图5）。

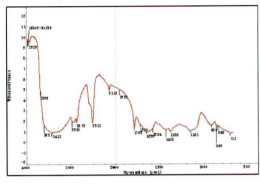 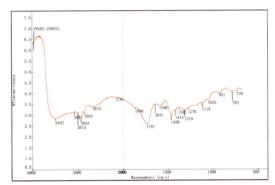

图4 YNG02白色物红外光谱图　　图5 YNG02棕色物红外光谱图

3.4 X 射线衍射

YNG09衍射结果表明，M3四室七星板下的填充物为方解石（高于99%）（图6）。

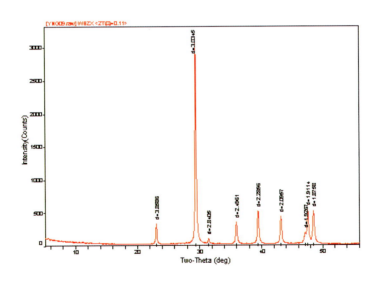

图6 YNG09填充物衍射图谱

四、工艺研究

4.1 选材与初加工

古代棺木制作非常讲究，梓木最好，多为帝王所用，楠木次之，多数人使用柏木。本墓地出土棺木的主材都是柏木。木材分为芯材、边料等。非常考究的棺木绝不用边料。如M1南室棺木保存完好，木材没有任何腐朽痕迹。有些棺木选用了边料或树心材，有些还存在挖补痕迹。为达到整体宽厚的效果，在板缝间填充了细小木条，造成棺木本体自身缺陷，不利于保存。棺木胎体制作完成后，选料上乘的棺木就可以直接刷漆，对于表面光洁度差、表面缺陷多或有填补等处，使用漆灰进行修整，然后再刷涂最外层。

棺木用料一般讲究棺盖、棺墙、棺底的树种、厚度、块数等。在保护修复时，选取9个木材样品送至中国林科院木材工业研究所进行树种鉴定。其中6个是圆柏（含M1南室穿榫），2个是侧柏，1个是梓木（M1南室七星板）。M1南室棺盖、棺墙、棺底最大厚度为17厘米，相当于俗称"六寸"。板材块数分别为3块、3块、5块，从横断面来看，M1南室棺木共由14块板材组成（图7）。

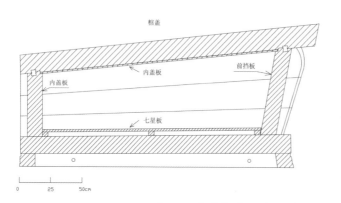 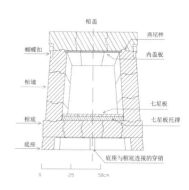

图7 M1南室棺木纵向和横向剖面图

棺盖：用材最重，总长239.8厘米，前端厚17厘米，宽85厘米，后端厚14.5厘米，宽64厘米。由三块板龙凤榫连接而成，每块板宽度基本一致。

棺墙：左右墙应对称。总长均227.1厘米，前端厚14.5厘米，高67.1厘米，后端厚13厘米，高48厘米。由三块板龙凤榫连接而成，每块板宽度基本一致。

棺底：棺底厚度略低于棺墙厚度，总长215.2厘米，前端厚14.4厘米，宽95.4厘米，后端厚13厘米，宽72.8厘米。由五块板龙凤榫连接而成，外侧两块板比中间三块宽。

挡板：前挡板厚12.4厘米，高67.4厘米，上宽51.7厘米，下宽61厘米，后挡板厚12厘米，高48.5厘米，上宽35.8厘米，下宽43.5厘米。各由三块板龙凤榫连接而成，每块板宽度基本一致。

底座：由左右前后四块木料制作而成。底座用料基本与棺底一致。前端宽96.8厘米，高11厘米，厚12厘米，后端宽74.5厘米，高9.8厘米，厚度12厘米，两侧边长218.5厘米，高9.8—11厘米，厚12厘米。

七星板：由三块板拼成，只铺平，不做连接。整体长173.5厘米，前宽57厘米，后宽41.5厘米，厚1.8厘米。板面上按北斗七星的布局钻透孔，孔直径2.3厘米。板下有三条宽4.5厘米、高3.5厘米的木方做横向托板，前后两根紧贴挡板，中间放置一根，长度以棺内净尺寸为准。七星板下填铺生石灰。

内盖板：由三块板组成，平铺在棺口预留槽内，未做连接。长190厘米，前宽54厘米，后宽39厘米，厚1.2厘米。

从以上板材净尺寸来看，单块板材取材树木最小直径不小于35厘米。首先锯解成毛胚料，把四面刨光后，加工成所需尺寸的净材（板材大小头、倾斜尺寸等）。然后根据实际情况在每一块板材不同侧面上留榫或开卯。每块板材尺寸精准，制作工艺要求高，难度大。除棺底外，均是通过龙凤榫结构将板连在一起，做成所需宽度。

4.2 所发现木作结构

有关棺木制作工艺的研究，目前所见成果较少，原因有二：一是出土棺木的保存状况大多较差，可供提取的信息比较有限；二是文献中关于这一方面的记载较少，且不够详尽。因而在调查出土棺木保存状况、并展开保护修复工作的同时，研究制作工艺和材料选取等，不失为一种行之有效的方法。

在保护修复沂南河阳墓地出土清代棺木的过程中，项目组发现了龙凤榫、穿带、龙凤榫加穿带、燕尾榫及穿销五种卯榫结构。

龙凤榫　原木锯解成板材后，因受限于木材直径不够所需宽度，需要将不够宽的板材进行拼接。将不够宽的板材加宽时，就会用到"龙凤榫"。将板材的一侧刨出断面为上大下小榫，再将其相邻的板材开出下大上小的槽口，用推插的方法将两板拼合，可不使其从横的方向拉开。龙凤榫主要用于棺木六侧面板与板间的连接，未发现单独使用穿带工艺。棺盖与棺身之间使用龙凤榫加穿带工艺，不仅能起到对棺盖板的穿带作用，而且连接了棺盖、棺身与挡板三构件。

为适应板材的形状，在龙凤榫制作上也采取了前宽后窄的形式。采用这种方式，一是便于加工，二是装配时由前向后，由于卯榫大小头的原理，拼装后的板不会出现后滑现象，而且棺板间更加牢固。

穿带　板材通过龙凤榫或其他方式拼合粘牢之后，在其一面开一个上小下大的槽口（带口）。穿带的梯形长榫一面稍宽，一面稍窄，为了使其穿紧，长榫都是从宽的一边推向窄的一边。

龙凤榫加穿带　将龙凤榫和穿带工艺结合在一起就是"龙凤榫加穿带"。燕尾榫两块平板直角或平面相接，为防止受拉力时脱开，把榫头做成梯台形，故名"燕尾榫"。燕尾榫在棺板材间连接时较常用，个别棺木中用于棺盖与棺身间，与前后穿带一同加强棺盖与棺身的连接强度。

穿销　在裁销的基础上，延长其一端，使其贯穿于牙板的内侧。一般穿销有梯形的角度，边沿有燕尾榫的榫口，可在增强部件强度的同时，管束其干缩润涨的方向，使二木永远贴紧。穿销工艺主要用于底座与棺底间的连接，且多用于前后端板中间位置。

4.3 装配工艺流程

为真实重现棺木的装配流程，使用CAD模拟棺木的装配过程。

构件预制：如棺墙制作，在预加工好的第一块木板上开卯、下留榫，第二块木板上下均留榫，第三块下开卯，然后从下往上依次装配。先制作左墙，再做右墙。前后挡板、棺盖和棺墙一样进行预制，棺底、底座只能预加工单块板材。

安装挡板：将制作好的棺墙两端开卯，初步加工棺墙前端弧度。按照棺墙加工工艺制作前后挡板，将挡板插入棺墙两端内侧卯槽内。

安装棺底：底板一共五块，通过龙凤榫先将最外侧两块板与棺墙最下侧板连接，再依次通过龙凤榫装入次外两块板，最后插入两侧带榫的中间板。龙凤榫不仅完成了棺底拼接，而且完成了棺底与棺墙的连接。

安装底座：先安装左右纵向底座板材，通过底座上榫头与底板预留的卯口连接。再依次将前后底座板材与纵向板材扣合，并在横向底座与棺底中间板使用穿销卯合。完成底座与棺底连接后，将棺身翻转180°，使底座与地面接触，整个棺身的装配工作完成。

棺口加工：在棺口上加工龙凤榫、穿带、燕尾榫，并制作内盖板。

放置七星板、内盖板：在棺内放置七星板托撑，铺撒生石灰，平整后铺装七星板。将逝者遗体装入棺内后，把内盖板盖上。内盖板四边恰巧落在棺墙和挡板上预制的槽口上。

安装棺盖板：参照棺墙制作工艺流程制作棺盖，通过燕尾榫、穿带等将其固色。

4.4 连接结构

板材间：龙凤榫连接。以M1南室棺盖为例，榫头凸起1.2厘米，前端上宽6.2厘米，下宽5.5厘米，后端上宽4.1厘米，下宽3.5厘米，卯槽尺寸与榫头相应。板材拼合处有疑似生漆的髹饰层，且是两层。推测在拼合前，先用生漆刷涂板材表面，然后再拼合。

棺墙与挡板间：龙凤榫连接，以M1南室棺木为例，榫头凸起2厘米，最下榫头上宽5厘米，下宽4.5厘米。卯槽尺寸与榫头相应。

棺墙、棺底与底座间：棺底外侧两路板与棺墙、底座连接面三面留卯槽。底座纵向板材与棺底连接后，底座前后两路横向板材两端与纵向板材两端采用扣合结构，前后两路的中心内侧面留燕尾卯槽，与棺底预留位置统一（或均为新开卯槽），再用穿销榫卯实现连接。

棺盖与棺身间：棺盖与棺体采用直卯榫配合（俗称龙凤口），棺盖留卯、棺体留榫。棺盖与棺体位置确定后，在前后挡板正上位置（棺盖与棺体接缝处）开贯通卯，再用形状相同的榫条（燕尾形穿带条）镶入。在制作过程中，穿带长度大于棺盖宽度。此外，为便于穿带在卯槽穿过，穿带宽度一端略小于卯槽宽度，另一端宽度略大于卯槽宽度。穿带完成穿插连接后，截取略长穿带条，若有缝隙，则打入木楔子，增强连接强度。

为进一步加强棺盖与棺身的连接强度，在两侧棺墙与棺盖接缝中间位置增加一个燕尾榫扣，深度约3厘米，不贯通棺墙。通过龙凤榫、穿带、燕尾榫等工艺，可保证棺盖与棺墙间的连接强度（图8、图9）。项目组在打开M1南室棺盖后，发现棺盖与棺身间有一层与髹饰层一致的填充物，推测是在盖棺前，在缝隙间刷涂的桐油或漆灰，以起到密封和粘接作用。

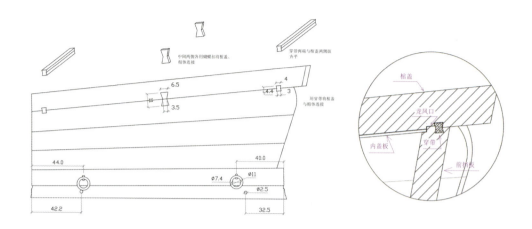

图8 M1南室棺盖与棺身连接示意图　　　　图9 M1南室棺盖与前挡板连接示意图

4.5 髹饰工艺

4.5.1 M1 北室棺木

仅剩棺盖中间一列，内侧面、两侧无髹饰层残留。棺盖上覆盖有招魂幡，从棺盖表面髹饰层样品的显微观察结果来看，样品表面存在大量黑色颗粒，基体呈棕红色。黑色颗粒明显高于基底层，样品背面呈土黄色，且凹凸不平。从样品的横截面可以观察到，样品分3层，分别为黑色颗粒层、棕红色层、土黄色层（图10、图11）。

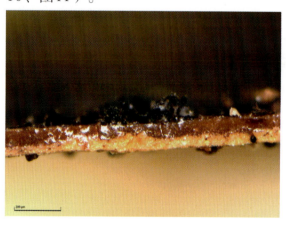

图10 M1北室棺木外髹饰层横截面观察结果（300×）

图11 M1北室棺木外髹饰层正面观察结果（200×）

4.5.2 M1 中室棺木

棺木整体保存较完整，外层髹饰层应为两次刷涂而成。内层髹饰层表面呈乌黑泡状，疑似大漆；外层髹饰层表面呈褐红色，多层结构，表面有收缩痕迹。使用昊视HK7700超景深显微镜观察、分析后发现，棺木表面髹饰层呈褐红色，为多层结构，且有收缩印迹（图12）。棺内涂刷桐油。

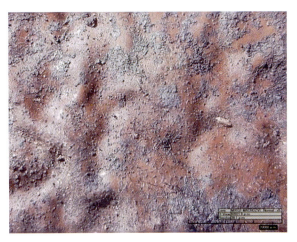

M1中室棺木髹饰层反面（高倍）　　　　M1中室棺木外髹饰层正面（高倍）

图12 M1中室棺木外层髹饰层超景深显微观察结果

就其他几具散落棺板材来看，在加工板材后，先刷涂大漆或桐油或漆灰，形成一层膜，在半干状态下进行板材拼合。

M1南室最外层刷涂物呈橘黄色，从刷涂物微观结构来看，疑似大漆打底，漆灰抹平，至少再刷涂两层桐油，桐油较稠。

4.6 棺木外刷涂用材及工艺

通过显微剖面观察以及电镜能谱、显微红外光谱三者结合，可见棺木外层存在金黄色凝固状物体。扫描电镜能谱发现有大量C、O元素存在，红外光谱分析得知存在酯羰基，说明六个测试点均有桐油存在。并且发现有大量铅、锰元素，可能源于桐油熟制工艺中氧化锰和密陀僧的引入。

从显微观察结果来看，刷涂层的结构有两种：一是在木材上直接涂2—4层桐油；一种是在木材上涂抹有机物膏状物（可能是漆灰）作为基底层，部分发现麻布，再在其上刷涂桐油。YNG07基底层最为完整，测得基底层约0.7毫米，YNG02桐油层最为完整清晰，测得厚度0.2—0.4毫米。

发掘结束取回室内后，发现棺盖与棺身间缝隙不清晰，开棺后发现缝隙内有与外表一致的填充物。古人常活着时就开始制作自己的棺木，故此推测这批棺木在胎体做好后，先刷涂，缓慢干燥。待去世入殓盖棺后，再在棺外刷涂桐油或大漆。刷涂桐油，棺外表呈褐红色，则去世者年龄应较大；刷涂大漆，棺外表呈黑色，则去世者较年轻。刷涂完成后，使用铅白在棺盖上书写逝者有关称谓。

综合这6具棺木的外表刷涂物来看，外表刷涂工艺大致是先用疑似漆灰膏状物贴覆麻布，再用漆灰抹平，刷涂一层大漆，入殓盖棺后，刷涂生漆或刷涂2—4层桐油。

五、棺木髹饰层保护修复

这批棺木的髹饰层病害类型主要有残缺、脱落、裂隙、卷曲、起泡等。项目组针对不同病害，大致按照回软与定型、拼对、回贴、清理与清洗、补配和做旧等步骤进行保护修复。但在实际操作中并非严格按照上述顺序进行，对有些需要取下进行清理、回软等处理工作的髹饰层进行了灵活处理。对于桐油髹饰层，在实际工作中也选用了桐油进行补配，并仿照原始髹饰层做出效果；对于大漆髹饰层，则较多地使用了大漆加其他材料调制而成的漆灰作为修补材料，皆遵循修旧如旧的原则。

5.1 回软与定型

在对脱落的髹饰层进行回软的过程中，使用到的材料及工具有热风枪、蒸汽熨斗、水浴箱等，主要采用玻璃片施压定型法。根据髹饰层材料的不同，具体操作上略有差异。

5.1.1 热风枪加热

将之前暂时粘在棺木上的脱落髹饰层取下，用热风枪加热、软化，再用玻璃片压平整（图13）。

 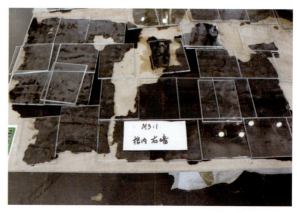

M1中室棺木髹饰层回软前　　　　　　　M3一室棺木棺内右墙髹饰层回软后

图13　棺木髹饰层热风枪加热回软与定型

5.1.2 水浴箱加热

以M3一室棺木为例，起初使用热风枪加热回软髹饰层，发现热风枪回软效果不好。随后先将一小块置入水浴箱，加热至80℃，回软效果较好。之后将棺内髹饰层取出，按整理时的具体位置分块把髹饰层放入温度调至75℃左右的水浴箱加温回软，在水浴箱浸泡约15分钟后取出，之后用玻璃片压平。棺内揭取的髹饰层基本回软压平后，等待自然干燥。

5.2 拼对

回软定型后，依据髹饰层茬口进行拼对。部分需要取下才能回贴的髹饰层，事先做好标记，便于拼对（图14、图15）。

图14 M1南室棺木脱落髹饰层

图15 M1南室棺木左墙髹饰层拼对

5.3 回贴

软化并拼对的髹饰层需要进行回贴。回贴主要针对两种情况：原位空鼓、剥离和脱落。脱落又分为两种情况，一是已经脱落，二是为加固其下胎体而取下的髹饰层。

5.3.1 局部原位回贴

部分起翘：表面为大漆髹饰层的棺木较多存在小面积起翘现象，使用热风枪回软后，刷环氧树脂进行原位回贴（图16）。

空洞气泡：以M3一室棺木为例，轻敲棺木右墙裂隙处的髹饰层，发现个别有空洞现象，将空洞处糟朽的髹饰层用热风枪回软后，使用手术刀揭取下，整理好放在

M3一室棺木裂隙髹饰层下空洞

M3一室棺木空洞填补后

图16 棺木起翘髹饰层的原位回贴

贴有标签的玻璃片上。用吸尘器将木屑杂物清理干净，然后用细锯末填实，再用安特固胶加固，预留出距表面约5—10毫米的深度，待填补之后，留出涂胶的厚度，使髹饰层回贴后的高度与原髹饰层高度一致。最后拼对修补处的髹饰层，用粘接剂将髹饰层粘接回贴。

糟朽缝隙：对于棺木本体存在孔洞糟朽的位置，先提取脱落的髹饰层，再清理糟朽木质。将调配好的细漆灰用针管注入缝隙及孔洞里，表面留出髹饰层的厚度，待细漆灰未干时将脱落的髹饰层回贴，完成后将多余的漆灰清理干净。

5.3.2 整体回贴

如果已确定经回软定型拼对后的脱落髹饰层在棺木外表的位置，就可以进行回贴。回贴工作的程序是，清理髹饰层内表面，涂抹粘接剂，同时在棺木上相应位置刷涂粘接剂。按照事先拼对的位置，将脱落的髹饰层粘接在棺木上。

在保护修复过程中，选用了多种粘接剂进行试验，主要有鱼鳔胶、丙烯酸树脂、白乳胶、拼板胶、环氧树脂类胶、漆灰等多种材料。经过多次尝试和试验，主要选择使用环氧树脂胶和漆灰两种材料进行回贴。

①环氧树脂胶操作工艺

针对棺木底部髹饰层的大面积脱落，在髹饰层粘接面和棺木粘接面均匀涂刷浓度为5%的丙烯酸树酯Paraloid B72乙酸乙酯溶液进行隔离，待干后（10分钟左右），形成一层隔离膜。然后在需要粘接的两面刷环氧树脂胶，待20—30分钟后将粘接髹饰层尽可能按原位回贴，用手按压相对平整处，然后用热风枪加热回软，用橡胶锤等工具整体按压直至压实，对边缘粘接处和连接处进行着重处理（图17）。

②漆灰操作工艺

主要使用漆灰作为棺木内部髹饰层的回贴材料，用手术刀等工具清理棺内左墙修补面，然后在髹饰层的粘接面涂刷漆灰（图18），将髹饰层回贴到原位置，用沙袋和石块按压。在边缘位置需加大按压力度，按压大约半天时间，取下石块后，观察回贴效果。髹饰层粘接不牢固的地方多位于髹饰层边缘处，用针管轻轻注入漆灰，再次用力按压。髹饰层粘接完成后，可能有少量漆灰在按压过程中被挤出，污染髹饰层，需用手术刀轻轻剔除。

图17 M1中室棺木漆皮粘接　　　　图18 M3一室棺木髹饰层粘接面涂刷漆灰

5.4 清理与清洗

按照常规做法，应该是先进行清理与清洗工作。但为了拼对准确，清理和清洗便利，在回贴后再行进行此项工作。清洗棺盖上的文字及金漆图案时要特别注意，首先进行加固，然后再清理、清洗。基本方法是用脱脂棉蘸取1:1比例的酒精和纯水混合液，轻擦已粘接的髹饰层，然后用软毛刷蘸取清洗液，对脱脂棉清理不彻底的漆皮细纹或裂隙存在的污染物进行清理，最后用毛巾将残留的水分吸干（图19）。

图19 M1南室棺木髹饰层清洗

5.5 补配

回贴髹饰层后，尚有残缺部位，需要在有据可依的前提下进行修补。

5.5.1 桐油髹饰层

根据髹饰层材料和保存状况的不同，对M1南室和中室内两具棺木髹饰层的缺失处，主要使用熬制好的桐油外加少量矿物颜料进行修补，以达到与棺木原髹饰层较为一致的效果，呈褐红色。熬制桐油至240℃进行补配处理，需涂刷多遍。

第一遍打底色：对棺身左墙、右墙、前挡板、后挡板的外侧面残缺处涂刷桐油打底色，以原始桐油髹饰层的颜色为参考，在涂刷不同位置时，可适量加入与周围原始桐油髹饰层相似的矿物颜料调色做旧（图20）。

M1南室棺木右墙涂刷桐油打底色

M1南室棺木右墙涂刷桐油后（第一遍）

图20 棺木桐油髹饰层修补：第一遍打底色

第二遍涂刷桐油：待第一遍桐油凝固后，开始对棺外涂刷第二遍桐油，在桐油中加入适当矿物颜料，以使其颜色与原始桐油髹饰层相近。

第三遍补配：调配桐油，对棺身外侧及底座原始残缺的桐油髹饰层进行补配，由于室外通风良好，温度适宜，在桐油补配后2小时左右，桐油的表面就会凝结，且出现的褶皱也能达到与原始褶皱相似的效果，因而将棺木转移至室外进行修补（图21）。

5.5.2 带麻布髹饰层

M3一室棺木和三室棺内髹饰层下有麻布层，为尊重原工艺，需先用麻布进行修补。首先用高锰酸钾对粗织棉布进行染色。然后在髹饰层残缺处贴附透明胶带，在胶带上描下残缺形状。取下胶带粘在已做旧的粗布上，并沿着标记剪下，在修补配两侧面均匀涂抹漆灰，回贴，压平，待干燥后进行做旧（图22）。

图21 M1南室棺木棺身外侧右墙桐油补配

图22 M3一室棺木染色前后对比照

5.5.3 漆灰补配

表面涂刷大漆的棺木髹饰层易出现开裂、糟朽等局部损害的现象。对于其余刷涂大漆棺木髹饰层的残缺处，使用大漆加矿物颜料等进行补配，呈黑色。

5.6 做旧

髹饰层修补后，部分色泽与周围基本一致，大部分区别甚大，必须进行做旧处理。在做旧过程中，坚持由浅及深、整体协色，达到"远看一致，近看有别"的目的。材料多使用大漆、桐油或B72调和矿物颜料，在需要的位置刷涂，以与周围一致（图23）。

M2中室棺木补配处做旧前　　　　　　　　M2中室棺木补配处做旧后

图23　棺木棺身补配处做旧前后对比图

将漆灰涂抹于补配处，采用打捻的方法，在漆灰未干的情况下进行轻轻敲打并快速提起（用干丝瓜瓤蘸细漆灰轻轻敲打并快速提起，快速提起的目的是仿照出原始棺木髹饰层上存在的凸起小点），待干后用棉布进行抛光。

5.7 小结

在对棺木髹饰层的保护修复工作中，针对不同材质、不同工艺的髹饰层分别采取了相应措施。工作人员通过清理与清洗、回软与定型，使脱落的髹饰层大致恢复原状，便于之后工作的开展。在对棺木不同部位、不同种类的髹饰层进行回贴时，分别选用了粘接剂和漆灰作为回贴材料，使原始髹饰层得以大体归位。修补工作涉及的工艺较为复杂，项目组在实际工作中尽量使用原始材料进行补配，并通过控制温湿度、改变环境来达到与棺木原始髹饰层较为接近的效果。做旧工作主要针对髹饰层的新修补位置进行，尽可能选用与原始材料一致的材料，并通过打捻、点戳、使用泥浆水等方法来使做旧部分达到预期效果（图24）。总体来看，项目组通过这一系列工作，使棺木表面的髹饰层得到了较好的保护与恢复，基本达到了"远看一致，近看有别"的要求，并总结出了有关棺木髹饰层保护修复的经验以供借鉴。

M3一室棺木打捞

M3一室棺木矿物颜料做旧

图24 棺木打捞做效果

六、结论

目前有关棺木髹饰工艺的研究成果较少，原因如下：一是文物样品十分珍贵且样品数量极少；二是底层、髹饰层、颜料层不易分离且难以提取，给分析研究工作带来较大困难。张彤在《高陵出土明代彩绘漆棺的制作工艺及材质研究》中，将检测实验的数据结果与文献《髹饰录》的记载相结合，总结出如下髹饰工艺步骤：布漆（在木胎上裹糊纤维）—垸漆（在纤维层之上刮漆灰）—糙漆（在漆灰层之上施三道或两道生漆）—制作彩绘层（使用颜料等在漆层上绘制花纹）。樊晓蕾等在《陕西出土明代漆棺制作工艺及材质研究》一文中，将髹饰工艺总结为"纤维—灰层—漆膜—颜料"四个步骤。由此可见，明清棺木的髹饰工艺总体较为一致，这与当时严格的丧葬礼仪是相适应的。

在保护修复过程中，工作人员在对棺木各组成部分的信息（包括形状、尺寸、连接方式等）进行收集后，借助CAD等对每一具棺木的宏观尺寸及细部特征进行绘制；同时利用CAD，复原了M1南室棺木的制作、装配流程。在修复M3三室棺木的过程中，利用前期的研究成果，工作人员尝试使用传统工艺对棺木的木胎部分进行重建，包括各组成板材以及板材间拼接处榫卯结构的制作、棺盖与棺身的结合方式等，都严格遵循棺木的原始工艺。这些工作为以后有关清代棺木木作工艺的研究提供了有益的参考与借鉴。

本次保护修复项目取得的相关学术成果主要有：

《寿柏巧楺——沂南河阳清代棺木保护修复与研究》，齐鲁书社2021年版。

《沂南县清代棺木材质与工艺的初步分析》，《中国生漆》2017年第1期。

《山东沂南河阳墓地M1南室等棺木木作工艺分析》，《江汉考古》2019年S1期。

（执笔人：杜冠博）

孔繁森同志纪念馆馆藏革命文物保护修复项目

孔繁森同志纪念馆

一、项目概况

孔繁森同志纪念馆的文物大部分是经民间征集或接受捐赠所得。由于馆内文物保护修复专业技术力量薄弱，文物自收藏入馆后一直未进行过保护修复，加之所在库房环境调控条件有限，因此部分纸质、丝织品及金属器文物病害情况有恶化的趋势，亟须进行保护修复。

2020年7月30日，《孔繁森同志纪念馆馆藏革命文物保护修复方案》通过山东省文化和旅游厅审批。该项目于2022年1月开始实施，前期经过项目组人员共同探索、交流，每个技术环节成熟，工作人员配合默契，保护修复严格按照设计方案及实施方案进行。2022年8月30日，保护修复工作完成并顺利通过结项评审。

二、文物基本情况

该项目涉及革命文物234件，均为珍贵文物。其中档案信件文物105件，棉质文物81件，金属类文物13件，漆木器文物18件，复合材质文物17件。在孔繁森同志纪念馆扩建之前，馆藏文物一直存放在老馆库房的铁皮柜内，受地方气候的影响，加之温湿度和光照度等缺乏有效的监控和控制、灭火装置简陋，文物的保存环境极差，以致这些文物出现多种病害，且病害情况有恶化的趋势。

一般来讲，纸质文物多存在折痕、污渍、断裂、残缺、变色、褪色、晕色、水渍、皱褶、变形、粘连、锈蚀、断线、变形、字迹模糊等病害；金属文物多存在表面硬结物、层状剥离、残缺、瘤状物、点腐蚀等病害；纺织品文物多存在动物损害、残缺、破裂、糟朽、污染、皱褶、晕色、褪色、印绘脱落、不当修复等病害；

木质文物多存在脱落、裂隙、变形、残缺等病害。

该保护修复项目涉及的文物直观展现了孔繁森同志生活和工作的细节，集中展示了孔繁森同志为民务实、清廉的典型事迹，体现了人物所代表的时代精神（图1、图2）。

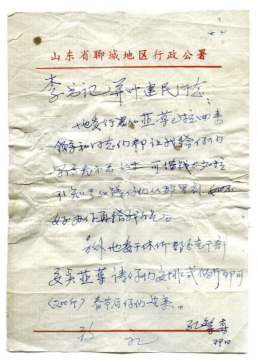

图1　1986年孔繁森写给李书记并叶建民的信

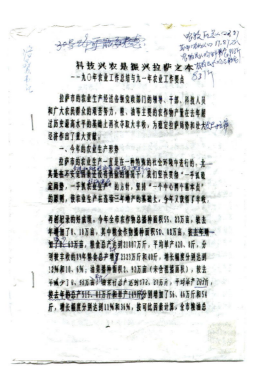

图2　孔繁森在拉萨任副市长时起草的农业工作总结和农业工作要点

三、分析检测

为了能够对这批不同材质的革命文物提出全面而科学的保护修复方案，工作人员依靠现代分析检测方法，对文物保存环境的温湿度、紫外线强度，以及文物的材质、组织结构及病害等进行分析检测，并对部分文物进行显微形态观察、纸张纤维鉴定。下面主要介绍X射线衍射分析、傅里叶红外光谱分析、纤维分析鉴定。

3.1 X射线衍射分析

使用X射线衍射仪对炮弹和平鸽（图3、表1）、灶台锅架（图4、图5、表2、表3）两件典型器物样品进行了物相结构分析。

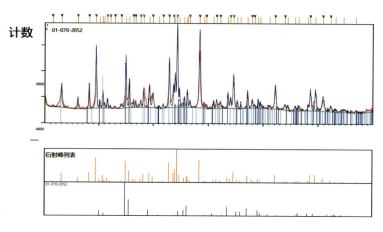

图3 炮弹和平鸽X射线衍射图

表1 炮弹和平鸽 X 射线衍射物相分析结果

卡片号码	得分	化合物名称	化学式	矿物名称	半定量[%]
01-070-2052	48	Lead Carbonate	$PbCO_3$	Cerussite, syn	100

该样品的主要成分为白铅矿。

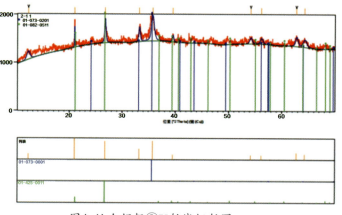

图4 灶台锅架①X射线衍射图

表2 灶台锅架① X 射线衍射物相分析结果

卡片号码	得分	化合物名称	化学式	矿物名称	半定量 [%]
01-073-0603	52	Iron Oxide	Fe_2O_3	Hematite, syn	99
01-082-0511	49	Silicon Oxide	SiO_2	Quartz	1

该样品的主要成分为赤铁矿、石英。

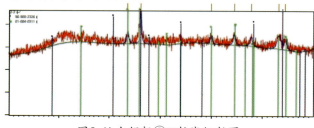

图5 灶台锅架②X射线衍射图

表3 灶台锅架② X 射线衍射物相分析结果

卡片号码	得分	化合物名称	化学式	矿物名称	半定量 [%]
96-900-2326	30	Magnetite	Fe_3O_4	Magnetite	55
01-084-0311	16	Iron Oxide	Fe_2O_3		45

该样品的主要成分为磁铁矿、赤铁矿。

由分析结果可以看出，炮弹和平鸽锈蚀样品的主要成分为白铅矿，灶台锅架锈蚀样品的主要成分为赤铁矿。虽然这种物质能够在文物表面形成一层氧化膜将文物与外界阻断，但赤铁矿质地较为疏松，在含盐量高特别是氯化物含量高的大气、土壤及海水的腐蚀介质中，这层氧化膜会被破坏，从而加速铁器的腐蚀。

3.2 傅里叶红外光谱分析

在保护修复过程中，对木质小桌样品进行了傅里叶红外光谱分析。由红外光谱图可以看出，木质小桌自然脱落的两种物质，一种为食用油脂，一种为漆皮，且含有桐油。

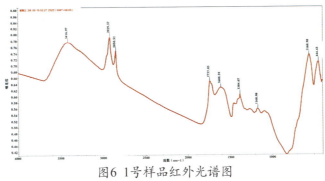

图6 1号样品红外光谱图

由红外光谱图（图6）可以看出，–C–H（CH_2）在2919cm^{-1}处和2850cm^{-1}处有2个明显特征吸收峰，1737cm^{-1}处为酯基（–C=O）的特征吸收峰，1168cm^{-1}处为–C–O和–CH_2–的特征吸收峰，因此脱落样品的主要成分应为食用油脂。

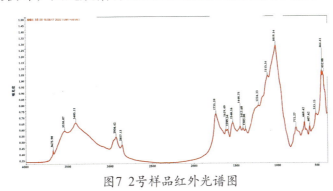

图7 2号样品红外光谱图

根据红外光谱图（图7）可以推断出，2930cm⁻¹和2857cm⁻¹处分别对应亚甲基的反对称伸缩振动和对称伸缩振动，1735cm⁻¹是羰基的吸收峰C=O的伸缩振动，1691cm⁻¹是苯环的C=C的骨架振动，1448cm⁻¹是亚甲基的变形振动，1124cm⁻¹和1105cm⁻¹是碳氧键的伸缩振动，为漆酚的特征峰之一。根据其一系列红外吸收峰可以判定，2号样品当为漆膜。另外，通过对比1735cm⁻¹处和1619cm⁻¹处的吸收峰强度，可判断是否添加桐油。这里1619cm⁻¹处的吸收峰强度明显弱于1735cm⁻¹处，说明在制作漆液时加入了桐油添加剂。

3.3 纤维分析鉴定

用光学显微镜对孔繁森同志纪念馆两件典型纸质文物样品进行纤维分析鉴定，文物样品详情见表4。

表4 样品情况表

序号	样品编号	文物名称	样品描述
1	006887	1982年孔繁森写给陈孝忠的信	存在自然脱落现象
2	000512	1990年1月2日孔繁森的浙医二院门诊病历	存在自然脱落现象

从图8可见，样品006887纤维较为僵直，很少有弯曲的现象。经碘-氯化锌溶液染色后，纤维呈淡黄色，表皮细胞都平滑无齿痕，应为竹纤维。其洁净度低，残断纤维较多，当是老化造成的。

从图9可见，样品000512纤维结构较紧密，表面质地较光滑无杂质，有墨斑。显微镜下纤维颜色与染色剂反应后呈现淡黄色。纸张纤维多为条带状，且末端出现轴化现象，表明该纸张样本年代久远，发生老化。纤维种类较单一，纸张较纯，或为麻纸。

 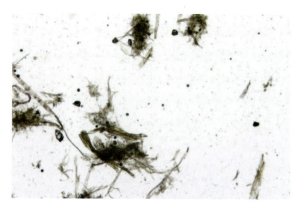

图8 样品006887纤维形态图　　　　　图9 样品000512纤维形态图

四、典型病害

4.1 纸质文物病害

4.1.1 折痕

折痕是由折叠或挤压而产生的痕迹。这批文物几乎都存在这种病害，若保管不善，严重的折痕可能会进一步恶化，造成画面断裂（图10、图11）。

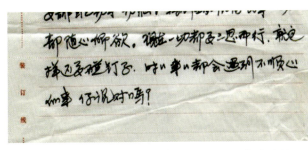 

图10 20世纪90年代孔繁森写给女儿孔玲的信件　　图11 1986年孔繁森写给李书记并叶建民的信件

4.1.2 断裂

断裂是指纸张从一个整体断为两个甚至多个部分。这批文物有些断裂情况较为严重，使纸张形成开裂。纸张有了裂纹，大多会发生不可逆的形变。修补的目的就是根据纸张裂纹纤维的断口形态、裂纹的种类，采用一定的连接技术，尽可能使裂纹或断口被完美接回。

4.1.3 变色

变色即物理、化学或生物等因素导致化学结构发生变化，纸张颜色发生改变。该批纸质文物出现变色，大都是因为长期展示，使表面陈年积灰，以及保存不善等（图12）。

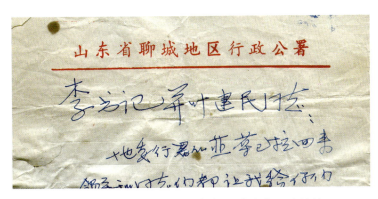

图12 1986年孔繁森写给李书记并叶建民的信件

4.1.4 晕色

晕色即纸张上面文字颜色较深部位的呈色物质向浅色部位扩散或沾染的现象。这批纸质文物的字迹晕色现象较为突出，多是字迹材料的溶剂发生扩散迁移或者受热后字迹材料扩散导致的（图13）。

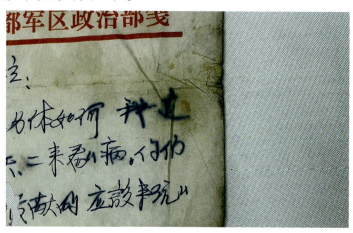

图13 20世纪90年代孔繁森写的信件

4.1.5 皱褶

皱褶是指纸张受各种因素作用，在表面形成凹凸皱纹。这类病害多是由于文物在存世过程中没有得到妥善保存而出现的，形成的皱纹会影响文物的外观（图14）。

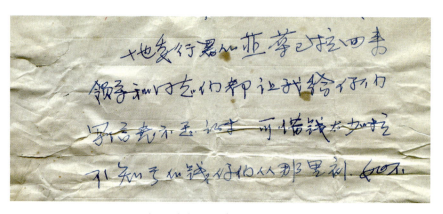

图14 1986年孔繁森写给李书记并叶建民的信件

4.2 金属文物病害

4.2.1 表面硬结物

表面硬结物是指金属文物表面的硬质附着物，常覆盖铭文及花纹等。

4.2.2 层状剥离

层状剥离是指受物理、化学、生物等因素的影响，金属文物表面覆盖物成片脱落的现象（图15）。

4.2.3 瘤状物

瘤状物是指金属文物局部隆起的块状物，多是物理、化学及人为等因素造成的（图16）。

图15 20世纪90年代孔繁森用过的煤气灶　　图16 20世纪80年代孔繁森用过的钢笔

4.2.4 点腐蚀

点腐蚀是指在点或孔穴类的小面积区域产生的小而深的腐蚀。这是一种局部腐蚀形态，孔有大有小，一般孔的表面直径等于或小于它的深度，小而深的孔可能使金属穿孔。孔蚀通常发生在表面有钝化膜或保护膜的金属上（图17）。

图17 20世纪90年代孔繁森用过的钢笔

4.3 纺织品文物病害

4.3.1 动物损害

动物损害是指昆虫、鼠类等动物活动对文物造成的污染或损害，与文物的保存环境有关（图18）。

4.3.2 变色

变色是指物理、化学或生物等因素使纺织品文物的化学结构发生变化，颜色出现变化的现象。这批纺织品文物出现变色，大多是因为保存不善等（图19）。

图18 20世纪90年代孔繁森戴过的毡帽

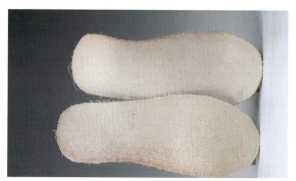

图19 20世纪90年代孔繁森用过的棉质鞋垫

4.3.3 糟朽

糟朽是指在长期的保存环境作用下，组成纺织品的动植物纤维中的纤维素、半纤维素发生严重化学降解，导致纺织结构疏松、力学强度大幅降低形成碎屑、残渣的现象（图20）。

4.3.4 污染

污染是指在保存、使用、传承、收藏、埋葬、出土等过程中，在纺织品文物表面形成的污渍。这批纺织品文物几乎都存在这种病害，若保管不善，污染的情况将有进一步恶化的趋势（图21）。

图20 20世纪90年代孔繁森为藏民治病用的纱布

图21 20世纪90年代孔繁森为藏民治病用的氧气袋

4.3.5 皱褶

皱褶是指纺织品表面由于各种外力造成形态不平整，包括可调整的变形和不可调整的变形，会影响文物的外观（图22）。

4.3.6 褪色

褪色是指纺织品显色物质受物理、化学、生物等因素的影响，出现的色度降低现象（图23）。

图22　20世纪90年代孔繁森穿过的西装裤

图23　20世纪80年代孔繁森穿过的衬衣

4.4 木质文物病害

4.4.1 脱落

脱落是指漆膜完全脱离其依附的木质文物本体，与文物分离。出现脱落病害的主要原因是漆膜与漆膜基体结合紧密程度降低（图24、图25）。

图24　20世纪80年代孔繁森用过的木质棕红色写字桌

图25　20世纪80年代孔繁森用过的木质床

4.4.2 裂隙

裂隙是指木质文物表面或内部开裂形成的缝隙（图26）。

4.4.3 变形

变形是指木质文物受种种因素影响而发生的形体改变（图27）。

图26　20世纪90年代孔繁森用过的木质床头柜

图27　20世纪90年代孔繁森用过的木质床头柜

五、保护修复

本次保护修复工作以"科学修复"为宗旨，将传统修复和科技保护并重，严格遵守"最小干预""不改变文物原状""可再处理"等修复原则。革命文物的历史价值、纪念价值大于其艺术价值，它带有的附着物、使用痕迹等都是其历史价值的体现。因此，在文物修复过程中，工作人员对于文物历史信息坚决保留，以能恢复、展现文物所处时代的历史信息为原则，力求修复效果能够与文物本体具有可识别性。

5.1 棉质、纸质文物霉菌病害的治理

因该保护修复项目的理念主要是"预防为主"，因此针对霉菌病害，主要采用物理方法和植物源抑菌剂治理。棉质、纸质文物霉菌治理的各类技术尚存在一定的改善空间，而低氧气调技术作为一种新型的、绿色无害、无任何毒副作用的技术，具有显而易见的应用价值和研究意义。

在低氧的环境中充入氮气，压力增加，可使虫体细胞快速遭到破坏而死亡。充氮除氧杀虫可以杀死任何发育阶段的昆虫，如卵、幼虫或者成虫。低氧气调技术具有环保健康、安全可靠等优点，理论上对文物本身无损害，且具备霉菌抑制的理论可行性。

本次项目应用了传统的低氧充氮消杀技术，对棉质、纸质文物的霉菌病害进行治理。通过试验发现，在氧气浓度低于0.5%、相对湿度30%的条件下，抑菌效果较为理想。首批低氧充氮消杀工作于2022年3月14日开展实施，对该保护修复项目中的棉质品文物进行分批、分包消杀，具体流程如下图所示（图28、图29）。

图28 向气密袋充入高纯度氮气置换气密袋中的空气　　图29 定期观察气密袋密封状况及含氧量

5.2 纸质文物折痕、断裂病害的治理

本项目涉及的纸质文物多是档案文件，用纸不一，没有统一标准，大部分为机制纸，档案制成材料以书写纸为主，厚薄不一，性能各异。这批纸质文物均有明显的折痕、皱褶或凹凸不平现象，还有皱纹、死折、曲角、卷页等机械痕迹病害。对此，分别采取不同的平整方式使之恢复原貌。

方法一：对定量高的纸板、复膜、上光、变性纸、加工纸等形成的档案，用电熨斗低温烫平法消除痕迹（图30、图31、图32），使之恢复原貌。

对于只发生局部变形或局部修补、加固后需要平整的纸质文物，使用调温电熨斗，使待平整处在加温条件下较为快速地干燥平整。根据不同质地纸张的不同平整要求，一般将电熨斗的温度调至50℃—80℃。以该项目涉及的文物为例，局部撕裂处以薄皮纸和浆糊加固后，需将电熨斗调至60℃，30秒左右即可平整。

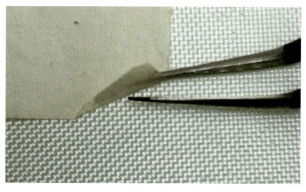

图30 使用镊子平整断裂、折痕处

图31 将电熨斗调制50℃，垫置隔热布，对边角加温平整

图32 电熨斗熨平折痕

方法二：对少数遭水浸透或在保管中受外力作用而发生变形的档案，采用平铺加压的方法（图33），使之恢复平整。

图33 均匀喷湿，平整纸张，上覆压书板及重物压平纸张

纸质文物有裂缝或通体断裂时，使用无酸胶带或皮纸折条进行加固。

方法一：将预修复的纸页面朝下，稍喷水润湿刷平，用镊子辅助整理好裂缝的叠压关系，在裂缝四周涂上稀薄的浆糊，将薄而韧的纸补贴上去。使用折条纸时，应特别注意要将折条纸和文物的纹理方向对准，否则由于两张纸收缩方向不同，原来的裂痕会皱缩起来。由于纸张与浆糊接触后，纸张变湿收缩，需要压平处理。使用重物平压变形处，根据变形程度确定平压时间。对于部分变形严重、不易压平的，先用少量蒸馏水喷雾润湿，然后用吸水纸夹住纸张，并用重物平压。持续一段时间后，拿开重物、取下吸水纸即可。

方法二：将预修复的纸页面朝下，用镊子辅助整理好裂缝的叠压关系，使用毛刷、蓝丁胶或面团等清理裂缝四周的灰尘、杂物，根据裂缝的走向、长短，裁切无酸胶带，沿裂缝中部粘贴无酸胶带（图34），按压结实即可。

图34 使用无酸胶带粘贴断裂处

5.3 金属文物锈蚀病害的治理

除锈主要是对金属文物表面影响器物外观的锈蚀物和较坚硬的钙化物进行清理。一般常用物理或化学方法来除锈，有时需要将两者相结合。物理方法是指使用机械、电动工具或五金工具，在低倍显微镜下，通过打磨、敲打等手工手段将锈蚀及矿化物摩擦、震落下来，从而达到除锈的目的。

对于使用物理方法难以去除或不宜使用物理方法去除的锈蚀，采取化学方法，如使用柠檬酸、六偏磷酸钠、EDTA二钠盐、酒石酸钾钠的碱性溶液、双氧水等化学试剂去除。这些化学试剂的酸碱性质有差别，对不同锈蚀产物有着不同的作用。本次修复均使用物理方法除锈。物理除锈是一种表面处理技术，适用于该批文物。该方法的工艺很难把握，容易造成金属文物本体损坏，因此操作技术要求较高。针对这批金属文物的特点，选择使用物理除锈中的机械除锈法，即使用各种毛刷、錾刀、雕刻刀、不锈钢医用手术器械、打磨机等直接在器物的锈蚀部位做机械操作，将暴露在器物表面的"粉状锈"除去（图35、图36）。

图35 对20世纪90年代孔繁森用过的煤气灶机械除锈

图36 采用手持打磨机，配置纤维刷头，打磨表面较厚锈蚀物层

5.4 纺织品文物的保护

该项目涉及的纺织品文物共计81件，主要是孔繁森同志穿过的衣服、使用过的生活用品。这批纺织品文物多灰尘、污渍，整体皱褶，有文物标签胶剂渗入纤维的现象，更有部分文物因长时间展陈，出现变色、褪色现象。

对于纺织品文物的污斑和灰尘，只要纺织物经得起水洗，多采用蒸馏水来清洗。具体清洗方法要根据纺织物质地是否完好坚固、遇水是否掉色等实际情况确定。对于不能清洗干净的，使用脱脂棉蘸取乙醇或者洗涤剂溶液来清洗。

对于纺织物的皱褶，多通过使用压平或者熨斗熨平的方法来处理（图37、图38）。

对于因长期展陈、局部光照等而出现氧化褪色现象的部分文物，在实施保护过程中，未在原件上进行染色、复色，采取定制与其同款类型衣物进行复制的方案。这样既能全面完整地保存历史信息，又能满足纪念馆陈列展示的需要，符合最小干预的原则（图39）。

234

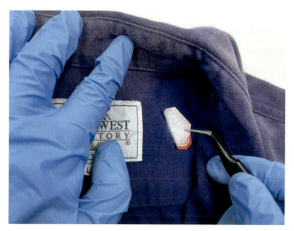

图37 揭取标签纸，清理衣服灰尘

图38 熨平衣领处

图39 文物原件与其复制品
（左为复制品）

在清洁完衣物等纺织品文物后，为便于管理，为该批文物统一制作了无酸标签纸（图40），记录文物编号、名称、位置等内容，随文物放置。为便于存放，首先在衣物内部衬垫无酸纸，而后随衣形折叠，最后整体包裹无酸纸封存（图41、图42）。

这次文物保护修复，不仅仅是通过一些机械或化学方法来延长文物的寿命或提高其观赏性，更是对文物所蕴含各种信息的揭示、研究和保护。

图40 将衣服清洁后平铺，放置无酸标签纸

 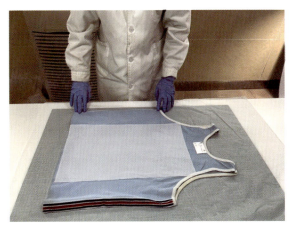

图41 在衣服内部垫入无酸纸隔离，随衣形折叠

图42 整体包裹无酸纸封存

六、结语

　　本项目自2022年1月实施，于2022年8月结项，历时8个月，由10名修复人员组成的项目组共同完成。项目自开展至结束，严格按照批复方案、实施方案、专家意见组织实施，坚持最小干预等文物保护修复原则，对234件革命文物进行了尽可能的保护修复，减少了未来可能存在的隐患。经过清洁、整理以及无酸纸包装等一系列保护措施处理后，在尊重原件形制和制作工艺的基础上，对部分文物进行复制，既做到了最小干预，又满足了展陈需求，较好地解决了可能会出现的进一步污染、褪色损害等问题。这次保护修复活动不仅有效治理了各类病害，提高了文物的稳定性，实现了延长文物寿命和满足纪念馆陈列展示需要的目标，解决了文物长期保存的问题，使这批珍贵文物得以有效利用，而且加深了人们对这批革命文物内涵及价值的认识。

　　项目组成员严格遵循文物保护修复工作的标准流程：一是检测分析先行，为制定保护修复方案提供充足依据；二是优选方案，做到统筹整合，具有针对性，切合实际；三是管理流程科学，严格按照预定方案执行，确保文物保护修复工作质量，确保工作人员及文物安全；四是建立文物修复档案资料，编写工作报告，详细记录保护修复工艺、步骤以及用到的材料、工具，总结工作的成败得失，完成项目结项工作。

　　此外，本次保护修复工作也十分注意文物资料的留取、整理和积累。除了为每一件文物编制修复档案，另统一编制撰写了保护修复工作报告，内容包含检测分析、病害调查与评估、技术路线、保护修复流程、预防性保护建议、安全管理建议等几大板块，以文字、图片、数据、表格等形式予以表现。这是标准化体系建设的重要一环，不仅有利于保护修复工作原始档案资料的整理和收集、保护修复技术的总结和归纳、保护修复技术水平的提升，也有利于项目管理制度的规范和完善、文物保护修复意识的宣传、文物保护修复经验的交流、下一步研究工作的资料积累。

（执笔人：程兴普）

山东沂南河阳社区墓地出土丝织品
保护修复项目

山东省文物保护修复与鉴定中心　荆州文物保护中心　沂南县博物馆

一、项目概况

2013年6—7月，山东省文物考古研究院联合临沂市、沂南县文物部门，抢救性考古发掘了3座清代墓葬，据考证为清代雍正至乾隆时期墓葬。墓葬内共出土37件（套）丝织品，这批丝织品文物工艺精湛、纹饰精美，具有较高的历史、艺术和科学价值，为研究清代望族的随葬礼仪、服饰文化、丝织品织造工艺等提供了珍贵的实物资料。

通过前期病害调查及相应分析测试，发现这批珍贵的丝织品文物存在着多种不同程度的病害，亟须保护修复。2013年12月，沂南县文化广电新闻出版局委托荆州文物保护中心联合山东省文物考古研究院开展丝织品文物的前期研究，编制保护修复方案。2015年4月，保护修复方案获得国家文物局批准。

2015年10月，沂南县博物馆委托山东省文物保护修复与鉴定中心实施此项目。同月，山东省文物保护修复与鉴定中心编制《山东沂南河阳社区墓地出土丝织品保护修复实施方案》，启动保护修复工作。项目自2015年10月开始，至2017年3月结束，用时18个月。通过保护修复，这批丝织品表面污染明显减少，经过加固、整理，丝织品的强度和柔软性都得到较大提高，纹饰清晰、立体感强、色泽丰润、手感柔软，能够满足日常保存和展出需要。

2017年4月，召开项目验收论证会，与会专家考察项目成果并听取项目组汇报，一致认为本项目保护修复效果良好，达到预期目标，同意通过结项验收。

二、文物基本情况

调查发现，37件（套）丝织品形制基本保存完整，其中具有花纹的织物有25件，纹样图案多达50余种，种类繁多，构图精美，具有较强的装饰性、象征性和寓意性。其中清代丝织品有29件，均为男款，涵盖帽、袍、褂、坎肩、衫、裤靴、袜等多个种类。根据出土时逝者的穿着顺序，分为头衣、体衣、胫衣、足衣四大类。

这批织物主要存在污染、晕色、褪色、皱褶、水迹和金粉脱落等病害，其中污染、晕色和褪色病害最为严重，达到濒危程度的有6件，重度的有28件，中度的有3件。

三、分析检测

3.1 样品情况

从20件丝织品上提取38个样品进行分析检测，主要检测丝织品的材质、染料、劣化程度、污染物等。

3.2 检测设备

根据样品特点与分析目的，主要使用扫描电子显微镜—能谱仪、傅里叶变换红外光谱仪、超景深三维视频显微镜、液相色谱质谱分析仪、电感耦合等离子体质谱仪等仪器设备。

3.3 分析结果与讨论

针对这批出土丝织品的材质、染料、劣化程度、污染物等情况进行检测分析，以此作为选择保护修复方法和材料的依据。

3.3.1 材质

通过观察纤维横截面及纵向扫描电子显微镜图片，判断纤维的材质种类（图1、图2）。

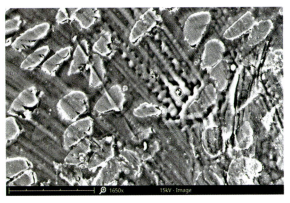

图1 靴（M1:21）纤维的横截面扫描电镜图

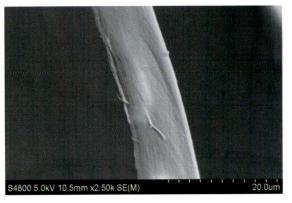

图2 靴（M1:21）纤维纵向扫描电镜图

如图1、图2所示，纤维横截面近似圆角的正三角形，纵向呈圆柱形，无鳞片、结节等形态，直径在10—15 μm之间，纤维的微观形态符合蚕丝的特征。因此，推测所使用的纺织原料为蚕丝纤维。

同时，通过傅里叶变换红外光谱法分析特征吸收峰，进一步判断纺织原料的材质种类（图3、图4）。

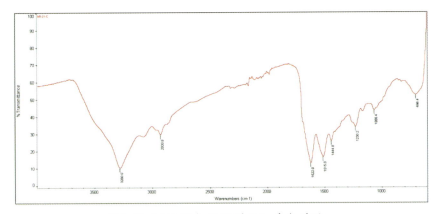

图3 靴（M1:21）纤维样品红外光谱图

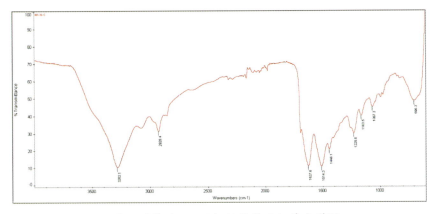

图4 腰带（M1:38）纤维样品红外光谱图

这批丝织品样品的红外光谱图均有如下特征峰：在1690cm⁻¹—1600cm⁻¹处出现–C=O伸缩振动所产生的特征吸收谱带（酰胺Ⅰ）；在575cm⁻¹—1480cm⁻¹处出现–NH变形振动所产生的特征吸收谱带，主要代表形成氢键的–NH的振动（酰胺Ⅱ）；在1301cm⁻¹—1229cm⁻¹处还有–CN和–NH的伸缩、弯曲振动所产生的吸收谱带（酰胺Ⅲ）。这些都是家蚕丝的特征峰，因此可以推断该丝织品的纺织原料是桑蚕丝纤维。

3.3.2 染料鉴定

采用质谱分析技术对丝织品样品的染料进行分析鉴定。（图5、图6）

在靴（M1:21、M1:22）的浸出液中，通过MS分析检测到5种成分，其分子式与

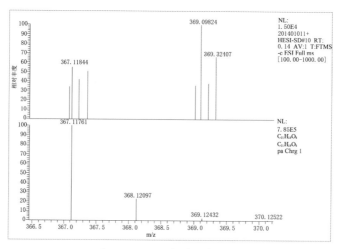

图5 $C_{21}H_{20}O_6$质谱分析结果

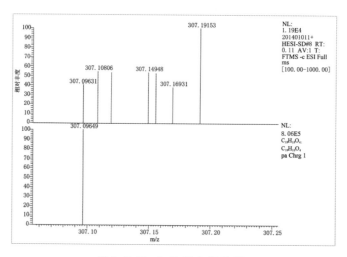

图6 $C_{19}H_{16}O_4$质谱分析结果

姜黄染料中的主要色素（姜黄素$C_{21}H_{20}O_6$、双去甲氧基姜黄素$C_{19}H_{16}O_4$）以及其他姜黄素($C_{20}H_{26}O_6$、$C_{20}H_{20}O_4$和$C_{20}H_{20}O_7$)相同，推测该液体中可能含有姜黄成分。

3.3.3 劣化程度

通过纤维纵向扫描电子显微镜图片，分析纤维的劣化程度。

图片显示，袍（M1:42）丝织品纤维已出现断裂、表面凹凸不平、剥蚀和裂隙现象（图7）。

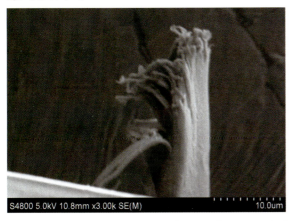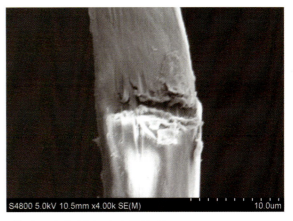

图7 袍（M1:42）丝织品部分纤维的纵向扫描电子显微镜图

同时，采用视频放大镜对袍（M3:48）纹饰的金粉保存状况进行观察。结果显示，纹饰的金粉已出现剥落、卷曲、缺损等现象（图8）。

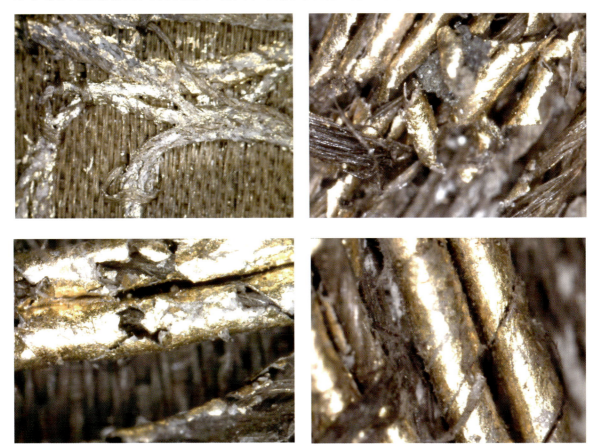

图8 袍（M3:48）纹饰的金粉保存状况

采用扫描电子显微镜–能谱分析法对袍（M3:49）脱落的少量金粉进行检测分析。能谱检测结果显示，金含量超过85%，银含量超过12%，还有少量其他元素（图9）。

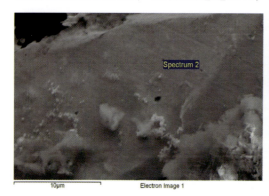
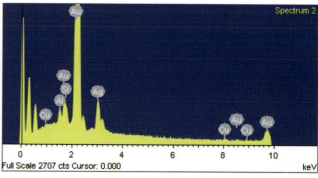

a   b

图9 袍（M3:49）金粉样品电子能谱图（a为检测位点，b为元素组成图）

采用LC–MS/MS及生物信息学手段，对这批丝织品纤维的材质及降解特性进行分析（图10、图11）。

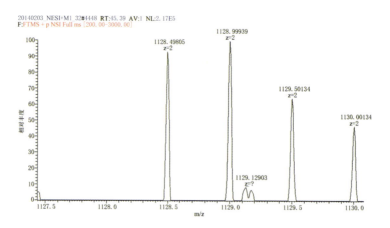

图10 序列GAGAGSGAASGAGAGAGAGAGTGSSGFGPY的质谱全扫描图

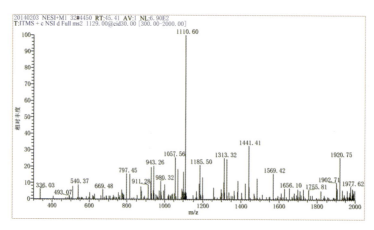

图11 序列GAGAGSGAASGAGAGAGAGAGTGSSGFGPY二级质谱碎片离子峰图

通过分析序列的b、y两种类型的碎片离子峰，即可推导出准确的多肽氨基酸序列，经数据库比对后，可以得知这一序列的准确归属。经严格的序列分析，发现有16个家蚕丝素蛋白的多肽序列被检测出，其中11个属于丝素蛋白重链，5个属于丝素蛋白轻链。氨基酸序列具有高度的特异性，不同蛋白的氨基酸序列组成差异巨大。来自丝素蛋白的序列多达16个可以非常明确地表明样品的纤维原料为家蚕丝。此外，通过结果还可以看出，检测到的多肽片段分布于丝素蛋白整个序列的各个部分，此类结果与新鲜蚕丝的检测结果相似。这表明丝纤维已经发生降解，但降解程度较轻。

3.3.4 污染物

通过扫描电子显微镜对丝织品纤维表面的污染物进行观察。先对样品进行喷金处理，再进行扫描电子显微镜分析，发现丝带（M3:41）丝织品纤维表面有层状覆盖物和部分污染物颗粒（图10）。

采用视频放大镜对丝织品表面的污染物进行观察。靴（M1:22）和裤（M1:37）等丝织品中存在着近似于无机盐晶体的污染物，不利于丝织品的安全保存（图12、图13）。

另一类污染物为墓葬中多种物质的复合体，类似于被（M1:30）和腰带（M1:38）表面的污染物。这类污染物大量沉积，相对较多，与织物结合紧密，不仅会严重影响丝织品的安全保存，也会影响丝织品的外观（图14、图15）。

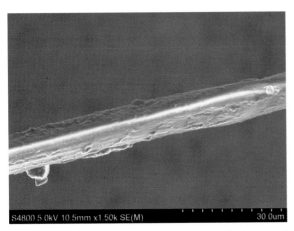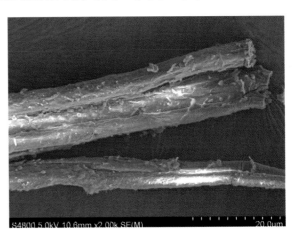

图12 丝带（M3:41）样品的扫描电子显微镜图

图13 靴（M1:22）表面污染物状况

图14 裤（M1:37）表面污染物状况

图15 被（M1:30）表面污染状况

图16 腰带（M1:38）表面污染状况

通过视频放大镜观察可以看出，部分丝织品存在如袍（M1:33）和靴（M3:39）中出现的泥沙等污染物，该类污染物与织物纤维结合紧密，需要进行深度清洗处理（图17、图18）。

图17 袍（M1:33）表面污染状况

图18 靴（M3:39）表面污染状况

3.3.5 分析检测总结

①材质分析

主要对材质做形貌和成分分析，包括扫描电子显微镜分析、红外光谱分析、LC-MS/MS及生物信息学分析。检测结果表明，这批丝织品的材质大都是家蚕丝。

②染料分析

采用质谱分析技术对丝织品所用染料进行分析鉴定。检测结果表明，靴（M1:21）的丝纤维染料中含有植物染料姜黄。

③劣化分析

通过形貌观察和生物信息学分析，对纤维的劣化程度进行定性分析，包括扫描电子显微镜分析、三维视频显微镜分析、质谱或色谱分析。检测结果表明，丝纤维剥蚀现象严重，表面凹凸不平；丝纤维已发生降解，但降解程度较轻；织物纹饰的金粉大面积剥落。

④污染物分析

主要对污染物进行定性分析，包括X射线衍射分析、激光拉曼分析、扫描电子显微镜—能谱分析、红外光谱分析。检测结果表明，丝织品纤维表面沉积的污染物主要有尸体腐败物、泥沙、无机盐、黄麻纸、毛发、皮屑，以及复合污染物等。

虽然从宏观角度看，这批丝织品文物形制基本保存完整，但从微观看，丝纤维已经出现断裂、剥蚀现象，部分金线的金粉剥落，污染、晕色和褪色等病害也尤为严重，多种病害集于一体的织物已经达到濒危的程度，亟须进行保护修复。

四、典型病害

4.1 污染

这批丝织品出土时所在环境中有大量积水，导致墓葬中多种物质混合在一起，并沉积在外层丝织品表面，造成大量污染病害，严重影响了丝织品文物的安全保存和外观。除表层丝织品存在通体大量污染物沉积外，靠近里层的丝织品由于外层污染物的渗透以及里层尸体腐败物质的污染，丝织品局部已呈现出严重的污染病害（图19、图20）。

图19 袍（M3:48）通体污染情况

图20 袍（M3:29-1）通体污染情况

4.2 粘连

粘连病害主要集中出现在靠近尸体的里层丝织品之间。根据现场调查发现，引起粘连的主要物质是血渍和尸体腐败产物（图21、图22）。

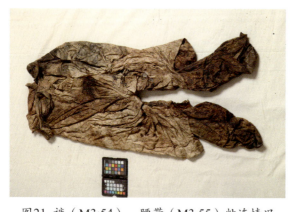

图21 裤（M3:54）、腰带（M3:55）粘连情况

图22 褂（M3:52）、袍（M3:53）粘连情况

4.3 破裂

少量丝织品存在破裂病害，需要在清洗、加固、整理后，进行适宜的修复处理（图23）。

4.4 皱褶

这批丝织品普遍存在皱褶病害，不仅给文物安全保存带来极大隐患，还影响文物的整体视觉效果（图24、图25）。

图23 袍（M1:32）破裂病害情况

图24 袍（M3:49）整体皱褶情况

图25 袍（M3:49）局部皱褶情况

4.5 金粉脱落

袍（M1:33）、袍（M3:48）、袍（M3:49）已出现金粉脱落情况，故应在清洗、加固等前固定金粉，以减少或避免保护修复过程中金粉脱落（图26）。

图26 袍（M3:49）龙纹金粉脱落情况

五、保护修复

项目组在保护修复前对文物的基本情况进行了调查研究，如文物尺寸、重量、肉眼可见病害、叠压层位关系等。根据这批丝织品文物的基本病害情况，确定以下保护修复步骤：对丝织品进行分析检测，绘制病害图，固定金粉，清洗，平整，修复，制作支撑体，进行防虫防霉处理等。

在调查分析的基础上，针对每件文物的病害情况，采用不同的保护修复措施。

5.1 分析检测和记录

在修复工作实施前，对丝织品的组织结构进行检测分析，并记录丝织品文物的现状，包括记录病害情况和拍摄文物照片等。

对文物进行信息提取、拍照、尺寸测量，之后提取样品、分析组织结构等，绘制全部文物的组织结构线图和病害图（图27至图31）。

图27 尺寸测量

图28 组织结构分析

图29 被（M1:30）地组织（绫）

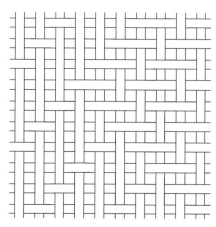

图30 被（M1:30）地组织结构
（异枚异面异向绫）

首届全省文物保护修复优秀案例荟萃

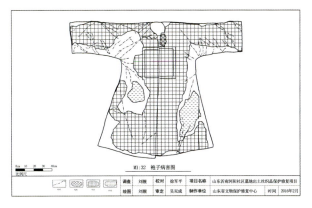

图31 袍（M1:32）正面病害图

5.2 金粉固定

针对袍（M3:48）、袍（M3:49）和袍（M1:33）三件丝织品袍服纹饰的金粉剥落病害，采用天然树脂松香溶解于无水乙醇的混合溶液进行固定（图32、图33）。

图32 袍（M3:48）补子金粉加固

图33 袍（M3:49）龙纹金粉加固

5.3 局部清洗试验

在文物不明显部位选择1cm²区域做局部清洗试验。试验区域下方放置滤纸，然后用棉签蘸纯净水擦拭织物表面，观察文物下方的滤纸，判断文物有无褪色现象，确定文物无褪色现象后，再进行大面积清洗。经试验发现，使用1%浓度的表面活性剂、5%浓度的中性洗涤剂、20%浓度的乳酸（pH值调至5.0）、5%浓度的羧甲基纤维素钠混合溶液清洗顽固的污渍效果较佳（图34）。

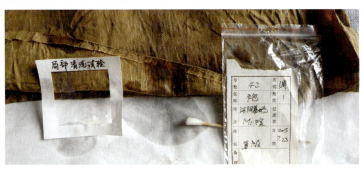

图34 袍（M1:42）局部清洗试验情况

5.4 清洗

将织物平摊在清洗槽内的支撑网上，使用超细喷壶，将喷水量调至雾状，缓慢喷湿织物，静置10分钟。先用纯净水清洗一遍织物，对大量易溶于水的污物进行初步清洗，这样有利于达到更好的清洗效果。接着用海绵将清洗剂挤出大量泡沫，将泡沫涂抹在织物表面，一般静置30分钟左右，严重污染的丝织品需要静置40—50分钟。然后用油画笔和毛笔沿着经纬线方向对织物进行清洗。对于脆弱的织物，需使用软羊毛刷进行清理。正反皆清洗，一般20分钟清洗一遍。接下来用纯净水透洗。先正面洗一遍，再反面洗一遍，交替清洗。每次清洗都需将织物的水分挤干，直到最后清洗的水清澈为止，测量清洗后的水溶液pH值在6.5至7.0之间（图35至图38）。

图35 使用超细喷壶喷湿织物

图36 在织物表面涂抹清洗剂

图37 静置湿润

图38 透洗织物

5.5 平整

在织物半干状态下，使用竹签和有机玻璃片将文物平展压平。放置一段时间后，撤去玻璃片，使其自然干燥（图39）。

图39 平整织物

5.6 修复

对于有残缺、破裂的织物，使用针线法修复，主要使用同类织物衬补法及丝线衔接法修复。根据检测到的组织结构，最终选择厚度适当的白色电力纺作为衬垫物。由于白色电力纺与织物颜色反差较大，故要对白色电力纺进行染色。由于植物染料的色牢度较差，易褪色，受潮后易晕染，因此使用合成染料进行染色，力求所染布料的颜色与目标色相近。将衬补面料平整后放置于残缺处，下面平放一块塑料片，防止缝补时将织物的面料和里料连缀在一起。固定好破裂口和衬布后，使用钉针、回针、铺针等针法进行缝补修复（图40、图41）。

图40 拼对破裂织物

图41 缝补破裂织物

5.7 制作支撑体

服装类丝织品长期存放时，两肩、腋下及左右两侧纤维易折断，所以需要为其制作具有弹性的支撑体，来降低丝纤维的折叠应力。具体方法：使用脱浆后的白色电力纺作为支撑体的外包布料。根据文物形状裁剪出适当大小的布料，缝合3个边缘，向布料内部填装适当厚度的腈纶绵，缝合最后一个边缘，即制作完成。由于存放时需要将衣服的两只袖子折叠，所以也需要为其制作支撑体。根据衣袖折叠时的状态，选择制作圆柱形支撑体，这样可以有效减少衣袖长期折叠产生的死折（图42）。

图42 制作服装支撑体

5.8 防虫防霉

在织物入库前，以肉桂精油作为防霉防虫剂，对存放织物的库房进行薰蒸处理，以减少霉菌和虫害对织物的破坏。

六、文物保护修复实例

6.1 织物介绍

被（M1:30）是这批丝织品中较大型的织物。整体长184厘米，宽74厘米，呈棕黄色，为两幅织物拼接而成，横向中间有拼接缝，单幅宽37厘米，织物为单层。

织物底部为三上一下右斜纹绫，正面和背面互相显花，为暗花绫。织物背面有一竖两横大针脚的缝线，Z向强捻，投影宽度为0.29毫米。缝线在正面不显针脚，在背面以3厘米左右的宽度用跑针起针脚。竖向缝线位于幅尾一边，距离幅尾约6厘米，横向缝线各距离上下幅边约20厘米，一直延伸至距离幅头约5厘米处打结收针。

被（M1:30）整体污染严重，主要有白色、黑色表面覆盖物，还有较严重的水

图43 文物修复前正面图片

图44 文物正面局部污染情况

图45 文物修复前背面图片

图46 文物背面局部污染及皱褶情况

渍，此外还有轻微皱褶病害（图43至图46）。

根据这件丝织品的特点及病害情况，绘制出文物原始病害图，根据病害情况选择相应的保护方法。

6.2 保护修复步骤

6.2.1 局部清洗试验

在文物不明显部位选取1cm²局部进行清洗试验。

6.2.2 清洗

用纯净水清洗。正面洗一遍，反面洗一遍，交替清洗，直到最后清洗的水溶液pH值在6.5至7.0之间（图47至图50）。

图47 使用喷雾器喷湿织物

图48 使用清水冲洗织物

图49 污渍清洗前的状况（180×）

图50 污渍清洗后的状况（180×）

6.2.3 平整

使用竹起子按经纬方向调整文物，并用玻璃片压展，自然阴干（图51、图52）。

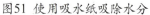
图51 使用吸水纸吸除水分

图52 使用玻璃片压展

6.2.4 组织结构鉴定及组织结构线图绘制

经鉴定，经线密度88根/厘米，投影宽度为0.11毫米，无捻。纬线密度30根/厘米，投影宽度为0.21毫米，无捻。织物背面有一竖两横大针脚的缝线，Z向强捻，投影宽度为0.29毫米。文物为三上一下右斜纹地组织上起纬向两上一下右斜纹花，为暗花绫（图53、图54）。

图53 花部组织结构

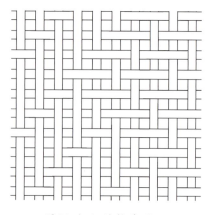
图54 组织结构线图

6.2.5 绘制纹样图

正面单元纹样为一只朝右下方飞翔的蝴蝶和一朵折枝牡丹，花纹满布，间隙较小。单元纹样最长22厘米，最宽15厘米。织物左幅可辨明横向有9组完整单元纹样，纵向有3组完整单元纹样。织物右幅可辨明横向有10组完整单元纹样，纵向有3组完整单元纹样。纵向幅头内折宽0.7厘米，翻折在织物背面。纵向两侧有幅边内折，宽0.7厘米，翻折在织物背面。中间拼缝内折幅边宽0.7厘米。幅尾没有压边（图55）。

6.2.6 针线法修复

对于破裂及残缺部位，使用同类织物衬补法及丝线衔接法修复（图56至图58）。

图55 文物单元纹样

图56 使用针线法修复破裂和残缺部位

图57 被（M1:30）正面保护后

图58 被（M1:30）背面保护后

七、结语

7.1 达到预定工作目标

这37件（套）丝织品经过保护修复，表面污迹明显减少，强度和柔软性得到较大提升，纹饰清晰，立体感强，手感柔软，能够满足展览和保存的需要。

7.2 实现了对丝织品文物的再认识

这批丝织品文物的名字是考古出土时临时确定的。为更准确地反映丝织品的形貌特征，项目组根据文物现状进行了重新定名，还对丝织品文物的面料组织结构、织造和刺绣的纹饰图案等进行了深入研究，结果见表1。

表1　河阳墓地出土清代丝织品文物面料、纹饰统计表

序号	名称	编号	面料种类	花纹图案
1	素缎靴（原名：靴）	M1:21	面料：八枚三飞经面缎	
2	素缎靴（原名：靴）	M1:22	面料：八枚三飞经面缎	
3	帽纬（原名：帽缨）	M1:24	面料：绞编织物	
4	缎地如意帽（原名：帽）	M1:25	面料：八枚三飞经面缎	
5	缎地暖帽（原名：帽）	M1:28	面料：八枚三飞经面缎	
6	花蝶纹绫单被（原名：被）	M1:30	面料：暗花绫	面料：蝴蝶、折枝牡丹
7	团五蝠捧寿纹暗花绫六品文官补褂（原名：袍）	M1:32	面料：暗花绫 里衬：暗花绸 方补：绢	方补：太阳、卷连云、蝙蝠、鹭鸶、仙桃、灵芝、水仙花、珊瑚、方胜、火珠、如意、画轴、方孔钱、犀角、山石、平水、卷草 面料：蝙蝠、寿字、卍字 里衬：抽象莲花、抽象梅花
8	织金妆花缎蟒袍（原名：袍）	M1:33	面料：妆花缎 里衬：五枚二飞经面缎	面料：坐蟒、升蟒、行龙、坐龙、平水、立水、山石、卷连云、火珠纹、如意、珊瑚、灵芝、回纹
9	素绢对襟坎肩（原名：马夹）	M1:34	面：绢 里衬：暗花绸	里衬：抽象莲花、抽象梅花
10	花蝶纹暗花绫夹袍（原名：袍）	M1:35	面料：暗花绫 里衬：暗花绸	面料：蝴蝶、牡丹、"延陵荣记"织款 里衬：抽象莲花、抽象梅花
11	团五蝠捧寿纹暗花绫夹袍（原名：袍）	M1:36	面料：暗花绫 里衬：暗花绸 袖口面料：暗花绫 袖口里衬：八枚三飞暗花缎	面料：蝙蝠、卍字、寿字、兰花 里衬：抽象莲花、抽象梅花
12	素绢单裤（原名：裤）	M1:37	面料：绢 带花纹片：暗花绸	面料：折枝梅花、石榴花、飘带、"周恒福造"织款
12-1	素绢单裤附属物团二龙戏珠纹暗花缎单袜		面料：八枚三飞经面缎、五枚二飞暗花缎、绢	面料：升龙、降龙、火珠纹、莲花 里衬：墨书字迹
13	素绉纱腰带（原名：腰带）	M1:38	面料：绉纱	
14	折枝花卉纹暗花绉纱丝带（原名：束手丝带）	M1:39	面料：暗花绉纱	面料：折枝菊花、折枝牡丹、网格纹

序号	名称	编号	面料种类	花纹图案
15	花蝶纹暗花绉纱丝带（原名：束手丝带）	M1:40	面料：暗花绉纱	面料：折枝菊花、折枝牡丹、蝴蝶、网格纹
16	素绢单裤（原名：裤）	M1:41	面料：绢	面料：织款文字
17	素绢短衫（原名：袍）	M1:42	面料：绢	面料："东脐信置"织款
18	团二龙戏珠纹暗花绫夹褂（原名：袍）	M3:29-1	面料：暗花绫 里衬：暗花绫	面料：升龙、降龙、火珠纹、莲花 里衬：缠枝牡丹、蝙蝠
19	缠枝花卉纹绸小袄（原名：褂）	M3:29-2	面料：暗花绸	面料：缠枝芙蓉
20	素绢夹袍（原名：袍）	M3:29-3	面料：绢 里衬：绢	
21	缎地暖帽（原名：帽）	M3:30	面料：八枚三飞经面缎	
22	团花太极纹暗花绉绸夹袍（原名：袍）	M3:31	面料：暗花绉绸 里衬：暗花绸	面料：牡丹、蔓草、太极 里衬：卍字、莲花
23	团二龙戏珠纹暗花绫夹袍（原名：袍）	M3:32	面料：暗花绫 里衬：暗花绸	面料：升龙、降龙、火珠纹、莲花 里衬：萱草、灵芝、"广源福置"织款
24	花蝶纹绫缎拼接夹被（原名：被）	M3:34	正面幅头：暗花绫 正面竖幅：五枚二飞暗花缎 背面面料：暗花绸	正面：蝴蝶、折枝牡丹 背面：抽象莲花、抽象梅花
25	花蝶纹暗花绉纱丝带（原名：束手丝带）	M3:35	面料：暗花绉纱	面料：折枝牡丹、折枝菊花、蝴蝶、网格纹
26	花蝶纹暗花绉纱丝带（原名：束手丝带）	M3:36	面料：暗花绉纱	面料：折枝牡丹、折枝菊花、蝴蝶、网格纹
27	素缎靴（原名：靴）	M3:39	面料：八枚三飞经面缎	
28	素缎靴（原名：靴）	M3:40	面料：八枚三飞经面缎	
29	折枝花卉纹暗花绉纱腰带（原名：腰带）	M3:41	面料：暗花绉纱	面料：折枝牡丹、折枝菊花、网格纹
30	花蝶纹暗花绫夹裤（原名：裤）	M3:42	正面面料：暗花绫 背面面料：暗花绸	正面：折枝牡丹、蝴蝶 背面：抽象莲花、抽象梅花
31	五蝠团兽纹暗花绉绸六品文官补褂（原名：袍）	M3:48	面料：暗花绉绸 里衬：暗花绸 方补：八枚三飞经面缎	方补：太阳、卷云、蝙蝠、鹭鸶、仙桃、灵芝、水仙花、珊瑚、方胜、火珠、如意、卍字、画轴、方孔钱、犀角、山石、平水、回纹 面料：蝙蝠、云纹、S纹、抽象动物纹、莲花 里衬：抽象莲花、抽象梅花

序号	名称	编号	面料种类	花纹图案
32	绣金龙吉祥纹绫蟒袍（原名：袍）	M3:49	面料：素绫 里衬：五枚二飞经面素缎 接袖：八枚三飞经面素缎 袖口边缘：素绫	面料：坐龙、升龙、行龙、火珠纹、太阳、平水、山崖、法轮、宝伞、吉祥结、法螺、莲花、宝瓶、双鱼、宝盖、犀角、珊瑚、水仙、灵芝、仙桃、卍字、如意连云、蝙蝠、牡丹、如意 里衬：卍字、莲花
33	团二龙戏珠纹缎立领暗花绉绸夹袍（原名：袍）	M3:51	面料：暗花绉绸 里衬：暗花绸 袖口里衬：八枚三飞暗花缎	面料：兽面纹、回纹、龙纹、火珠纹、莲蓬 里衬：抽象莲花、抽象梅花、牡丹、梅花、桃花、蝴蝶
34	缠枝花卉纹暗花缎短衫（原名：褂）	M3:52	面料：五枚二飞暗花缎 里衬：暗花绸	面料：缠枝牡丹 里衬：抽象莲花、抽象梅花
35	素绢夹袍（原名：袍）	M3:53	面料：绢 里衬：暗花绸	里衬：抽象莲花、抽象梅花
36	缠枝花卉纹暗花缎宽腰夹裤（原名：裤）	M3:54	面料：五枚二飞暗花缎 里衬：暗花绸	面料：缠枝牡丹、缠枝菊花、折枝梅花 里衬：抽象莲花、抽象梅花
36-1	缠枝花卉纹暗花缎宽腰夹裤附属物素缎单袜		面料：八枚三飞经面缎	
37	素绉纱腰带（原名：腰带）	M3:55	面料：绉纱	

7.3 发现重要标记

　　丝织品上出现真正的织款最早是在明代，织款大多沿着纬线方向织造。在保护修复这批清代丝织品的过程中，却发现了不少沿经线方向织造的织款。例如：袍（M1:35）服装下摆边缘有双边款阳文印章式四字织款"延陵莱记"字样，裤（M1:37）最下端有四字织款"周恒福造"字样，袍（M1:42）上衣下襟边缘有四字织款"东脐信置"字样（图59、图60）。

图59 袍（M1:35）布料"延陵莱记"织款

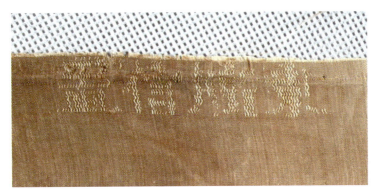

图60 袍（M1:42）布料"东脐信罟"织款

7.4相关学术成果

在保护修复过程中，项目组取得不少学术成果。其中，论文《沂南河阳社区墓地出土纺织品检测分析》，2018年发表于《海岱考古》第十一辑；专著《煌煌锦绣——沂南河阳墓地出土丝织品保护修复与研究》，2017年由文物出版社正式出版发行。

（执笔人：徐军平）

山东长清灵岩寺千佛殿彩塑罗汉像保护修复项目

山东省文物保护修复与鉴定中心
济南市长清区灵岩寺文物管理委员会

一、项目概况

山东长清灵岩寺始建于苻秦永兴年间，素有"域内四大名刹"的盛名，1982年由国务院公布为第二批全国重点文物保护单位之一。寺内千佛殿中央供有三尊高大佛像，殿两侧及后墙的多层壁坛上供有木雕小佛像，四周壁坛最下一层置有40尊北宋时期的彩绘泥塑罗汉像。这批罗汉像造型优美，神态生动，被誉为"海内第一名塑"。

1981年5月，济南市文管会、济南市博物馆和长清县灵岩寺文管所共同发起了保护和修缮灵岩寺罗汉像的工作。在保护维修过程中，工作人员从部分罗汉像的残损体腔内，发现了其他文物及题记，确定这40尊罗汉像中有27尊为宋塑，13尊为明代补塑[①]。1997年6月，对千佛殿内的泥塑罗汉像开展了除尘、杀菌、防护与加固等工作。此后历经20多年，由于千佛殿处于群山之中，周围山岩环抱，殿墙距岩壁较近，排水条件有限，内部湿度较大，环境因素极不稳定，加之蜂蚁、老鼠等动物对塑像的侵害，殿内壁坛四周的彩塑罗汉像出现木骨架糟朽、塑像底部酥碱、颜料层脱落、点状脱落、表面大量积灰等多种病害，严重损害了罗汉像的安全性和观赏性。

2018年9月，《山东长清灵岩寺石刻及千佛殿部分罗汉像保护修复方案（一期）》获得山东省文物局批复。2019年8月，山东省文物保护修复与鉴定中心承担该项目实施工作，8月25日在济南长清组织召开了"山东长清区灵岩寺千佛殿彩塑罗汉像保护修复项目"启动专家咨询会，正式成立项目工作小组，启动保护修复工作。至2020年8月，项目按预定计划实施过半，山东省文物保护修复与鉴定中心再次邀请文保专家，召开了项目中期评审会，对项目进度、质量进行把关。与会专家对项目实施情况给予高度评价，并对下一步保护修复工作提出了宝贵建议。2021年5月7日，该项目顺利通过专家验收，成功结项。

二、文物基本信息及价值

2.1 文物基本信息

本项目涉及千佛殿东侧12尊彩塑罗汉像。研究资料显示，有7尊宋代彩塑罗汉、5尊明代彩塑罗汉，每尊彩塑罗汉像照片见图1。

东土初祖达摩尊者

摩诃迦叶尊者

摩诃俱缔罗尊者

摩诃迦旃延尊者

迦留陀夷尊者

牛呵比丘尊者

定鼎玉林琇国师　　　　　　无贪如音阿那尊者　　　　　精进比丘鬼逼禅师

东土摩诃菩提者　　　　　　阿菟楼陀尊者　　　　　降龙菩提无阇禅师

图1 千佛殿东侧12尊罗汉像照片

2.2 文物价值评估

灵岩寺泥塑罗汉像堪称宗教雕塑的楚璧隋珍，既有神圣性，又富于现实主义，是宗教世俗化的典范。罗汉像的现实主义首先表现在人物的表情姿态上。表情和姿态是个人性格和心灵的反映。灵岩寺罗汉们的表情富于个性，有一些罗汉的姿态动作完全是生活化的和为人们所熟悉的，因而让人感到格外生动和亲切。如降服外道均菩提沙弥和尚，菩提沙弥结跏趺坐于座台上，坐姿端庄，沙弥的动作被定格在穿针引线的一瞬间。这一微妙的动作简单却富有感染力。人物表情专注，双眼凝视手中之物，这完全是一个普通百姓生活中的动作，观众也因此而毫无陌生和疏远之感。事实上，除了沙弥结跏趺坐的姿势还保留有佛家信徒的痕迹，在其他方面，我们几乎感觉不到他和普通民众的区别。东壁第八尊无贪如音阿那尊者，是一个中年男子的形象，尊者稳重健硕，平和自信；他左臂自然搭在身边的支撑物上，右手放在大腿上面，握住袭装，双脚交叉而坐。这是一个生活中非常普通且常见的姿态，丝毫没有宗教情绪的拘谨、隔膜甚至威严，尊者似乎在同远方来的客人娓娓而谈。

灵岩寺罗汉的形象可以说就是按照儒、释、道三教合一的精神气质塑造的。灵岩寺罗汉像开启了以世俗民众作为原型来塑造佛教高僧的典范。受此启发，宋代以降的罗汉形象也越来越多地取材于下层民众。明代的罗汉形象进一步世俗化[②]。艺术反映生活是一个恒定的真理，并且随着人类生活的愈来愈丰富，艺术只有扎根于生活现实，才能焕发出更强大的活力。这也是以灵岩寺罗汉像为代表的宋代与明代雕塑所具有的重要价值。

三、文物检测分析

3.1 表面污染分析

表面污染是灵岩寺罗汉像最为普遍和广泛的一类病害，主要表现为积尘污染。罗汉像表面特别是与地面平行面上，覆盖有很厚的灰尘层（最厚处达2厘米左右），遮盖了塑像本来的面貌。除积灰遮盖外，罗汉像局部还存在污垢病害，如罗汉像面部、颈部覆盖有灰黑色的污垢，严重影响了文物观瞻效果（图2）。

罗汉像表面灰尘　　　　　　　　　　罗汉像表面污垢

图2　罗汉像表面的灰尘与污垢

通过X射线衍射分析可知，罗汉像表面灰尘中的主要矿物成分是石英、方解石、钠长石（图3a），这与罗汉像所处大殿窗台上的积灰成分（图3b）相似。由此推断，罗汉像表面的积灰源于大殿室外及殿内的扬尘。罗汉像表面污垢可能与昆虫的活动密切相关，灵岩寺周边树木葱郁，春、夏、秋季椿象的数量尤其庞大，罗汉像表面时常有椿象栖息，其排泄物与表面灰尘混合在一起，久而久之形成难以清理的污垢。

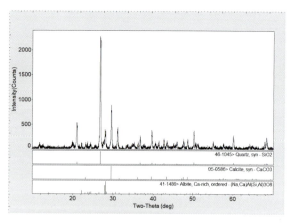
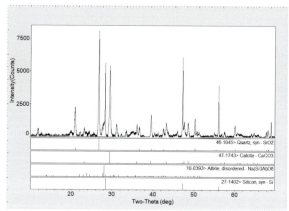

罗汉像表面灰尘XRD图　　　　　　　　千佛殿窗台灰尘XRD图

图3 罗汉像表面灰尘与千佛殿窗台灰尘的XRD分析图

3.2 彩绘层病害分析

3.2.1 起甲、龟裂

灵岩寺罗汉像彩绘起甲、龟裂病害多发生于接近地面的基座区域与易积灰区域（图4）。

第一尊罗汉像基座上部服饰起甲、龟裂　　　　　　第五尊罗汉像额头彩绘起甲、龟裂

图4 罗汉像彩绘层起甲、龟裂

彩绘起甲、龟裂病害与水、盐活动最为密切。基座彩绘起甲、龟裂区域同时伴有严重的地仗酥碱病害，这是由于基座区域接近地面，相比其他区域湿度更大，在

高湿度的环境中可溶盐更易于迁移、积累。可溶盐随温湿度的波动反复结晶溶解，导致地仗粉化、酥碱，顺带引起了彩绘层起甲、龟裂，甚至脱落。除基座区域外，罗汉像易积灰区域，如罗汉额头、头顶等积灰较厚区域，有明显的起甲、龟裂病害，这表明降尘也可能造成起甲、龟裂病害。为研究降尘对彩绘层的破坏作用，在东五、东六、东十罗汉像积灰较厚的额头至头顶区域采集彩绘层样品开展科学分析，样片编号为D5、D6、D10。

样品显微照片见图5a，表面灰尘的背散射像和元素分布见图5b，样品横截面超景深显微照片与背散射像对照见图5c。彩绘层样品中灰尘层（L0）和各颜料层元素相对含量见表1。从样品显微照片可看出，密集的灰尘颗粒粘结于颜料层表面，形成较致密的硬结灰尘层。通过背散射像可看出，不同颗粒大小与形状的灰尘颗粒聚集在一起，形成的微观结构疏松多孔，比表面积很大；在D5样品的灰尘层中，还可观察到纤维状物体与灰尘颗粒相互缠绕在一起。利用显微镜测量样

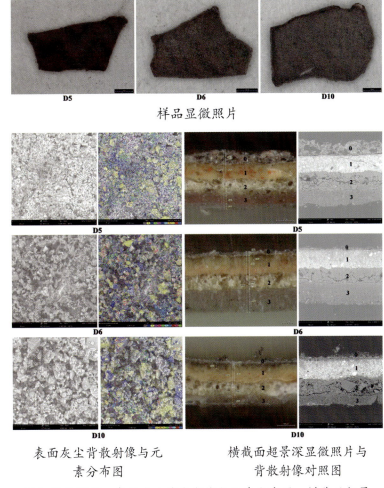

样品显微照片

表面灰尘背散射像与元
素分布图

横截面超景深显微照片与
背散射像对照图

图5 样品照片、表面灰尘背散射像与元素分布图、横截面超景
深显微照片与背散射像对照图

品各层横截面厚度，发现彩绘层样品厚度在228—295 μm之间，处于一个相对均匀的厚度范围；灰尘层厚度最厚处达72 μm，颜料层厚度75—82 μm。能谱分析结果显示三个样品的灰尘中主要含有Si、Ca、Al、S、C五种元素，元素分布图显示Si、Ca元素的分布与颗粒形状相匹配，推测灰尘的主要矿物质相应为二氧化硅、碳酸钙、硫酸钙等。

表1 彩绘层样品扫描电镜—能谱分析（SEM-EDX）结果

样品编号	层号	Si	Ca	Al	Ba	Ti	S/P	C	Fe	Mg	K/Na	Pb
D5	L0	19.3	19.2	7.3	11.3	12.4	13.2	8.2	4.5	2.3	2.2	–
	L1	1.6	2.3	1.4	–	–	–	–	–	–	–	94.6
	L2	16.6	62.3	10.8	–	–	–	–	–	–	–	10.3
	L3	43.2	4.7	32.8	–	1.4	–	–	–	–	2.2	15.7
D6	L0	21.2	22.6	14.5	–	–	9.7/1.0	7.4	–	2.7	3.0/1.9	15.8
	L1	1.2	2.6	1.6	–	–	–	–	–	–	–	94.6
	L2	14.0	49.8	9.1	–	–	–	–	–	–	–	27.0
	L3	45.3	3.8	35.1	–	–	–	–	–	–	–	15.7
D10	L0	25.7	26.3	10.3	–	5.5	9.6	5.3	9.7	4.2	3.5	–
	L1	1.4		1.1	–	–	–	–	–	–	–	97.5
	L2	32.7	51.3	11.9	–	–	–	–	1.5	2.6	–	–
	L3	56.4	4.6	36.7	–	–	–	–	–	2.2	–	–

为进一步确定灰尘层主要成分，利用X射线衍射仪（XRD）分析了上述三个彩绘层样品，分析结果如图6a所示。结果表明三个彩绘层中均含有水白铅矿、白铅矿、碳酸钙、石膏、二氧化硅等矿物。能谱分析显示三个彩绘层样品颜料层L1中铅含量高达90%以上，所以水白铅矿、白铅矿应该是XRD分析中X射线透过灰尘层检测到的L1颜料层的矿物物相。通过拉曼光谱分析可知，三个样品L1中的主要矿物为白铅矿（图6b），此外D5 L1中还存在铅丹颗粒，D6 L1和D10 L1中存在朱砂颗粒。这表明D5 L1颜料层由水白铅矿和少量铅丹调配而成，而D6 L1和D10 L1颜料层由水白铅矿和少量朱砂调配而成。能谱分析显示三个样品中L0灰尘层均含有10%左右的S元素，而其余层均无，所以XRD分析结果中的石膏应该源于灰尘层。因三个样品的L2底层中均含有较多Ca元素，所以仅凭XRD分析结果不能确定碳酸钙为灰尘层的主要物相。通过拉曼光谱分析确定了灰尘层中存在较多碳酸钙颗粒，此外在D5灰尘层中还发现了较多锐钛矿颗粒（图7），应是塑像后期装彩时使用的锐钛型二氧化钛颜料随

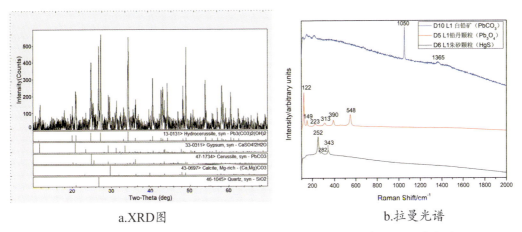

a.XRD图　　　　　　　　　　　b.拉曼光谱

图6 D6样品XRD分析图与颜料层中白铅矿、铅丹、朱砂的拉曼光谱

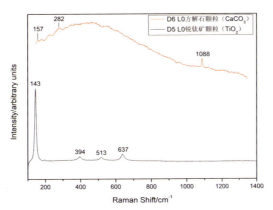

图7　样品灰尘层中方解石与锐钛矿的拉曼光谱

尘土降落在塑像表面③。灰尘层中均含有20%和10%左右的Si、Al元素，它们应是与Mg、K等元素一起来自尘土。综上可知，塑像彩绘层表面硬结灰尘与表面浮灰的成分不尽相同，硬结灰尘层中除含有大量二氧化硅、碳酸钙外，还含有较多石膏。

灰尘层疏松多孔、比表面积大，易于吸收空气中的水分、氧气、二氧化碳、三氧化硫（可能源于大殿内香烛、油蜡燃烧释放）等。在潮湿的微环境中，碳酸钙、二氧化碳、三氧化硫反应伴随的体积变化，可能会引起颜料层的起甲、开裂。可能发生的相关反应如下：

$$CaCO_3+H_2O+CO_2 \rightarrow Ca(HCO_3)_2 \tag{1}$$

$$SO_3+H_2O \rightarrow H_2SO_4 \tag{2}$$

$$Ca^{2+}+SO_4{}^{2-} \rightarrow CaSO_4 \downarrow \tag{3}$$

$$CaSO_4+2H_2O \rightarrow CaSO_4 \cdot 2H_2O（石膏）\tag{4}$$

硫酸钙在潮湿的环境中易于结合水分子生成稳定的含水硫酸盐，其与水分子结合生成石膏的反应体积增大一倍④⑤。在灰尘层与颜料层的结合面上，Ca^{2+}、SO_4^{2-}与水形成含水硫酸钙引起的体积膨胀会产生巨大的应力，这种作用力传递到颜料层，最终会导致颜料层的开裂、起甲。

3.2.2 颜料层脱落

灵岩寺罗汉像颜料层脱落病害主要发生于塑像下肢部位及基座区域，与起甲、龟裂、酥碱病害区域邻近或重合（图8）。颜料层脱落区域暴露出的白色底层粉化、酥碱迹象明显，因此颜料层脱落主要是水、盐活动导致地仗与彩绘层酥碱，引发颜料层龟裂、起甲后的最终表现，还可能与温湿度周期变化、胶料老化等有关。

第三尊罗汉像服饰下摆颜料脱落　　　　　第六尊罗汉像右腿颜料脱落

图8 颜料层脱落

3.3 彩塑胎体病害分析

3.3.1 酥碱

灵岩寺罗汉像酥碱病害多发生于接近地面的基座和塑像下肢等区域。如图9所示，第二尊罗汉像靠近基座区域的服饰边缘与第五尊罗汉像基座下沿的服饰区域彩绘层已完全脱落或起甲，地仗疏松多孔，呈粉状或颗粒状。大量研究表明，可溶盐随水分的迁移和转化是诱发壁画、彩塑酥碱病害的主要原因。可溶盐随水分迁移富集于壁画、彩塑地仗层，温湿度变化引起可溶盐反复潮解和结晶产生的作用力使地仗层不断酥碱、疏松、脱落。

根据环境监测可知，灵岩寺千佛殿内的湿度长期处于较高水平，特别是每年8月，湿度一直保持在80%以上。高湿度的环境使可溶盐向湿度更高的区域迁移、积累。为检测罗汉像酥碱部位的可溶盐离子种类和含量，从东十二尊基座踏板胎体、东十五尊基座胎体、东十二尊基座砖体、东十四尊基座砖体酥碱部位取样，进行离子色谱分析，样品编号为SJ-1至SJ-4。结果如表2所示，酥碱土样中阳离子

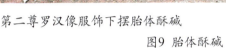
第二尊罗汉像服饰下摆胎体酥碱　　　　　　　　　第五尊罗汉像左袖下摆胎体酥碱

图9 胎体酥碱

主要有Ca^{2+}、Na^+、K^+，阴离子主要有NO_3^-、SO_4^{2-}、Cl^-，其中NO_3^-和SO_4^{2-}含量较多（SJ-2样品中NO_3^-含量高达15.123mg/g，SJ-3样品中SO_4^{2-}含量高达25.155mg/g），说明酥碱样品中的可溶盐以硫酸盐和硝酸盐为主。硫酸盐在结晶过程中伴随着很大的体积变化，如硫酸钠在结晶析出时结合10个水分子，转变为十水硫酸钠（$Na_2SO_4 \cdot 10H_2O$），其体积相比无水硫酸钠增大3.2倍[⑥]，十水硫酸钠易自然风化失去结晶水，成为无水硫酸钠，体积又缩小。硫酸钠的结晶和溶解随温度变化急剧变化，在32.4℃以下，其溶解度随温度升高急剧增大，因此当温度升高时，部分或全部硫酸钠溶解于水分，体积缩小。这样随温湿度波动，硫酸钠周而复始地结晶—溶解，其体积变化引起的应力会对地仗层产生极大破坏。硝酸盐在潮湿的酸性环境下极易呈强氧化性，对彩塑文物产生腐蚀，与其他可溶盐一起不断粉化，破坏地仗。灵岩寺罗汉像的酥碱病害几乎都出现于接近地面的基座和接近台面的下端区域，这些区域所处环境相比塑像较高处湿度更高，可溶盐更易于随水分迁移至地仗层甚至彩绘层，从而引发酥碱。

表2　罗汉像基座胎体和砖体酥碱部位可溶盐离子色谱分析结果

样品编号	Cl^-	NO_3^-	SO_4^{2-}	Na^+	K^+	Mg^{2+}	Ca^{2+}
SJ-1	1.401	13.520	1.377	2.792	1.133	未检出	4.022
SJ-2	1.721	15.123	3.801	3.094	0.968	未检出	4.726
SJ-3	1.323	14.142	25.155	2.230	1.029	未检出	13.865
SJ-4	1.518	13.835	5.854	3.311	0.789	未检出	5.229

通过对彩塑酥碱部位可溶盐进行离子色谱分析以及结晶盐拉曼光谱分析可知，造成彩塑酥碱病害的可溶盐离子，以二水石膏与硝酸钾的形式结晶析出。在相对湿度发生变化时，极易发生溶解—结晶循环，从而对罗汉像和须弥座造成破坏。

3.3.2 裂隙

彩塑罗汉像裂隙病害主要分布于塑像的手腕、脖颈和接近台座的肢体及服饰局部等区域。如第四尊罗汉像右手腕存在明显的裂隙，可能是因为右手处于悬空状态，手腕处长期受力从而出现局部开裂现象。第二尊罗汉像脖颈处存在一条横向贯穿裂隙。罗汉像裂隙在服饰下摆之处比较明显，如第三尊、第四尊塑像靠近基座附近服饰部位，有多条纵向或横向的细小裂隙（图10）。这些部位位置较低，而且塑像胎体较薄，推测可能为台座震动或其他机械损伤所致。

第三尊罗汉像下摆裂隙　　　　　　　第四尊罗汉像裙摆中部裂隙

图10 裂隙

3.3.3 残缺

罗汉像残缺病害相对较少，仅有少数塑像局部存在残缺病害。如第一尊罗汉像右侧袈裟边缘、第十一尊罗汉像左衣袖顶部等部位（图11）。这些局部残缺病害多发生于塑像相对凸出的区域或者局部边缘，推断应是外力作用导致的损坏。

第一尊罗汉像右侧袈裟边缘残缺　　　　　　第十一尊罗汉像左衣袖顶部残缺

图11 残缺

3.3.4 虫蛀

彩塑罗汉像虫蛀病害主要出现在服饰袖口内部、衣褶等相对隐蔽部位（图12）。昆虫在塑像隐蔽空间内部挖洞、筑巢、繁衍，会严重威胁塑像的安全保存。此外，昆虫在塑像表面的排泄、产卵等活动会严重污染塑像彩绘，进而对彩绘层造成破坏。

第四尊罗汉像左袖口内虫害残留物　　　　第四尊罗汉像右袖口内虫害残留物

图12　虫蛀

3.4 内部结构和安全性检查

利用X射线和内窥镜，全面检查彩塑文物内部结构、木龙骨保存状态、内部虫蚁巢穴位置等，判断彩塑文物是否存在结构安全问题和虫蚁是否对内部龙骨造成破坏等。通过观察发现，彩塑内部木龙骨保存状况尚可，未发现明显的松动和糟朽现象，少数塑像内部局部有昆虫巢穴和尸体残留。罗汉像手掌内部有金属丝状物的骨架，插入臂端木龙骨内部起到支撑作用，手指局部胎体存在微小断裂现象（图13）。

 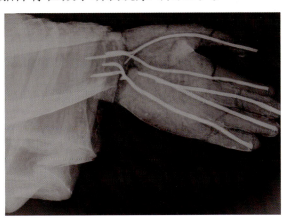

第九尊罗汉像内部木龙骨　　　　　　　第二尊罗汉像左手X光片

图13　内部结构检查

3.5 环境温湿度监测

根据本次项目实施需求，安装无线环境监测系统，分别在千佛殿内东侧、西侧、南门口内、北门口内外侧安装7个监测器、3个信号传输器，以实现24小时监测、采集千佛殿周围温湿度数据（图14）。监测数据显示，千佛殿内7月、8月相对湿度较高，其中8月相对湿度在80%以上（图15）。另外，千佛殿温湿度波动频繁，湿度较高，这种频繁的温湿度波动和高湿环境容易使罗汉像产生严重的病害，且会加剧病害的发展。

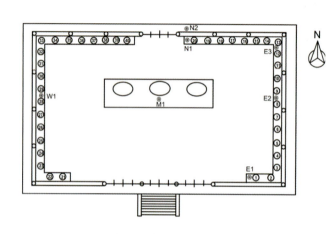

图14 千佛殿温湿度监测点分布图

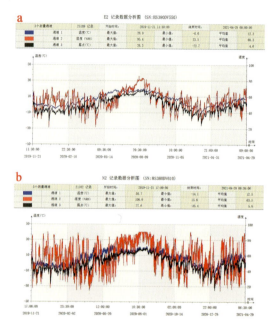

图15 E2、N2监测点数据分析走势图
（2019.11—2021.4）

四、彩塑罗汉像的保护修复

4.1 表面污物清理

对于颜料层脱落严重的部位，首先使用洗耳球、毛刷清理表面疏松浮尘，然后使用棉签蘸取2A溶液（1:1比例的乙醇和去离子水）滚动清理浮尘层。对于硬结土锈层，使用3%浓度的六偏磷酸钠溶液清理，清理后用棉棒蘸去离子水，滚压去除残留试剂。最后清理吸附在颜料颗粒缝隙的残余泥尘，用棉棒蘸取2A溶液湿润，然后反复滚压表面（图16）。

| 第九尊胸部清理前 | 局部清理效果对比 | 第九尊胸前清理后 |

图16 积尘污染清理

使用爱色丽色彩测量系统，测量塑像不同颜色不同区域各修复程序完成前后的色彩值，结果显示，表面污物与积尘清理前后，彩塑颜色有明显变化。

4.2 起甲回贴

因起甲的颜料层脆弱，决定采取先加固再清理的办法。使用注射器将0.5%浓度的有机硅丙烯酸乳液滴渗到起甲颜料层下，待有机硅丙烯酸乳液半干时，将擦镜纸光滑一面朝颜料层方向，垫在木质修复刀下按压加固、回贴（图17）。

| 第三尊罗汉像颜料层起甲修复前 | 第三尊罗汉像颜料层起甲修复后 |

| 第七尊罗汉像颜料层起甲修复前 | 第七尊罗汉像颜料层起甲修复后 |

图17 彩绘起甲局部修复效果对比图

4.3 酥碱加固

使用毛刷、洗耳球清理表面浮尘，再使用注射器将1%浓度的有机硅丙烯酸乳液滴加渗透到酥碱部位，待有机硅丙烯酸乳液半干时，将擦镜纸光滑一面朝酥碱部位，垫在木质修复刀下按压加固，注意按压时切勿用力过猛，以免在表面留下凹痕或导致颜料层陷入地仗层内。酥碱部位按压实后，立即进行脱盐处理（图18）。

衣摆局部酥碱加固前　　　　衣摆局部酥碱加固后　　　　　脱盐处理

图18 酥碱加固及脱盐

4.4 龟裂处理

使用毛刷、棉签、去离子水去除表面浮尘，再使用注射器将0.5%浓度的有机硅丙烯酸乳液滴加渗透到龟裂部位，使之与地仗同时渗透，注射渗透程度视病害的程度及颜料层厚度而定。待有机硅丙烯酸乳液半干时，将擦镜纸光滑一面朝颜料层方向，用木质修复刀压实起甲边缘（图19）。

图19 第七尊罗汉像下裙摆彩绘修复前后对比图

4.5 颜料脱落加固

使用毛刷、棉签去除表面浮尘，再使用注射器将1%浓度的有机硅丙烯酸乳液滴加渗透到颜料层脱落部位，待有机硅丙烯酸乳液半干时，将擦镜纸光滑一面朝颜料层方向，垫在木质修复刀下按压加固（图20）。

图20 第二尊右衣袖颜料层脱落修复前后对比图

4.6 沥粉堆金老化处理

使用毛刷、棉签去除表面浮尘，再使用棉签蘸取3%浓度的六偏磷酸钠溶液，滚动清理表面较坚固尘土，然后使用去离子水清理表面残留药剂。对于起甲、开裂的沥粉堆金层，使用注射器将1%浓度的有机硅丙烯酸乳液滴加渗透到起甲部位，加固补强软化。或者用毛笔蘸取少量去离子水，将变形部位的沥粉条软化，待有机硅丙烯酸乳液半干时下，将擦镜纸光滑一面朝颜料层方向，垫在木质修复刀下按压加固、回贴。局部范围内的沥粉堆金修复后，适当支顶保护，至完全干燥（图21）。

图21 第三尊罗汉像下裙摆沥粉堆金起甲修复前后对比图

4.7 虫害治理

使用棉签蘸取去离子水润湿虫巢与泥胎接触面，待接触面完全润湿后，使用镊子夹住虫巢，轻轻左右晃动取下。注意提取虫巢的力度，防止在清理虫巢时对泥胎造成二次伤害（图22）。对于虫蛀残留的孔洞，使用黏土填补，干燥后修补，最后使用矿物颜料做旧。

图22 第十尊罗汉像左衣袖虫巢清理前后对比图

使用硫酰氟熏蒸杀虫，用塑料膜单独封闭每尊彩绘罗汉像，然后施加硫酰氟药剂，用药浓度为30g/m³，熏蒸时间为12小时（图23）。

图23 整体熏蒸驱虫、灭虫

4.8 裂缝处理

首先清理病害部位的积尘及异物，采用针管注射3%浓度的有机硅丙烯酸乳液加固裂缝部位，采用传统修复材料填充修补缝隙较宽处。使用传统修复材料处理的过程如下：首先用锤子将黄河干胶泥砸碎过筛，在筛好的泥土中掺入棉、麻、朱砂、糯米水等材料，和好备用。使用软毛刷将较宽的裂隙清理干净，将需要补配的地方用糯米胶浸湿，用铲子将和好的泥块抹上，再使用自制竹刀对其塑形。裂缝病害多伴有变形现象，因此在干燥的过程中要支顶，并进行适度的归位处理（图24）。

图24 第四尊罗汉像左膝盖衣摆裂缝修复前后对比图

4.9 残缺修补

先对既往修复采用的表面封护、加固、修补材料进行分析，明确以往保护修复所用的材料。分析显示，既往保护修复中使用的修补泥胎的材料是铁含量较高的粘土，表面粉红色的涂刷物是铅丹与细粘土的混合矿物。

修补主要针对既往曾修补部位和较小部位且有修补依据的部位，使用与彩塑原材料、原工艺相对较一致的手段进行修补。修补完成待其干燥后，使用矿物颜料进行做旧处理（图25）。

图25 罗汉像禅垫残缺修补前后对比图

4.10 须弥座方砖脱盐

罗汉像须弥座方砖酥碱严重，需进行脱盐处理。首先使用电导率仪检测水样及纸浆数值，数值在8.64 μS/cm⁻¹左右，均匀敷涂方砖表面。纸浆厚度3—5mm，静置12小时后取下检测。测得电导率值85.98 μS/cm⁻¹，数值较高，经反复多次护敷处理，当电导率数值稳定在9.73 μS/cm⁻¹时，结束脱盐工作（图26）。

图26 脱盐修复前后对比图

五、彩绘制作工艺研究

使用X射线荧光、X射线衍射、扫描电子显微镜、显微镜、拉曼光谱分析等，对彩塑颜料、胎体样品进行系统分析，全面掌握彩塑文物制作材料和工艺信息，不仅有利于为保护修复提供数据支持，而且有利于为进一步揭示彩塑的价值提供重要参考资料。

通过对灵岩寺千佛殿东1尊彩塑罗汉像（东土初祖达摩尊者）研究发现[⑦]，彩塑颜料层大多由单一无机矿物组成，个别颜料层由两种或三种矿物调配而成，以满足对不同色彩的需求。使用的红色系矿物颜料有朱砂（HgS）、赤铁矿（Fe_2O_3）、铅丹（Pb_3O_4）；黄色颜料有雌黄（As_2S_3）、铬黄（$PbCrO_4$）；白色颜料有铅白$[2PbCO_3 \cdot Pb(OH)_2]$、白垩（$CaCO_3$）、菱镁矿（$MgCO_3$）；蓝色颜料有蓝铜矿$[Cu_3(CO_3)_2(OH)_2]$和人造群青（$Na_3CaAl_3Si_3O_2S$）；绿色颜料有玻璃态的含铜颜料和巴黎绿$[Cu(C_2H_3O_2)_2 \cdot 3Cu(AsO_2)_2]$；黑色颜料仅有炭黑（$C$）。此外，在近代的局部粉饰中还使用了有机涂料和二氧化钛颜料（图27）。塑像袈裟表面蓝绿色的氯砷钠铜石矿物应该不是有意作为蓝绿色颜料使用的，而是巴黎绿颜料的降解产物；巴黎绿颜料与氯砷钠铜石在同一环境中同时大面积存在说明巴黎绿颜料的转变与颜料层的厚度有显著关系，颜料层越薄越易于转化。

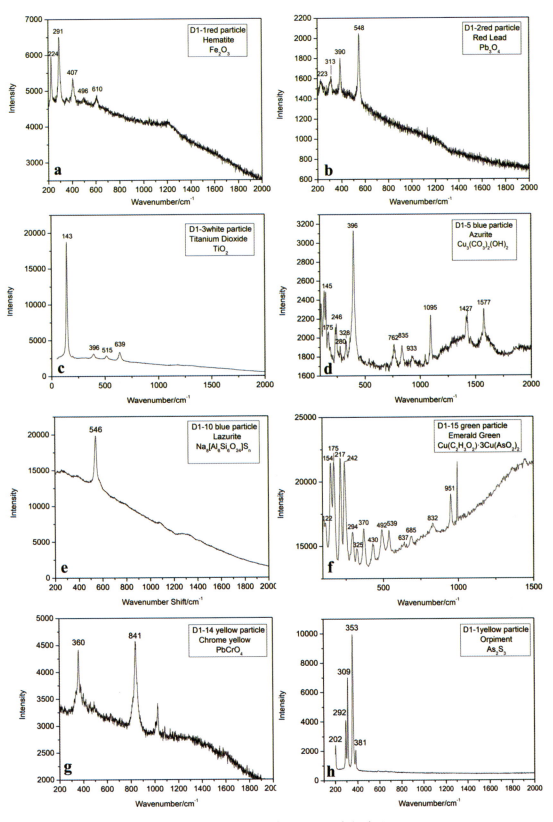

图27 部分颜料矿物的拉曼光谱图

千佛殿东1尊罗汉像在古代至少经过8次妆銮，距今最近的一次妆銮发生于清同治十三年（1874）。此外，在近代至少经历了2次局部粉饰。每次重新妆銮之前，一般先在旧颜料层上粉刷一层白色底层，用以遮盖旧颜料层。在距今最近的一次妆銮中，局部区域采用了将白色纸张贴于塑像胎体表面，然后在白纸上涂刷底层与颜料层的新工艺。塑像不同位置处的彩绘层厚度、层数不一，厚度在206—894 μm之间，层数2—16层不等。颜料层及底层厚度、颜料颗粒度大小也差异明显，颜料层厚度在20—568 μm之间，底层厚度在40—145 μm之间，颜料颗粒度平均直径在2—41 μm之间（图28）。

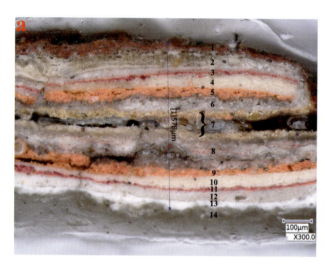
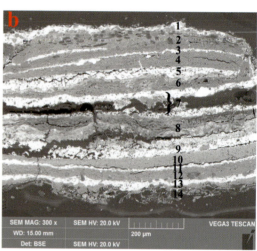

图28 彩绘样品横截面显微照与扫描电镜背散射图像对照图

沥粉贴金区域的金色层大多采用厚度仅有1—2 μm纯度很高的金箔。在历史上的不同时期，还出现了贴金区域使用银箔或金黄色矿物颜料来替代原本金箔层的情况。中国古代特别是宋代以来，佛造像沥粉贴金的装饰工艺非常流行，正如谚语所说"人要衣装，佛要金装"，但是文献资料中几乎没有提及使用银箔和金黄色矿物来替代金箔用于彩绘佛造像的贴金装饰。沥粉贴银的情况少量发现于古代壁画、建筑彩画的装饰中。叶蜡石作为颜料，曾在麦积山明代51窟菩萨像中有所发现[8]。研究表明，叶蜡石粘土黄色矿物是中国古代使用的含铁黄色颜料之一，其中的显色成分是铁黄（α-FeOOH）。D1-7贴金彩绘层中银箔层和金黄色矿物层的发现丰富了我们对古代彩绘塑像贴金装饰工艺的认识（图29）。

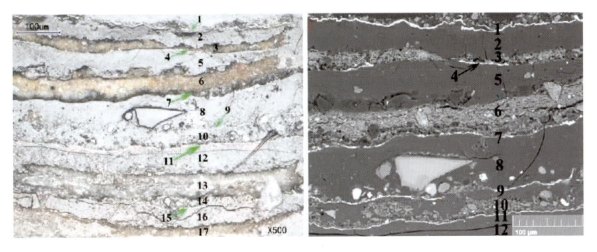

图29 彩绘样品横截面显微照与扫描电镜背散射图像对照图

在历次妆銮中，大多选用高岭土或以高岭土为基体掺入其他白色矿物的混合矿物作为底层材料，有时也选用铅白、白垩或者是这两种白色颜料的混合矿物（图30）。在D1-8样品中，低铝高钙与低铝高铁底层材料的使用明显有别于其他彩绘层。此外，该样品还具有颜料层和底层涂绘于纸张之上的工艺特点。这些均体现出最近一次妆銮时在底层材料选用和制作工艺上的时代特征（图31）。

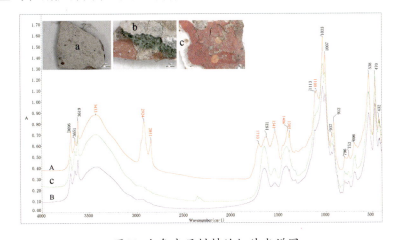

图30 白色底层材料的红外光谱图

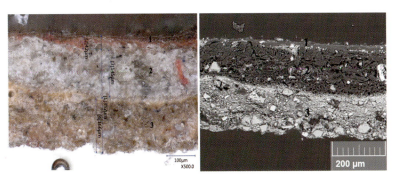

图31 彩绘样品D1-8横截面显微照与扫描电镜背散射图像对照图

在部分罗汉像的局部，如胸部、腹部及沥粉贴金表面，涂有一层棕红色有机物，其作用可能是加固彩绘层，以防止脱落（图32）。通过红外光谱分析，可了解这些加固材料的成分，为判断彩绘层的历史时期提供依据。

东1棕红色样品取样位置　　　　　　　　　沥粉堆金局部红棕色有机物

图32　罗汉像棕红色有机物取样

通过红外光谱分析可知，罗汉像表面沥粉贴金处及红褐色彩绘层表面涂刷的红棕色有机加固材料是虫胶（图33）。在某些沥粉贴金区域，还涂刷了聚醋酸乙烯酯加固彩绘层，这是近现代修复彩绘罗汉像的痕迹。

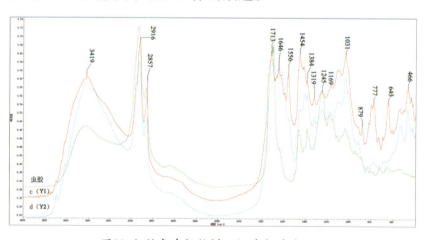

图33　红棕色有机物样品红外光谱对比图

六、项目总结

项目组在保护修复过程中，始终坚守《中国文物古迹保护准则》和"不改变文物原状""最小干预"等文物保护基本原则，遵循"确保彩绘泥塑安全与长久保存"目标导向，坚持"研究性保护"和"稳定性维护"工作方针，将科研贯穿于保护修复工作全过程。项目组在制定保护修复技术路线与具体实施方案时，不仅立足于充分的分析研究结果，更是在此基础上对彩绘工艺、色彩复原等做了大量研究，主要解决了以下几个问题：

一是较大体量文物的整体结构稳定性问题。项目伊始便借助X射线、内窥镜等对彩塑文物的内部结构、木龙骨保存状态及虫蚁对文物的损害情况等做了充分了解，保证了彩绘罗汉像的结构稳定性。

二是彩绘文物表面积尘清理的难题。彩塑表面尤其是头顶部位的颜料层积尘严重，灰尘与颜料层结合紧密，严重影响彩塑观瞻效果，并不断造成颜料层起甲。首先借助检测分析手段，确认了颜料层的结构与成分、灰尘与颜料层的结合状态以及灰尘成分。研究发现，硬结灰尘层的成分主要为二氧化硅、碳酸钙和石膏，易诱发起甲、龟裂病害。找到病因后，通过对比实验，筛选出最佳材料和试剂浓度，治理了文物颜料层起甲、空鼓、脱落、粉化等病害（图34）。

三是胎体酥碱的加固与脱盐问题。经过研究发现，可溶盐以硫酸盐和硝酸盐为主，硫酸盐在结晶过程中伴随着很大的体积变化，随温湿度波动，硫酸盐周而复始地结晶—溶解，其体积变化引起的应力会对地仗层产生极大破坏。硝酸盐在潮湿的酸性环境下极易呈强氧化性，会对彩塑文物产生腐蚀，并与其他可溶盐一起不断粉化、破坏地仗。由此确定，可溶盐是彩塑文物出现酥碱病害的主要原因。因此在后续修复保护过程中，根据采集样品的电导率检测结果，对文物进行脱盐处理，对酥碱严重的底座砖体予以替换。

此外，还对罗汉像的彩绘工艺进行了研究。灵岩寺彩塑罗汉像作为佛教艺术的典范，本身具有色彩艳丽的彩绘，后又经多次妆銮，保留了极为丰富的历史信息。通过深入分析颜料剖面结构及成分，对历代罗汉像的妆銮工艺及材质做了深入研究，发现这些塑像在历史上历经数次重绘，有些多达8次。在罗汉像彩绘最外层检测到的铅铬黄、巴黎绿、舍勒绿等，为近代工业之产物。据此可以判定，彩塑罗汉像最近的一次重绘时间不应早于这些合成颜料始造和在中国的始用年代，即清末之际，与文献记载一致。通过对彩绘所用颜料和胶结材料的深入研究，还发现了使用银箔加黄色颜料的沥粉贴金工艺。这些研究极大丰富了对灵岩寺彩绘罗汉像历史和古代彩绘塑像贴金装饰工艺的认识，补阙了历史文献的不足。

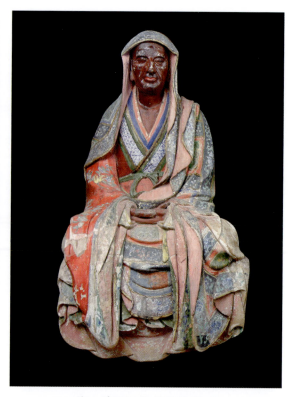

第一尊罗汉像保护修复前　　　　　　　　　第一尊罗汉像保护修复后

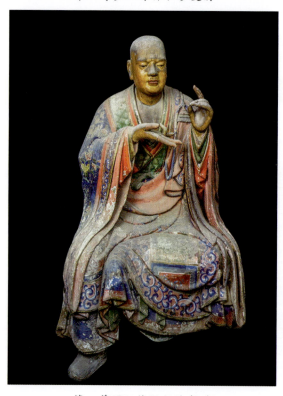
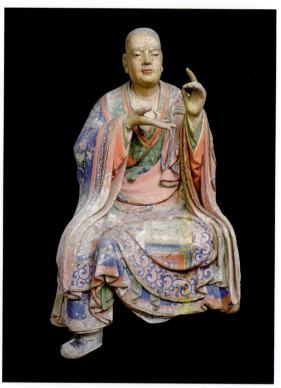

第四尊罗汉像保护修复前　　　　　　　　　第四尊罗汉像保护修复后

图34 部分彩塑文物修复前后对比图

在做好上述保护修复工作的基础上，该项目工作人员积极响应新时代文物工作方针"保护第一、加强管理、挖掘价值、有效利用、让文物活起来"的号召，深挖文物内在价值，进行了广泛的创新和尝试，例如与山东大学合作选取了两尊罗汉像，进行三维信息扫描建模和色彩复原研究。这些后续工作为数字化保护和丰富文物利用形式积累了大量一手资料，打下了坚实基础。

截至目前，已在专业刊物发表相关科研成果6篇，其中中文论文3篇（《山东长清灵岩寺千佛殿罗汉像病害分析研究》《济南长清灵岩寺摩诃劫宝那尊者罗汉像彩绘分析研究》《造像类文物高保真信息三维建模方法研究》）。另有英文论文（SCI）3篇 "Digital technology virtual restoration of the colours and textures of polychrome Bodhidharma statue from the Lingyan Temple" "Microbial Diversity on the Surface of Historical Monuments in Lingyan Temple" "Polychrome arhat fgures dated from the Song Dynasty (960—1279 CE) at the Lingyan Temple, Changqing, Shandong, China"。该项目还荣获山东省第十八届博物馆学优秀成果奖一等奖；为山东大学、北京科技大学、山东艺术学院和莱芜职业技术学院等合作院校培养学生10余名；培养彩塑类文物修复师6名，有力提升了我省彩塑文物保护修复水平。

山东济南长清灵岩寺作为AAAA级旅游景区，该项目在实施过程中便引发了社会各界的广泛关注。多家新闻媒体对保护修复工作进行了全面报道。项目的圆满实施为景区增加了新的看点，吸引了更多的游客，提升了大众的文物保护意识和对文化遗产保护事业的关注度，也带动了景区周边第三产业的发展，取得了良好的经济效益。本项目在社会效益、经济效益等方面均取得了不俗的成绩，堪称古代彩塑文物保护修复的典型案例。在此，对为本项目做出贡献的各合作单位、专家学者及从业人员致以诚挚的感谢！

（执笔人：蔡友振）

注　释

① 济南市文管会、济南市博物馆等：《山东长清灵岩寺罗汉像的塑制年代及有关问题》，《文物》1984 年第 3 期。

② 刘燕泉：《灵岩寺宋代罗汉彩塑造像的世俗化特点》，《知识经济》2009 年第 14 期。

③ TONG Yongdong，CAI Youzhen，MA Qinglin，et al. " Polychrome arhat figures dated from the Song Dynasty（960—1279 CE）at the Lingyan Temple，Changqing，Shandong，China "，*Heritage Science*，2021，（9）:117.

④ 张明泉、张虎元、曾正中：《莫高窟壁画酥碱病害产生机理》，《兰州大学学报（自然科学版）》1995 年第 1 期。

⑤ 郭宏、李最雄、裘元勋等：《敦煌莫高窟壁画酥碱病害机理研究之三》，《敦煌研究》1999 年第 3 期。

⑥ 靳治良、陈港泉、夏寅等：《土质文物盐害中硫酸钠的研究——从微观到宏观》，《文物保护与考古科学》2016 年第 1 期。

⑦ TONG Yongdong，CAI Youzhen，MA Qinglin，et al. " Polychrome arhat figures dated from the Song Dynasty（960—1279 CE）at the Lingyan Temple，Changqing，Shandong，China "，*Heritage Science*，2021，（9）:117.

⑧ 周国信：《我国古代颜料漫谈（一）》，《涂料工业》1990 年第 4 期。

后 记

　　山东历史文化悠久，文物资源丰富，据第一次全省可移动文物普查结果显示，全省有558万余件馆藏文物，位居全国前列。但由于文物自身材质老化、外界环境变化以及人为因素的影响，文物健康状况堪忧。为做好全省可移动文物保护修复工作，2015年2月山东省文物局组建成立山东省文物保护修复中心。

　　为摸清全省可移动文物保存状况的家底，谋划馆藏文物保护规划，山东省文物保护修复中心开展了两次全省可移动文物保护状况调研工作，建立起项目储备库。这一举措旨在为省文化和旅游厅（省文物局）统筹全省可移动文物保护规划，提出建设性意见和建议，指导下一步工作。

　　2023年11月，中共山东省委机构编制委员会办公室批复同意山东省文物保护修复中心更名为山东省文物保护修复与鉴定中心，主要职责是承担全省可移动文物的调查、保护修复、项目验收有关工作；承担各类文物鉴定的组织与技术支持工作；承担文物修复与鉴定的研究、技术推广、学术交流工作，培养文物修复与鉴定人才。馆藏文物级别鉴定职能归入中心，对在全省范围内持续良性开展文物保护修复工作起到了积极促进作用，这是山东省委、省政府落实国家文物局及山东省人民政府加强文物保护利用战略合作、共建国家区域文物鉴定中心的实际行动，也是推动全省文物保护与鉴定高质量发展的创新举措。

　　近10年来，山东省文物保护修复与鉴定中心按照"国内一流、区域领先"的发展目标，建设完成山东省内最先进的现代化文物修复室和文物科技保护实验室，配备有价值近2000万元的文物保护科研设备，为文物科技保护与科技鉴定提供了有力支撑。中心独立实施50多个文物保护项目，保护修复文物近6000件。其中，"山东沂南河阳社区墓地出土丝织品保护修复项目""山东长清灵岩寺千佛殿彩塑罗汉像保护修复项目（一期）"分别荣获2021、2022全国十佳文物藏品修复项目，充分体现出中心在可移动文物保护修复方面的示范引领作用。

作为山东省文物保护技术协会的依托单位，山东省文物保护修复与鉴定中心主动作为，借鉴中国文物学会组织开展的全国文物修复案例宣传展示活动，经向山东省文化和旅游厅申请批准，组织了首届全省文物保护修复优秀案例遴选推介，被评选出的优秀案例在省内都具有典型示范作用，引起社会良好反响！

未来，山东省文物保护修复与鉴定中心将充分发挥职能和行业引领作用，结合可移动文物保护优秀案例评选活动的开展，进一步整合重点博物馆的区域和资源优势，不断加强文物保护修复网络体系建设，积极推动文物保护修复和鉴定人才队伍建设，为我省文物保护工作高质量发展贡献力量。

吴双成

2024年11月